Voyages 3

AUFFRISCHEN | SPRECHEN | VERTIEFEN

Lehr- und Arbeitsbuch mit Audio-CD

von
Anne Guilaine André
Magalie Feuillet-Natt
Jacqueline Sword

Ernst Klett Sprachen
Stuttgart

Voyages 3
AUFFRISCHEN | SPRECHEN | VERTIEFEN

von Anne Guilaine André
Magalie Feuillet-Natt
Jacqueline Sword

Beratende Mitwirkung:
Brigitte Lindenau
Susanne Schauf
Rosemarie Wind

1. Auflage   1 7 6 5 4 3 | 2014 13 12 11 10

Alle Drucke dieser Auflage können im Unterricht nebeneinander benutzt werden, sie sind untereinander unverändert. Die letzten Zahlen bezeichnen jeweils die Auflage und das Jahr des Druckes.

Das Werk und seine Teile sind urheberrechtlich geschützt. Jede Nutzung in anderen als den gesetzlich zugelassenen oder in den Lizenzbestimmungen (CD) genannten Fällen bedarf der vorherigen schriftlichen Einwilligung des Verlags. Hinweis zu §52a UrhG: Weder das Werk noch seine Teile dürfen ohne eine solche Einwilligung eingescannt und in ein Netzwerk eingestellt werden. Dies gilt auch für Intranets von Schulen und sonstigen Bildungseinrichtungen.

Fotomechanische oder andere Wiedergabeverfahren nur mit Genehmigung des Verlags.

© Ernst Klett Sprachen GmbH, Stuttgart 2009.
Alle Rechte vorbehalten.
Internetadresse: www.klett.de

Redaktion Isabelle Villegas, Beate Strauß, Maïté Naudan, Veyras
Grammatik Simone Heuschneider, Offenburg;
Eva Fauconneau-Dufresne, Orsay
Gesamtgestaltung Marion Köster, Stuttgart
Illustrationen Pierre Bizalion
Karten Christian Dekelver
Reproduktion Meyle + Müller, Medien-Management, Pforzheim
Druck Drukarnia Interak
Printed in Poland

ISBN 978-3-12-529280-2

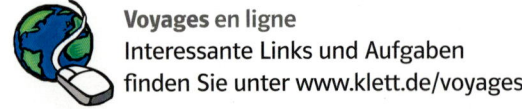

Voyages en ligne
Interessante Links und Aufgaben
finden Sie unter www.klett.de/voyages

Contenus

1 Qui suis-je ?   *Communication*   *Grammaire*   p.7

	Communication	Grammaire
A. Faisons connaissance	〉 Présenter quelqu'un 〉 Décrire une personne 〉 Parler de ses goûts et de ses habitudes	〉 Le conditionnel
B. Un nom et un prénom pour la vie !	〉 Parler des membres de sa famille 〉 Expliquer l'origine de son nom et de son prénom	〉 Les pronoms possessifs

2 Vie urbaine, vie rurale   p.13

A. Et si le bonheur était dans le pré ?	〉 Parler de son lieu de vie 〉 Formuler des hypothèses 〉 Faire des projets pour changer de vie	〉 La proposition conditionnelle irréelle
B. À bicyclette…	〉 Parler des moyens de transport 〉 Donner son opinion 〉 Réagir à une opinion	〉 Le participe présent 〉 Le gérondif

3 Vous avez dit français ?   p.19

A. C'est typique ?	〉 Caractériser une personne 〉 Exprimer son point de vue 〉 Structurer un discours 〉 Signaler des oppositions	〉 Formes irrégulières du subjonctif 〉 Les connecteurs du discours
B. Les Français vus par eux-mêmes	〉 Parler des symboles et des valeurs d'un pays 〉 Faire des comparaisons	〉 Le passif et les constructions actives 〉 Le comparatif et le superlatif

4 Savoir-faire   p.25

〉 Culture et communication interculturelle
〉 Coin lecture : Guillaume Apollinaire, Amélie Nothomb
〉 Auto-évaluation (Portfolio) B1

5 Douce France
p. 29

A. La France dans tous les sens	▸ Décrire et situer un lieu ▸ Exprimer ses goûts ▸ Décrire des sensations physiques	▸ Les pronoms relatifs *(que, qui, où, dont)* ▸ L'accord du participe passé
B. Paris n'est pas la France	▸ Raconter un souvenir ▸ Parler des grandes villes et de la province	▸ L'emploi des temps du passé *(imparfait, passé composé, plus-que-parfait)*

6 Blacks, blancs, beurs
p. 35

A. Intégration	▸ Décrire des spécialités culinaires ▸ Parler de l'identité culturelle ▸ Exprimer son mécontentement	▸ Les pronoms relatifs composés
B. Nouvelles générations	▸ Raconter le parcours d'une personne ▸ Parler de l'intégration ▸ Rapporter un discours dans le passé	▸ Le discours indirect au passé

7 Où va le français ?
p. 41

A. Vive l'orthographe et la grammaire ?!	▸ Parler de la francophonie ▸ Parler de l'importance de l'orthographe ▸ Définir différents types d'apprenants	▸ Les pronoms personnels objet
B. Le français bouge !	▸ Reconnaître différents registres de langue ▸ Emprunter / prêter qc à qn	▸ Les pronoms doubles

8 Savoir-faire
p. 47

▸ Culture et communication interculturelle
▸ Coin lecture : Raymond Queneau, Tahar Ben Jelloun, Massilia Sound System
▸ Auto-évaluation (Portfolio) B1

9 Vous avez dit famille ? — p.51

A. À la recherche de l'âme soeur	⟩ Demander à qn de faire des choix ⟩ Parler des relations amoureuses et de la famille	⟩ Les pronoms interrogatifs *(quel / quelle, lequel / laquelle)*
B. La famille dans tous ses états !	⟩ Parler de la répartition des tâches ⟩ Exprimer une hypothèse dans le passé ⟩ Formuler une opinion	⟩ Le conditionnel passé ⟩ Verbes avec prépositions

10 La vie en rose ! — p.57

A. Les petits plaisirs de la vie	⟩ Parler des plaisirs et des corvées ⟩ Parler des valeurs ⟩ Exprimer l'intention de faire qc dans le futur	⟩ Le futur antérieur
B. Faut rigoler !	⟩ Exprimer la cause ⟩ Parler du rire et de l'humour	⟩ Les conjonctions de cause

11 Vivre en Europe — p.63

A. Ensemble	⟩ Parler de la construction de l'Europe ⟩ Formuler la finalité	⟩ Le subjonctif après des conjonctions
B. S'installer ailleurs	⟩ Structurer un texte dans le passé ⟩ Comprendre un récit au passé simple ⟩ Poser un problème et proposer des solutions	⟩ Les conjonctions de temps ⟩ Le passé simple

12 Savoir-faire — p.69

⟩ Exposer un sujet devant un public
⟩ Coin lecture : Amélie Poulain, Nathalie Kuperman, Raymond Devos
⟩ Auto-évaluation (Portfolio) B1

À deux	p.73	Transcriptions	p.168
Partie exercices	p.75	Vocabulaire par unités	p.180
Test B1	p.124	Vocabulaire alphabétique	p.195
Grammaire	p.129	CD-Tracks	p.208
Tableau des verbes	p.154		

Liebe Französischlernerinnen,
liebe Französischlerner,

Voyages 3 begleitet Sie weiter auf Ihrer Reise in die französischsprachige Welt. Mit diesem Band erreichen Sie das Kompetenzniveau B1 des Gemeinsamen Europäischen Referenzrahmens und erweitern Ihre Französischkenntnisse oder frischen sie wieder auf: Sie lernen, in neuen Situationen mitzureden (z. B. bei einer Debatte, bei einem Vortrag) und sich über aktuelle Alltagsthemen zu unterhalten (die Rolle von Mann und Frau in der Gesellschaft, Europa, Integration, Familie, Reisen, Filme …).

Im Vordergrund des Lernens mit **Voyages** steht die mündliche Kommunikation. Daher sind viele Aufgaben so angelegt, dass Sie sich mit anderen aus der Gruppe austauschen und dabei viel Französisch sprechen.

Jede **Lektion** ist einem Thema gewidmet und in 2 Blöcke unterteilt. Die wichtigen Redemittel und Grammatikphänomene sind in farbigen Kästen hervorgehoben, so dass Sie den Stoff bei Bedarf leicht wiederholen können. Häufig werden Sie aufgefordert, eine Tabelle oder Regel zu vervollständigen, denn was man selbst tut, prägt sich am besten ein. In **MÉMO**-Kästen werden bekannte Redemittel und Grammatikphänomene aus den Niveaus A1 und A2 wieder aufgenommen. Eine **Übersichtsseite** am Lektionsende präsentiert die wichtigen Lerninhalte und Grammatikpunkte noch einmal auf einen Blick.

Drei Lektionen heißen „**Savoir-faire**" und dienen der Bestandsaufnahme und Sensibilisierung für interkulturelle Kommunikation. Hier finden Sie Texte und Aufgaben, die Ihnen kulturelle Unterschiede bewusst machen und Sie dazu anregen, über Eigenarten Ihrer Kultur nachzudenken. Eine Lese-Ecke „**Coin lecture**" nimmt Themen der drei vorigen Lektionen in Form von unterschiedlichen Textsorten der französischsprachigen Literatur wieder auf. Dabei werden schriftliche und kreative Fertigkeiten geübt. Am Ende des „Savoir-Faire" finden Sie eine Übersicht zur Selbsteinschätzung nach dem Muster des Europäischen Referenzrahmens.

Auf den Lektionsteil folgt ein **Übungsteil** zur Vertiefung des Gelernten im Unterricht oder zu Hause. Er enthält pro Lektion zahlreiche Übungen zu Wortschatz und Grammatik und ein „**Rendez-vous d'affaires**" für die Anwendung der erworbenen Kenntnisse in beruflichen Situationen. Mit dem **Abschlusstest** nach dem Muster der B1-Prüfung des Europäischen Sprachenzertifikats und der DELF-Prüfung können Sie Ihren Lernerfolg überprüfen.

Die **beiliegende CD** zum Lektions- und Übungsteil sowie ein umfangreicher **Anhang zum Nachschlagen** mit systematischer Grammatik, Verbtabelle, Transkription der Hörtexte und Vokabelverzeichnissen erleichtern Ihnen das selbstständige Arbeiten.

   Einsatz der CD

   Hinweise auf weitere Übungen im Übungsteil

Une chaîne. Kettenübung. Hier kommt jeder einmal zu Wort, am besten der Reihe nach.

À deux. Sie arbeiten zu zweit – es muss nicht mit dem Nachbarn / der Nachbarin sein.

   Aktivität mit Bewegung. Bei dieser Aufgabe müssen Sie aufstehen und umhergehen, um mit verschiedenen Kursteilnehmern zu sprechen.

   Voyages en ligne Zu diesem Thema finden Sie unter www.klett.de/voyages Links zu französischen Internetseiten.

Unter www.klett.de/voyages finden Sie auch die Lösungen der Übungen zum Lektions- und Übungsteil sowie das komplette Vokabelverzeichnis von Voyages 1 bis Voyages 3.

Viel Spaß und Erfolg beim Französischlernen wünscht Ihnen

Ihr Voyages-Team

UNITÉ 1

Présenter quelqu'un | Décrire une personne | Parler de ses goûts et de ses habitudes |
Parler des membres de sa famille | Expliquer l'origine de son nom et de son prénom

Qui suis-je ?

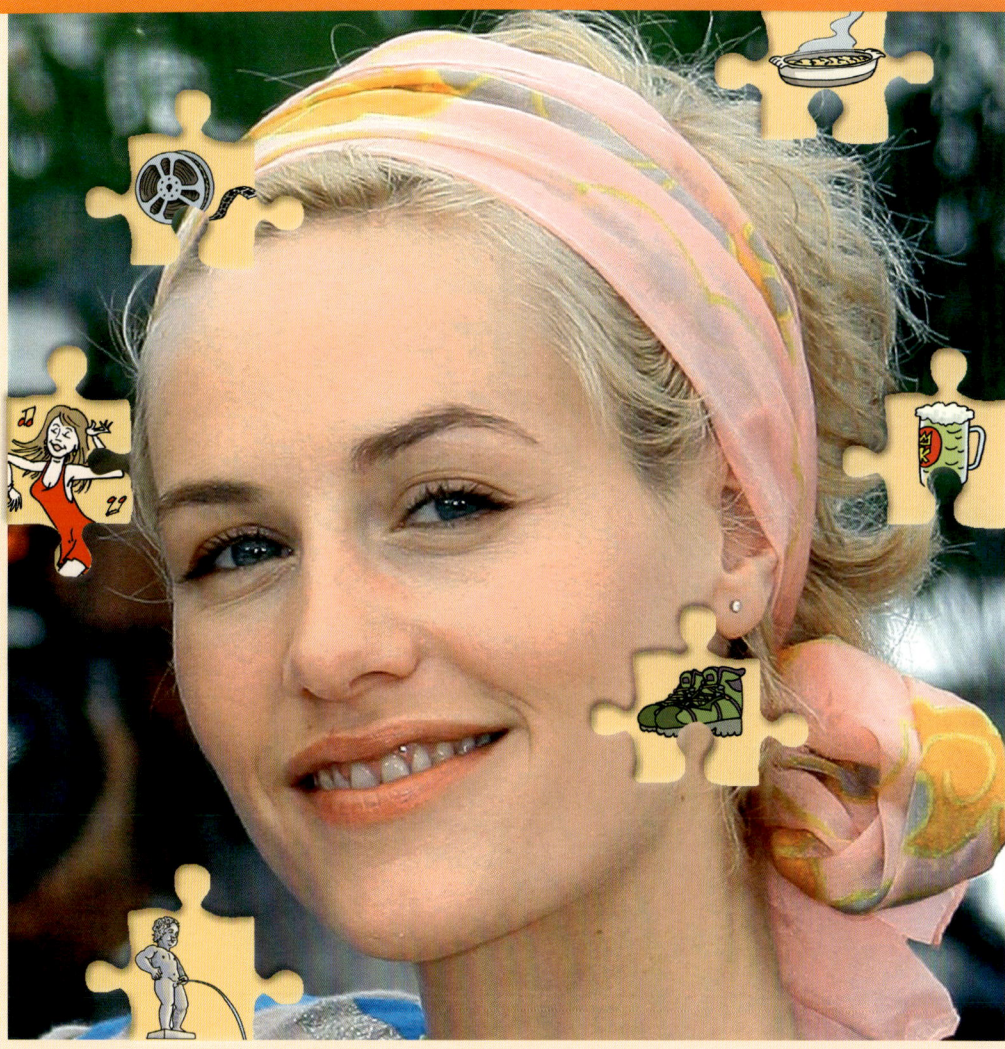

a. **Regardez cette photo.**
Imaginez d'où vient cette personne, ce qu'elle fait et ce qu'elle aime (ou n'aime pas).

b. **Prenez exemple sur ce modèle.**
Dessinez quatre objets ou écrivez quatre mots en rapport avec votre origine, votre métier, vos goûts et vos raisons d'apprendre le français.

c. **À deux. Regardez les dessins ou les mots de votre voisin/e.**
Devinez son origine, son métier, ses goûts et pourquoi il / elle apprend le français.

d. **Présentez ensuite votre voisin/e aux autres.**

Voici… / Voilà… / C'est… Je vous présente… Il / elle habite à… Il / elle vient de… Il / elle est… Il / elle travaille comme… Il / elle aime… Il / elle déteste… Il / elle apprend le français pour…	Bonjour. / Bonsoir. Enchanté/e. Heureux/-euse de te / vous rencontrer. (Je suis) ravi/e de faire votre connaissance. Bienvenue.

1A QUI SUIS-JE ?

A. Faisons connaissance

 a. Cécile de France.
Lisez cette interview et dites si les affirmations suivantes sont vraies ou fausses.

1. Cécile de France est une actrice française.
2. Elle adore les chaussures de marche.
3. Elle se trouve trop vieille.
4. Elle aime sortir.
5. Elle a parfois du mal à s'endormir.
6. Elle est rapide d'esprit.
7. Elle déteste les gens qui aiment manger.

PETITS SECRETS

Cécile de France a été découverte en 2001 dans le film « L'Auberge espagnole ». Depuis « Les poupées russes » et « Quand j'étais chanteur » avec Gérard Depardieu, la belle actrice belge a définitivement gagné la sympathie du public français.

Le trait principal de votre caractère ?
Passionnée par mon métier.
Votre occupation préférée ?
Danser avec mes amis.
Vos chaussures favorites ?
Mes chaussures de randonnée ; je les porte à Paris, et aussi bien en montagne que dans le désert.
Qu'avez-vous réussi de mieux dans votre vie ?
Les endives au gratin.
Vous pourriez y passer des heures...
Devant un orage.
Vous vous regardez dans la glace et vous vous dites...
C'est bon d'avoir la trentaine.
Votre luxe dans la vie ?
Le taxi.
La dernière fois où vous avez trop bu ?
Avec des copains, aux fêtes de Wallonie, en septembre.
Au petit-déj, vous ne pourriez pas renoncer... ?
Au beurre salé.
Quelque chose que vous aimeriez changer dans votre apparence physique ?
Mes fesses.

Une bonne raison de remercier votre ange gardien ?
Je fais partie des comédiennes qui ont du boulot, chose rare.
À votre dîner idéal, vous réuniriez...
Lino Ventura, Tim Roth, Ben Kingsley et Gena Rowlands. Je leur servirais des bières.
Plutôt que de compter des moutons...
Je regarde un vieux « Columbo ».
Le talent que vous voudriez avoir ?
La rapidité d'esprit.
Que détestez-vous le plus ?
Quand les plus faibles payent de leur vie les erreurs des plus forts.
Les fautes pour lesquelles vous avez le plus de compréhension ?
La maladresse, la distraction et la gourmandise.
Qu'aimeriez-vous que Dieu vous dise, s'il existe ?
« Viens, on va boire une petite bière ! »
Votre vœu le plus cher ?
Que l'amour triomphe sur la bêtise humaine.
Votre devise ?
Trouver le plaisir en toutes choses.

D'après « L'Express » et « Marie-France »

QUI SUIS-JE ? 1A

b. Choisissez deux réponses de Cécile de France que vous trouvez sympathiques.
Cherchez ensuite une personne qui a fait un choix similaire. Expliquez votre choix.
Avez-vous d'autres points communs ?

c. À deux. Choisissez trois questions de l'interview et posez-les à votre partenaire.
Résumez ce que vous avez ainsi appris au reste de la classe.   ✎ 2, 3

2 Reprenez les questions de l'interview qui sont au conditionnel.
Répondez-y en utilisant également le conditionnel et complétez le tableau.

Exemple : Moi, je pourrais passer des heures à faire la cuisine…

MÉMO le conditionnel	formes irrégulières
j'aimer**ais**	avoir – j'aurais
tu aimer**ais**	être – je serais
il aimer**ait**	faire – je ferais
nous aimer**ions**	aller – j'irais
vous	pouvoir – je ....
ils aimer**aient**	vouloir – je ....

3 a. Aimeriez-vous faire la connaissance de Cécile de France ou d'une autre personne célèbre ?
De qui ? Pourquoi ?

J'aimerais faire sa connaissance parce que / qu'…	je la trouve je pense qu'elle est elle a l'air d'être elle donne l'impression d'être j'adore ses films / …	sympa / élégante / sportive / réaliste / amusante / romantique / intellectuelle / chaleureuse / directe / naturelle / sûre d'elle / intéressante / timide / …

b. En groupes, décrivez la journée ou la soirée que vous aimeriez passer ensemble.
Vous pouvez vous servir des verbes suivants au conditionnel.

aller | faire | visiter | manger | discuter | montrer | boire | demander…   ✎ 4–6

4 D'après l'interview, quelle est la devise de Cécile de France ?
Et vous, avez-vous une devise ? Quelle pourrait être votre devise pour l'apprentissage du français ?

Exemple : Apprendre le français en s'amusant.

1B QUI SUIS-JE ?

B. Un nom et un prénom pour la vie !

1 a. Connaissez-vous des noms de famille français très courants ?
Quels noms sont mentionnés dans le texte suivant ?

Adieu les petits cochons !
Quel nom choisir pour nos enfants ?
Le tien, le mien ou les nôtres ?

Depuis janvier 2005, les nouveau-nés peuvent porter le nom de leur père ou de leur mère, ou leurs deux noms accolés dans un sens ou dans un autre. Pourtant, c'est seulement un nouveau-né sur sept qui prend le nom de sa mère. Grâce à cette loi, les femmes peuvent par exemple transmettre un nom qui sinon disparaîtrait.

D'après Gérard Mermet, Francoscopie 2007 © Larousse 2006

Pour les Martin, Dubois et autres Petit, c'est peut-être enfin l'occasion de passer à un nom moins courant – ou même moins gênant pour ceux qui s'appellent Cochon depuis des générations… Alors les discussions dans les couples sont ouvertes : le tien ou le mien ? Aucune importance, mettons les nôtres ensemble pour en faire le sien.

Voyages en ligne
À la recherche d'un prénom.

b. Selon vous, comment s'explique le titre « Adieu les petits cochons » ?

c. Que pensez-vous de cette loi ? Quel nom peuvent porter les enfants dans votre pays ?

2 a. Les pronoms possessifs.
Complétez le tableau à l'aide des formes contenues dans le texte.

MÉMO les adjectifs possessifs		les pronoms possessifs	
mon père / ma mère	mes parents	le / la ..../ne	les miens / miennes
ton père / ta mère	tes parents	le / la ..../ne	les tiens / tiennes
son père / .... mère	ses parents	le / la ..../ne	les siens / siennes
notre père / mère	.... parents	le / la nôtre	les ....
votre père / mère	vos parents	le / la vôtre	les vôtres
.... père / mère	leurs parents	le / la leur	les leurs

b. À deux. Parlez de quelques membres de votre famille et posez des questions pour découvrir des points communs.  7–10
Quel groupe trouve en cinq minutes le plus de points communs ?

Exemple : • Mon père a plus de 60 ans. Et le tien / le vôtre ?
 ○ Le mien a moins de 60 ans.

mon mari | ma femme | mes enfants | mon fils |
ma fille | mes grands-parents | mon grand-père |
ma grand-mère | mes parents | mon père | ma mère |
mon frère | ma sœur | mon oncle | ma tante | …

a | est | aime | adore |
déteste | habite à |
écoute | regarde | va |
travaille comme / à | …

QUI SUIS-JE ? 1B

3   a. Que disent ces personnes sur leur prénom ? ▶▶ 1–6
Écoutez et écrivez les numéros correspondants. Pourquoi portent-ils ces prénoms ?

- [4] Tanguy
- [5] Leila
- [6] Caroline
- [2] Marie-Anne
- [1] Maurice
- [3] Pierre

facile à prononcer

b. En groupes de trois, répondez à ces questions.

– Savez-vous pourquoi vos parents ont choisi votre prénom ? En avez-vous plusieurs ?
– Aimez-vous votre prénom ? Sinon, comment aimeriez-vous vous appeler ?
– Avez-vous un surnom ? D'où vient-il ?

Spitzname

4   a. Des marques aux fruits, tout est permis.
À votre avis, quels mots de la liste suivante utilise-t-on ou pourrait-on utiliser comme prénoms ?

Airbus | Dahlia | Lucie | Océane |
Antoine | Pomme | Cannelle | Mégane

Zimt

b. Lisez le texte et complétez avec les fruits, marques ou prénoms de la liste précédente.

c. Comparez vos résultats.
D'après cet article, quelles catégories de mots ont servi de prénoms ces dernières années ?

d. Que pensez-vous de cette évolution des prénoms en France ?
Peut-on observer une évolution similaire dans votre pays ?

 11

Il y a longtemps que les prénoms de tous les saints ne suffisent plus aux futurs parents, mais de là à remplacer les saints par des marques, quel manque d'imagination !
Pourtant, avant d'en arriver aux marques, les Français ont connu des phases de poésie en choisissant des mots exotiques comme *Vanille* ou *Cannelle*. Les fleurs, elles aussi, ont toujours fait partie du répertoire à leur disposition, encore que les *Rose* et les *Marguerite* de la première moitié du XXème siècle ont fait place aux *Camélia* et *Dahlia*. *Clémentine* a longtemps été le seul fruit à servir de prénom avant d'être rejoint par *Cerise*, *Pomme* ou *Prune*. Pour les amoureux de la mer, *Marine* et *Océane* figurent dans la plupart des dictionnaires de prénoms. *erscheinen / es kommt vor*
Depuis quelque temps, il arrive à ceux qui parmi les 2000 prénoms à leur disposition n'en trouvent aucun à leur goût, de choisir une marque. Il y a quelques années déjà une famille Renaud avait été dans tous les journaux parce qu'elle voulait absolument prénommer sa fille *Mégane* et le tribunal lui avait donné raison. Personne ne se doutait alors que ce nom *etw vermuten* allait un jour faire son entrée dans le Larousse des prénoms.
Malgré toutes ces nouvelles tendances, la liste des prénoms féminins (*Emma, Clara, Manon, Anaïs, Léa, Chloé, ………, Camille, Marie* et *Jade*) comme des prénoms masculins à la mode (*Enzo, Hugo, Lucas, Théo, Mathéo, Thomas, Baptiste, Léo, Clément* et *Antoine*) est plutôt classique et ne contient pas de publicité. Il y a donc lieu d'espérer, d'autant plus que les noms rétro sont de nouveau à la mode.
Alors, futurs parents, avant de prénommer vos enfants *Thalys, Périphérique* ou ………, ressortez vos livrets de famille et vos arbres généalogiques pour voir comment s'appelaient vos arrière-grands-parents.

1 QUI SUIS-JE ?

Pour finir

a. La Garden Party de l'Élysée.
En France, on apprécie les gens qui apprennent le français. Ainsi, le Président de la République a décidé pour la Garden Party du 14 juillet dans les jardins de l'Élysée d'inviter un cours de français d'un pays voisin en organisant un concours.
Par groupes de trois, rédigez une lettre de motivation qui présente votre groupe de français (qui vous êtes, pourquoi vous apprenez le français, depuis quand…) et expliquez pourquoi vous avez envie de participer à la Garden Party.
Chaque groupe lit sa lettre et la classe choisit la meilleure version pour l'envoyer à Paris.

b. Vous aimeriez aussi faire une interview du Président pour la donner à votre journal local.
Par groupes, préparez un questionnaire en vous inspirant de celui sur Cécile de France.
Qu'avez-vous toujours voulu savoir sur la personne du Président de la République ?

Résumé

Communication

Se présenter

présenter quelqu'un	réagir à une présentation
C'est Pierre. Voici / Voilà mon amie Virginie. Madame / Mademoiselle / Monsieur Dupont. Je vous présente Vincent Hubert. Permettez-moi de vous présenter Madame Dubois.	Bonjour. / Bonsoir. Enchanté/e. Heureux/-euse de vous rencontrer. (Je suis) ravi/e de faire votre connaissance. Bienvenue !

Décrire une personne

Je le trouve sportif / élégant. Je pense qu'elle est naturelle / compliquée.	Elle a l'air (d'être) sympa / arrogante. Il donne l'impression d'être sûr de lui / timide.

Grammaire

Le conditionnel

formes régulières	formes irrégulières	
j'aimer**ais** tu aimer**ais** il aimer**ait** nous aimer**ions** vous aimer**iez** ils aimer**aient**	avoir : j'aurais être : je serais faire : je ferais devoir : je devrais pouvoir : je pourrais vouloir : je voudrais	aller : j'irais savoir : je saurais venir : je viendrais tenir : je tiendrais envoyer : j'enverrais voir : je verrais

On forme le **conditionnel** sur la base de l'infinitif. Dans la conjugaison des verbes en **-re**, le **e** disparaît: prendre – je prendr**ais**.
Attention :
acheter : j'achèterais
appeler : j'appellerais

Les pronoms possessifs

les adjectifs possessifs		les pronoms possessifs	
mon père / ma mère	mes parents	le / la mien/ne	les miens / miennes
ton père / ta mère	tes parents	le / la tien/ne	les tiens / tiennes
son père / sa mère	ses parents	le / la sien/ne	les siens / siennes
notre père / mère	nos parents	le / la nôtre	les nôtres
votre père / mère	vos parents	le / la vôtre	les vôtres
leur père / mère	leurs parents	le / la leur	les leurs

Le **pronom possessif** remplace un nom cité auparavant. Il est toujours précédé de l'article défini :
C'est ton livre ? Oui, c'est **le mien**.

UNITÉ 2

Parler de son lieu de vie | Formuler des hypothèses | Faire des projets pour changer de vie | Parler des moyens de transport et de la circulation | Donner son opinion

Vie urbaine, vie rurale

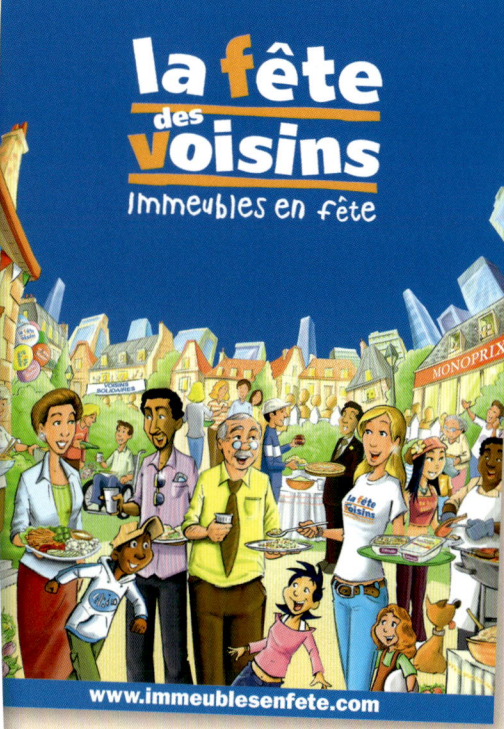

a. Habitez-vous en ville ou à la campagne ? Quels sont les avantages et les inconvénients ? Aimeriez-vous changer de lieu de vie ? Expliquez pourquoi (pas).

b. Regardez les affiches et répondez aux questions ci-dessous.

■ De plus en plus d'entreprises montent leurs projets à la campagne. Selon vous, quelles en sont les raisons ?

■ D'après vous, que fait-on à la fête des voisins ? Aimeriez-vous y participer ? Ce genre de fête existe-t-il dans votre pays ?

■ Faire ses courses à vélo, ça vous semble réaliste ? Quel moyen de transport utilisez-vous pour faire des achats ? Pourquoi ?

2A VIE URBAINE, VIE RURALE

A. Et si le bonheur était dans le pré ?

1 a. Ah, si seulement... !
Où fait-on ces choses le plus souvent – en ville ou à la campagne ? Discutez-en ensemble.

sortir le soir | s'ennuyer | bien dormir | manger sainement | faire des randonnées | faire la fête | avoir un animal domestique | bavarder avec ses voisins | se détendre | faire du sport | faire les magasins

b. Lisez les témoignages de deux personnes qui aimeraient changer de lieu de vie.
Quelles activités de a. mentionnent-elles ? Complétez la liste précédente avec les nouveaux éléments contenus dans les textes.

« Si j'habitais à la campagne, ma vie serait plus simple. Je ne devrais plus courir toute la journée et me dépêcher pour prendre le métro et ne pas arriver en retard au travail. Je gagnerais certainement du temps.
Si j'avais plus de temps, je pourrais profiter plus de ma famille. Nous irions le plus souvent possible nous promener dans la nature et nous détendre. Ce serait bien… D'ailleurs, si nous habitions à la campagne, les enfants pourraient avoir un chien, et moi, j'aurais un âne et quelques poules. »

Jean Nicolas
Cergy-Pontoise, Île-de-France

« Si je vivais dans une grande ville, je sortirais souvent ! J'irais au théâtre, au cinéma, au cabaret. Je ferais les magasins. Je resterais chez moi le moins souvent possible. Ici, je m'ennuie beaucoup, car je n'aime pas faire des randonnées dans la nature. Pourtant, le paysage est magnifique : le Massif Central n'est pas très loin, et la région est très verte et très belle. En fait, si ma situation financière me le permettait, j'aimerais même refaire des études. Par exemple à la Sorbonne, pourquoi pas ? Ah, si seulement c'était possible ! »

Élodie Bertrand
Rodez, Midi-Pyrénées

2 a. En partant des deux témoignages, complétez ces hypothèses et traduisez-les.

Si nous .... à la campagne, les enfants .... avoir un chien.
Si je .... dans une grande ville, je .... souvent.

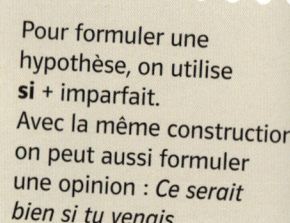

Pour formuler une hypothèse, on utilise **si** + imparfait.
Avec la même construction on peut aussi formuler une opinion : *Ce serait bien si tu venais.*

b. Formulez des hypothèses.
Faites des phrases en utilisant le temps correct.

Si nous… *(parler)* tous la même langue,   j'… *(habiter)* à Paris.
Si les voitures ne… *(polluer)* pas,   je… *(lire)* plus.
Si la vie en ville n'… *(être)* pas stressante, la planète… *(se porter)* mieux.
Si j'… *(avoir)* plus de temps,   ce… *(être)* plus facile.

VIE URBAINE, VIE RURALE 2A

c. Une chaîne. Que feriez-vous si… ?
Continuez à formuler des hypothèses en reprenant la phrase de votre voisin/e.

Exemple :
- Si j'**habitais** à la campagne, je **ferais** souvent des randonnées.
- Si je **faisais** souvent des randonnées, je **serais** en forme.
- Si j'**étais** en forme, je…

3 a. Un couple de retraités a changé de vie en ouvrant une épicerie à la campagne.
Lisez leur interview et notez leurs raisons et les différentes étapes de leur nouvelle vie.

b. Lisez à nouveau et répondez.
Comment François et Patricia se sont-ils rapprochés des villageois ? Sont-ils satisfaits de leur nouvelle vie ?

4 a. À deux. Que pensez-vous de la décision de François et Patricia ?
Et vous, aimeriez-vous changer de vie ? Quand vous pensez à votre retraite, la voyez-vous à la ville ou à la campagne ? Expliquez pourquoi.

b. Qu'est-ce qui fait une bonne qualité de vie ?
Choisissez les trois aspects les plus importants pour vous. Quels sont les résultats pour la classe ? Quel aspect a été choisi le plus souvent ?

- posséder une voiture
- sortir le soir
- avoir beaucoup d'amis
- avoir un jardin
- gagner un bon salaire
- être indépendant
- avoir un grand logement
- vivre dans un environnement non pollué
- avoir du temps pour sa famille
- être en bonne santé
- aller au théâtre, musée, cinéma
- avoir un travail intéressant

François et Patricia ont ouvert un bar-épicerie multiservices à Sainte-Thorette, une commune de 470 habitants, près de Bourges, dans le Cher. Pour ce couple de citadins, c'est une nouvelle vie qui commence.

Pourquoi avez-vous décidé de vous installer à la campagne ?
Nous avions l'idée de partir et de nous installer à la campagne depuis un bon moment. Mon mari est maintenant à la retraite et nos enfants sont grands et ont quitté la maison. Nous rêvions d'une meilleure qualité de vie, de fuir le stress et l'anonymat de la grande ville.

Pourquoi avez-vous choisi Sainte-Thorette ?
Le maire du village a transformé une petite ferme en un bar-épicerie et il cherchait des gérants. C'était une superbe opportunité. Le village nous a tout de suite plu. Nous n'avons pas réfléchi bien longtemps.

Comment vous-êtes vous intégrés ?
Nous avons donné des coups de main lors des fêtes du village. Surtout, nous avons invité les villageois à un pot de l'amitié. Cet acte gratuit a surpris tout le monde et a permis de faire connaissance. Pour l'ouverture, j'ai écrit à TF1 qui a envoyé une équipe de tournage. Cela a créé l'événement dans le village. Et puis, sur les conseils du maire, nous servons une spécialité régionale disparue : l'omelette fromagée, un régal !

Vous ne regrettez pas votre décision ?
Nous sommes bien sûr loin de faire 35 heures par semaine. Et aussi loin de faire fortune. Mais nous ne nous sommes pas installés ici dans cet esprit. Notre objectif était d'avoir une meilleure qualité de vie. Et nous l'avons atteint !

D'après Corinne Dillenseger, TV5

2B VIE URBAINE, VIE RURALE

B. À bicyclette…

1 a. Quel moyen de transport utilisez-vous pour aller à votre travail / au cours de français ? Pourquoi ?

b. Lisez ce texte et soulignez les mots en rapport avec la circulation et les moyens de transport.

LE VÉLO À LA CARTE !

« *Beaucoup de difficultés en direction de Paris* », annonce l'animateur radio en souhaitant « *courage et patience* » à ses auditeurs motorisés. En effet, il est 7h22 et il y a encore un bouchon. 29 minutes jusqu'au « périph ». Même à pied, ça irait plus vite ! Un début de journée ordinaire dans la vie d'un Parisien à quatre roues. Sur l'autoroute, la station-service est pleine. Près de la pompe à essence se trouve une affiche proclamant : « *Vive la liberté !* »
Longtemps associée à la voiture, cette liberté porte maintenant le nom d'un moyen de transport beaucoup plus simple. Une bicyclette avec un guidon en forme de V comme Vélib'. Une petite révolution en un coup de pédales. Plusieurs grandes villes françaises et européennes ont, depuis peu, découvert les avantages du vélo en libre-service.
Le principe est simple : disposer de vélos accessibles 7 jours sur 7 et 24 heures sur 24 dans toute la ville, sur des stations fixes. « *On a créé un véritable service public du vélo* », explique Céline Lepault, chef du projet Vélib' à Paris. « *L'usager peut utiliser un des milliers de vélos en le prenant à un endroit pour le déposer à un autre* ».
Au total 1451 stations accueillant au minimum 20 vélos sont accessibles dans Paris : soit une tous les 300 mètres ! Un réseau de transport d'une densité unique, car le métro ne compte que 298 stations. Nadine, conseillère en marketing, vient de prendre un abonnement à l'année. Elle compte l'utiliser pour aller à son travail. « *J'ai déjà un vélo. Mais celui-là, je n'ai pas peur de me le faire voler. Et, au retour, s'il pleut, je ne le prends pas.* »
Avec un minimum d'entraînement et de condition physique, rouler à Paris n'est pas si difficile en restant prudents tout de même ! Bientôt on pourra vérifier la chanson « *Dans Paris à vélo on dépasse les autos, à vélo dans Paris, on dépasse les taxis* ».

D'après « À Paris 2007 » et « Le Nouvel Observateur »

c. D'après le texte, quels sont les arguments pour ou contre l'utilisation du vélo et de la voiture dans Paris ? 7

2 a. Les formes verbales en « -ant ».
Soulignez dans le texte les formes verbales en « -ant » et traduisez-les.
Que constatez-vous ? Complétez ensuite le tableau.

Près de la pompe à essence se trouve une affiche **proclamant** : « *Vive la liberté !* »
Rouler à Paris n'est pas si difficile ……………………… prudents.

MÉMO Vous connaissez déjà le **gérondif** (**en** travaill**ant**). Le **participe présent** se construit comme le gérondif sans ……… et permet de remplacer une phrase relative avec **qui**.

VIE URBAINE, VIE RURALE 2B

b. Un bon cycliste.
Transformez les phrases et trouvez le symbole qui correspond.

Exemple : Un bon cycliste est une personne portant un casque. (Helm)

- 6 … qui porte un casque.
- 4 … qui ne roule pas sur les trottoirs.
- 1 … qui s'arrête au feu rouge.
- 3 … qui ne dépasse pas les véhicules par la droite.
- 5 … qui utilise les pistes cyclables.
- 2 … qui n'emprunte pas les sens interdits. 8, 9

3

6

4 5 2
1

c. À deux. Vélib' ou Vélo'V ?
L'apprenant A s'informe sur les tarifs de location de Vélib' à Paris, l'apprenant B va à la page 73 pour s'informer sur Vélo'V à Lyon. Comparez le fonctionnement des vélos libre-service dans les deux villes en posant des questions à votre partenaire. Quelles différences constatez-vous ?

VÉLIB' – COMMENT ÇA MARCHE ?
Service accessible 24h / 24 et 7j / 7 dans 1451 stations à 20 vélos chacune. Règlement par carte bancaire, carte de crédit ou par chèque.
Tarifs de location
3 formules d'abonnement, à l'année, à la semaine ou à la journée.
Tarifs au-delà des 30 premières minutes gratuites de location :
→ Première ½ heure supplémentaire   1 €
→ Deuxième ½ heure supplémentaire   2 €
→ À partir de la troisième ½ heure supplémentaire 4 €.
(Exemple : une location de 2 h = 7 €)
Les personnes de moins de 14 ans ne sont pas autorisées à utiliser le service Vélib'.

 **Voyages** en ligne
Circuler dans Paris.

3 a. Vélo ou auto ? 7–11
Écoutez cinq personnes parlant de Vélib'. Notez d'abord si elles sont pour ou contre le vélo en libre-service. Écoutez encore une fois et écrivez les arguments qu'elles mentionnent.

b. Que pensez-vous des problèmes de circulation dans les villes ?
En plus du système de vélo libre-service, quelles autres solutions voyez-vous ?
Discutez en utilisant les expressions ci-dessous. Votre voisin/e réagit et donne son opinion en utilisant une autre expression. 10

donner son opinion	réagir à une opinion
À mon avis…	C'est exact / correct.
D'après moi… / Selon moi…	C'est exactement ce que je pense.
Moi, je pense / crois / trouve que…	Parfaitement / Exactement / Évidemment.
Je suis sûr/e que…	Je suis tout à fait d'accord avec vous.
Il me semble que…	Tu as raison, mais…
J'ai l'impression que…	Je te comprends, mais…
Ce qui est important, c'est…	Ça dépend / C'est relatif.
Moi, je voudrais…	Je ne suis pas d'accord.

2 VIE URBAINE, VIE RURALE

Pour finir

Une nouvelle autoroute.
Vous formez deux groupes, l'un est pour la construction d'une autoroute près du village, l'autre contre. Chaque groupe réunit des arguments pour défendre sa position et les écrit sur des cartes. Imaginez ce que dirait un paysan, un adolescent, l'épicier, un homme d'affaires, une femme au foyer, etc…
Organisez un débat où chacun prend la parole.

> Une autoroute doit être implantée à 500 mètres du village de Thorins, dans le sud de la France, permettant de rejoindre Marseille en 20 minutes au lieu de 40. Les habitants sont très partagés et discutent de ce projet lors du conseil municipal.

Résumé

Communication

La circulation

le bouchon	la piste cyclable
le périph / le périphérique	le trottoir
l'autoroute	la station

En route

la station-service	le feu rouge / vert
la pompe à essence	le sens interdit

Les moyens de transports

le véhicule	la bicyclette
la voiture	le vélo
le métro	le taxi

Le vélo

le guidon
la pédale
le casque

Se déplacer

motorisé/e	à pied	rouler
à quatre-roues	à vélo	dépasser
à deux-roues	en voiture	emprunter (une voie)

Donner son opinion

À mon avis…	Il me semble que…
D'après moi… / Selon moi…	J'ai l'impression que…
Moi, je pense que…	Pourquoi ne pas… (+ infinitif) ?
Je crois / trouve que…	Ce qui est important, c'est…
Je suis sûr/e que…	Moi, je voudrais…

Dire qu'on est d'accord

C'est exact / correct.
C'est exactement ce que je pense.
Parfaitement / Exactement / Évidemment.
Je suis tout à fait d'accord avec vous.

Nuancer une opinion

Tu as raison, mais…
Je te comprends, mais…
Ça dépend.
C'est relatif.

Dire qu'on n'est pas d'accord

Je ne suis pas d'accord.
Je ne suis pas de ton avis.
Mais non, pas du tout !

Grammaire

La proposition conditionnelle irréelle

Si je **vivais** dans une grande ville, je **sortirais** tous les soirs.
Si nous **habitions** à la campagne, les enfants **pourraient** avoir un chien.

Pour formuler une hypothèse, on utilise l'imparfait après **si**.

Sur le même modèle, on peut formuler une opinion : Ce **serait** bien si tu **venais**.

Le gérondif

aller – en allant
avoir – en ayant
être – en étant
savoir – en sachant

Rouler à Paris n'est pas si difficile **en restant** prudents.

Le participe présent

allant
ayant
étant
sachant

Près de la pompe à essence se trouve une affiche **proclamant** : « Vive la liberté ! »

Le **gérondif** se construit à partir de la 1ère personne du pluriel au présent : nous allons → **en allant**.
Le **participe présent** se construit comme le gérondif sans **en**, et permet de remplacer une phrase relative avec **qui**.

UNITÉ 3

Parler de stéréotypes | Caractériser une personne | Exprimer son point de vue |
Faire des comparaisons | Parler des symboles d'un pays | Parler des valeurs

Vous avez dit français ?

a. **Pour vous, quelles photos représentent des situations ou des personnes typiquement françaises ?**
Lesquelles ne correspondent pas aux clichés sur les Français et pourquoi ?

b. **Selon vous, quels sont parmi les adjectifs suivants les trois qu'on attribue le plus souvent aux Français ?**

ponctuel | romantique | sérieux | gourmand |
(im)poli | séducteur | (dés)organisé | paresseux |
drôle | (in)discipliné | bavard | travailleur |
râleur | arrogant | (in)tolérant | élégant |
créatif | fier | modeste | dynamique

c. **Comparez avec les autres. Quels sont les trois adjectifs qui reviennent le plus souvent ?**
Pensez-vous qu'ils décrivent vraiment la réalité ? Pourquoi (pas) ?

d. **Avez-vous déjà été en France ? À quelle occasion ?**
Qu'est-ce qui vous y plaît ? Qu'est-ce que vous aimez moins ? Aimeriez-vous y travailler ou y habiter ? Pourquoi (pas) ?

 1

3 A VOUS AVEZ DIT FRANÇAIS ?

A. C'est typique ?

1 **a. Vous cherchez des informations sur les particularités françaises sur Internet.**
À deux, lisez ce témoignage. Une personne souligne les points positifs, l'autre les points négatifs décrits par Julie.

www.sifrancais.com

La France   Littérature   Langue   Les Français   Gastronomie   Voyager en France   **Forum**

Moi, pendant mon année de jeune fille au pair à Montpellier, je suis tombée amoureuse des Français. Et ce que je retiens avant tout de leur culture et de leur caractère se résume en un mot : contrastes !
Tout d'abord, voilà un pays fascinant où les habitants prennent des pauses déjeuner d'une heure et demie *et* ont une espérance de vie très longue *malgré* des repas interminables arrosés de vin rouge.
C'est *aussi* un pays où les citoyens parlent beaucoup de fraternité *mais* ne sont pas très civiques : ils ne ramassent pas les crottes de leur chien *et* cherchent toujours à gagner une place dans la queue à la poste. Je pense *aussi* que les Français sont un peu naïfs car ils disent que tout le monde a les mêmes chances dans la vie. *Pourtant*, pour trouver un bon travail, il vaut mieux avoir fait une grande école. Ils sont aussi les grands défenseurs de la liberté, *cependant* ils sont très souvent en grève, empêchant les autres de travailler !
Les contradictions ne s'arrêtent pas là, les Français respectent la vie privée, *par contre* ils parlent très fort et discutent de tout sans être discrets. *D'une part* on leur envie leur système social très soutenu par l'État, mais *d'autre part* ce système est plutôt bureaucratique et il est souvent difficile de faire bouger les choses.
Pour résumer, je retiendrai ce mot de Winston Churchill « En France, tout est permis, même ce qui est interdit ». Mais *pour finir,* avec tous ces paradoxes, je ne crois pas que les Français soient si différents des Québécois.
Et vous, comment trouvez-vous les Français ? Je suis curieuse de lire vos commentaires sur ce forum.

Julie, Chicoutimi (Québec)

b. Exprimer son point de vue.
Lisez les exemples tirés du texte et complétez la règle.

exprimer son point de vue	**MÉMO** les formes irrégulières du subjonctif
Je pense que les Français **sont** un peu naïfs. Je ne crois pas qu'ils **soient** si différents des Québécois.	avoir – que j'aie être – que je sois faire – que je fasse aller – que j'aille savoir – que je sache pouvoir – que je puisse vouloir – que je veuille

Pour exprimer son point de vue avec **je pense que** et **je crois que**, on utilise **l'indicatif** dans les phrases affirmatives et le .... dans les phrases négatives.

c. En groupes de trois. Êtes-vous d'accord avec Julie ?
Chacun/e présente trois arguments du texte avec lesquels il / elle est ou n'est pas d'accord et les présente à ses partenaires qui réagissent.

Exemple : • Moi aussi, je pense que les Français ne sont pas très civiques.
  ○ Et bien moi, je ne crois pas qu'ils soient si individualistes, car…

✎ 2, 3

VOUS AVEZ DIT FRANÇAIS ? 3A

2 **a. Dans le texte, Julie utilise les mots *en italique* pour structurer son discours. À quoi correspondent-ils dans votre langue ?**

relier	contraster	ordonner
et	malgré	tout d'abord
aussi	mais	ensuite
en plus	pourtant / cependant / par contre	pour finir
même	d'une part… d'autre part	pour résumer
	au contraire	

b. Les Françaises sont-elles pleines de contradictions ?
Reliez les phrases suivantes avec le mot qui convient. Vous avez plusieurs possibilités. Comparez ensuite avec la situation des femmes dans votre pays.

En France, les femmes…

sont souvent très féminines	pourtant	des qualifications égales à celles des hommes.
sont moins bien payées	malgré	elles sont rarement féministes.
font carrière	mais	au restaurant, les chefs sont des hommes.
font la cuisine à la maison	par contre	elles ont beaucoup d'enfants.

3 **a. Regardez cette caricature.**
Correspond-t-elle à l'image que vous avez des Français ? Pourquoi (pas) ?

b. En petits groupes. D'après ce dessin, quelle serait la caricature de vos compatriotes ?
Faites un dessin et décrivez-le en quelques mots. Comparez avec les autres. Quels sont les trois caractéristiques qui reviennent le plus souvent ?

4 **a. Clichés et stéréotypes.** ▶▶ 12
Écoutez ce dialogue. Quand se déroule la scène ? Qui parle ? Quel est le problème ?

b. Écoutez encore une fois et confirmez ou corrigez les phrases suivantes. ▶▶ 12

☐ Carole lit un roman.
☐ Selon les Australiens, les Français portent tous la moustache.
☐ Un stéréotype est une généralisation.
☐ Un stéréotype est un code spécial que peu de personnes comprennent.
☐ Carole trouve les hommes romantiques.
☐ Mathieu ne veut pas descendre la poubelle.

c. À deux. Chaque groupe choisit au sort un groupe de la liste suivante.
Mettez-vous d'accord sur deux aspects positifs et deux négatifs qui les caractérisent et présentez-les. Le reste de la classe devine ensuite de quel groupe il s'agit.

les femmes | les adolescents | les écologistes | les Américains | les hommes |
les personnes âgées | les professeurs | les Espagnols | les femmes au foyer |
les hommes politiques | les Anglais

3 B VOUS AVEZ DIT FRANÇAIS ?

B. Les Français vus par eux-mêmes

1 a. Voici quelques symboles de la France. ⏩ 13 – 16
Écoutez leurs descriptions et associez-les aux images suivantes.

b. Écoutez encore une fois et trouvez l'élément faux dans chaque description. ⏩ 13 – 16
Quels autres objets ou personnes symbolisent pour vous la France ?

2 a. Lisez ce texte et soulignez les symboles cités. À quelles catégories appartiennent-ils ?

PEUT-ON TOUCHER AUX SYMBOLES ? LES FRANÇAIS S'INTERROGENT.

Imaginez : le Mont Saint-Michel est transformé en ville moderne, la maison Chanel porte le nom d'une chaîne de magasins américaine, un gratte-ciel se trouve à la place de la Tour Eiffel trop rouillée et l'image de Marianne est remplacée par celle d'un chanteur à la mode ! Une vision future inconcevable pour les Français qui tiennent énormément à leurs emblèmes. De la baguette au TGV en passant par Zidane, Astérix et le camembert, ces symboles anciens ou modernes font partie de la conscience collective française et sont intouchables.

Pourtant, depuis peu, les Français débattent avec passion d'une question là aussi symbolique : doit-on changer les paroles du célèbre hymne national « La Marseillaise » ? Ce chant, qui a été déclaré hymne national le 14 juillet 1795 après la Révolution Française, est maintenant enseigné dans les écoles primaires. Mais certains l'accusent d'être un chant guerrier aux paroles violentes. Pour d'autres, au contraire, il est impossible de toucher à ce symbole national qui fait partie de l'histoire de la France et qui est reconnu par le reste du monde.

Mais n'est-ce pas là une autre particularité des Français : ne jamais réussir à se mettre d'accord ?

b. Par groupes. Quels sont les symboles de votre pays ?
Quels sont vos favoris ? Y en a-t-il qui vous plaisent moins ? Si oui, pourquoi ?

c. Connaissez-vous les paroles de votre hymne national par cœur ?
Selon vous, faut-il l'apprendre à l'école ? Y a-t-il aussi des discussions concernant les contenus ?

3 La construction du passif.
À deux. Cherchez les verbes au passif dans le texte. Mettez-les ensuite à la forme active. ✏ 5

MÉMO le passif	la construction active
L'hymne national **est enseigné** dans les écoles primaires.	**On enseigne** l'hymne national dans les écoles primaires.
L'image de Marianne **est remplacée par** celle d'un chanteur.	L'image d'un chanteur **remplace** celle de Marianne.

VOUS AVEZ DIT FRANÇAIS ? 3B

4 a. Lisez le texte suivant et soulignez les valeurs citées. Y en a-t-il une qui vous semble très caractéristique de la France ?

b. À deux. Après la fraternité, quelle est la valeur que les Français placent en quatrième position ?
Reconstituez le classement des valeurs citées en partant de la plus importante.

1. ....
2. ....
3. ....
4. bonheur +
   ....
5. ....
6. ....

c. 🏃 Et vous, quelle valeur choisiriez-vous pour compléter cette devise ?
Trouvez des personnes qui ont fait le même choix. Expliquez ensuite votre choix au groupe.

🌍 **Voyages** en ligne
Découvrir les Français. ✏ 6

ET APRÈS LA FRATERNITÉ ?

Dans une enquête portant sur la devise « liberté, égalité, fraternité », la question suivante a été posée aux Français : si on devait ajouter un quatrième mot à cette devise, lequel aurait votre préférence ?

À la lecture des résultats, on constate tout d'abord avec surprise que le bonheur est aussi cher aux Français que l'écologie ! Ces deux catégories sont cependant moins importantes que le respect, qui représente la valeur que les Français estiment le plus. La sécurité, sujet très actuel, est mieux placée que l'éducation qui, elle, est apparemment citée plus souvent que le bonheur. Et le progrès dans tout ça ? Il est le moins populaire de tous les mots proposés et arrive directement après la laïcité, une notion qu'aucun Européen ne protège autant que les Français.

D'après un sondage SOFRES

5 a. Relisez le texte et soulignez les formes qui servent à comparer, puis complétez le tableau.

	MÉMO comparatif	**MÉMO** superlatif	comparatif d'égalité
adj.	Ces deux catégories sont .... importantes .... le respect.	Le progrès est **le moins** populaire **de** tous les mots.	Le bonheur est .... cher aux Français .... l'écologie.
adv.	L'éducation est citée **plus** souvent **que** le bonheur.	Le respect est la valeur que les Français estiment	Aucun Européen ne protège la laïcité **autant que** les Français.

Formes irrégulières :
bon/ne – meilleur/e
mauvais/e – pire
bien – mieux
beaucoup – plus
peu – moins

b. Restons dans les clichés. Selon vous, quel est le pays le plus... ?
Complétez les questions avec le superlatif ou le comparatif d'égalité, puis comparez entre vous. Avez-vous des réponses communes ?

Exemple : Le pays où l'on produit *le meilleur* vin ? (bon)

1. Le pays qui a les hommes .... d'Europe ? (galant)
2. Quel est le pays qui a .... cuisine ? (bon)
3. Les Européens qui dansent .... ? (bien)
4. Ceux qui fabriquent .... voitures ? (beau)
5. Un pays qui respecte l'écologie .... que les Allemands ? (=)
6. Un pays où les repas sont .... qu'en France ? (= longs)
7. Les Européens qui parlent .... les langues étrangères ? (bien)

✏ 7, 8

3 VOUS AVEZ DIT FRANÇAIS ?

Pour finir

Le Conseil de l'Europe lance une campagne de publicité pour chaque pays de l'Union. Votre classe prépare l'affiche de cette campagne pour votre pays. En groupes, choisissez des images qui pourraient symboliser votre pays et un petit texte qui incite des étrangers à le visiter. À la fin, la classe choisit l'affiche qui sera envoyée au gouvernement.

Résumé

Communication

Caractériser quelqu'un

dynamique	travailleur/-euse	créatif/-ve	arrogant/e	(im)poli/e
romantique	fier/fière	drôle	paresseux/-euse	(dés)organisé/e
gourmand/e	ponctuel/le	élégant/e	bavard/e	(in)discipliné/e
modeste	sérieux/-euse	séducteur/-trice	râleur/-euse	(in)tolérant/e

Exprimer son point de vue

	formes irrégulières du subjonctif		
Je pense que les Français **sont** un peu naïfs. Je ne crois pas qu'ils **soient** si différents des Québécois.	avoir – que j'aie être – que je sois faire – que je fasse aller – que j'aille	savoir – que je sache pouvoir – que je puisse vouloir – que je veuille prendre – que je prenne	Pour exprimer son point de vue on utilise **l'indicatif** dans les phrases affirmatives et **le subjonctif** dans les phrases négatives. (À l'oral on y trouve aussi l'indicatif.)

Structurer un discours

relier	contraster	ordonner
et aussi en plus même	malgré mais pourtant / cependant / par contre d'une part… d'autre part au contraire	tout d'abord ensuite pour finir pour résumer

Grammaire

Le passif et les constructions actives

construction passive	construction active
L'image de Marianne **est remplacée par** celle d'un chanteur.	L'image d'un chanteur **remplace** celle de Marianne.
L'hymne national **est enseigné** dans les écoles primaires.	**On enseigne** l'hymne national dans les écoles primaires.

N'oubliez pas : à la forme passive, le participe passé s'accorde en genre et en nombre avec le sujet de la phrase. Quand il n'y a pas de complément d'agent introduit avec **par** au passif, le sujet devient **on** à la forme active.

Le comparatif et le superlatif

	le comparatif	le superlatif	le comparatif d'égalité	le formes irrégulières
adj.	Ces deux catégories sont **moins** importantes **que** le respect.	Le progrès est **le moins** populaire de tous les mots.	Le bonheur leur est **aussi** cher **que** l'écologie.	bon/ne – meilleur/e mauvais/e – pire
adv.	L'éducation est citée **plus** souvent **que** le bonheur.	Le respect est la catégorie que les Français estiment **le plus**.	Aucun Européen ne protège la laïcité **autant que** les Français.	bien – mieux beaucoup – plus peu – moins

Pour comparer des substantifs, on utilise **plus de / moins de / autant de** :
La Finlande a **plus de** forêts **que** la France. La Finlande est le pays qui a **le plus de** forêts en Europe.

UNITÉ 4

Savoir-faire

1 **a. Le terme de « culture » peut avoir de nombreuses significations. Parmi les éléments suivants, soulignez ceux que vous utiliseriez pour définir la culture d'un pays.**

la musique | la manière de saluer quelqu'un | les rapports familiaux | le théâtre | l'humour | la façon de faire la fête | les arts | les cadeaux | l'histoire | les repas | les vêtements | l'école | le rythme de vie | le rapport au corps | la danse | l'éducation | la religion

b. Comparez vos résultats et discutez.
Quels éléments sont différents en France par rapport à votre pays / à d'autre pays ?

2 **a. Lisez ce texte sur la culture.**
Êtes-vous d'accord avec cette explication ?

b. Le concept de politesse est différent dans chaque pays.
Lisez le questionnaire suivant et décidez à chaque fois si vous feriez ces choses de vous-même (1) ou parce que cela est normal dans votre pays (2).

- ☐ Demander à quelqu'un lors d'une soirée combien il gagne.
- ☐ Tenir la porte ouverte à une dame si vous êtes un homme.
- ☐ Arriver à une fête avec une demi-heure de retard.
- ☐ Attendre que vos invités soient partis pour ouvrir les cadeaux.
- ☐ Offrir à vos invités les bonbons ou le vin qu'ils vous ont apportés.
- ☐ Insister plusieurs fois pour que vos invités mangent plus.

c. En groupes de trois, comparez vos réponses.
Avez-vous de nombreuses réponses communes ? Où y a-t-il le plus de différences ? Suivant les résultats, pensez-vous qu'on puisse parler de comportements typiques de votre pays ?

QU'EST-CE QUE LA CULTURE ?
La culture peut être comparée à un aquarium où les poissons peuvent nager sans problèmes parce qu'ils savent où sont les obstacles et les limites. En général, nous vivons à l'intérieur de notre culture et nous pensons que notre manière de vivre représente la « norme », jusqu'au moment où nous entrons en contact avec des manières de vivre différentes. Comment nous nous habillons, quels cadeaux nous faisons lors d'invitations, tout ceci dépend de notre culture. Certaines différences entre les peuples sont très « visibles » (les Chinois ne mangent pas avec une fourchette, les Français s'embrassent pour se saluer). Mais certains comportements dictés par notre culture sont « cachés », comme par exemple ceux qui concernent les règles de politesse (ou les rapports de hiérarchie). Dans ce cas, les différences deviennent parfois source de malentendus. Mais en général, avec un minimum de tolérance et de sensibilité, elles ne posent pas de problèmes. Le secret est de ne pas juger les autres et de ne pas penser que les étrangers sont « bizarres » parce qu'ils réagissent de manière différente de la nôtre, en accord avec leur culture. Ainsi, le contact avec d'autres cultures nous fait comprendre que nos comportements et nos valeurs sont souvent le produit de notre éducation.

4 SAVOIR-FAIRE

Coin lecture

Le coin lecture vous propose différents genres de textes de diverses époques. En partant de thèmes que vous avez vus dans les leçons précédentes, découvrez la littérature francophone et entrez dans la peau d'un écrivain ou d'un poète.
Dans ce coin lecture, vous allez découvrir avec le poète Guillaume Apollinaire une manière lyrique et originale de présenter quelqu'un, et la romancière Amélie Nothomb vous donnera l'occasion d'imaginer la vie au XXVIème siècle.

3 Extrait du poème du 9 février 1915 (Poèmes à Lou)
Guillaume Apollinaire (1880 – 1918) est un des poètes français les plus importants du début du 20ème siècle. Né à Rome d'une mère aristocrate polonaise et d'un père inconnu, il se fait vite un nom en tant que journaliste, critique d'art et poète. Il meurt en 1918 de la grippe espagnole, deux jours avant la fin de la Première Guerre Mondiale.
Apollinaire est l'inventeur du « calligramme », un poème écrit formant un dessin en rapport avec le sujet du texte. Le « Poème à Lou » décrit Louise de Coligny-Châtillon dont Apollinaire a fait la connaissance en 1914.

Reconnais-toi
Cette adorable personne c'est toi
Sous le grand chapeau canotier
Œil
Nez
La bouche
Voici l'ovale de ta figure
Ton cou exquis
Voici enfin l'imparfaite image de ton buste adoré
vu comme à travers un nuage
Un peu plus bas c'est ton coeur qui bat.

3 a. Lisez ce poème une première fois, puis soulignez les mots qu'on utilise pour décrire une personne.
Le texte correspond-t-il bien à ce qui est dessiné ?

b. Quels rapports a le poète avec la personne décrite ?
Soulignez les mots qui vous aident à répondre.

c. En groupes. Choisissez un objet, un animal ou une personne et faites son portrait en quelques lignes selon l'exemple d'Apollinaire en décrivant ses caractéristiques principales.
Essayez de dessiner votre poème sous la forme d'un calligramme. Échangez-le ensuite avec un autre groupe qui doit dire de quoi il s'agit.

Reconnais-toi, tu es…

SAVOIR-FAIRE 4

4 Péplum, 1996.
Amélie Nothomb est une « surdouée de la littérature ». Cette Belge est née en 1967 au Japon et a passé son enfance en Chine, aux États-Unis, au Laos, au Bangladesh et en Birmanie où son père était ambassadeur de Belgique. Elle écrit des nouvelles, des contes et des pièces de théâtre, et elle publie depuis 1992 un roman par an. Se disant « enceinte » de ses romans et « graphomane », elle a reçu de nombreux prix littéraires.
Le roman « Péplum » se présente sous la forme d'un long dialogue entre deux personnes : A.N., une jeune romancière, et Celsius, un scientifique du futur. Cet extrait se situe au début du roman lorsque les deux protagonistes font connaissance.

– Qui êtes-vous ?
– Vous n'auriez pas dû quitter votre chambre.
– Il m'est arrivé quelque chose ?
– On peut dire ça comme ça, oui.
– Il va falloir me réopérer ?
– Rassurez-vous, vous êtes guérie.
– Quand puis-je quitter l'hôpital ?
– L'hôpital ? Vous n'êtes pas à l'hôpital. Vous êtes à la basilique, c'est-à-dire chez moi.
– Vous êtes prêtre ?
– Pas exactement.
Silence.
– Vous souvenez-vous du jour qui a précédé votre opération ?
– Pourquoi ? Je suis censée avoir perdu la mémoire ?
– Répondez.
– Oui, je m'en souviens.
– En ce cas, vous pouvez comprendre pourquoi vous vous trouvez ici.
– Vous êtes de la police ? J'ai fait quelque chose d'interdit par la loi ?
– Vous trouvez que j'ai l'air d'un flic ?
– On ne sait jamais. Ils se déguisent parfois. Où suis-je ?
– Je vous l'ai déjà dit : à la basilique. Vous posez la mauvaise question. Vous auriez dû demander : « Quand suis-je ? »
– J'ai été opérée le 8 mai au matin. J'ai sans doute dormi longtemps, mais je suppose que nous sommes encore le 8 mai.
– Le 8 mai de quelle année ?
– 1995. C'est le cinquantième anniversaire de l'armistice.
– De l'armistice ?
– La Seconde Guerre Mondiale.
– Cela me dit quelque chose. Hélas, je suis au regret de vous révéler la vérité. Nous ne sommes pas le 8 mai 1995. Nous sommes le 27 mai 2580.
– J'avais raison d'avoir peur de l'anesthésie.

4 **a. Lisez le texte et décrivez la situation.**
Imaginez ce qui a pu se passer avant cette scène : Pourquoi la jeune fille se trouve-t-elle dans cette situation ?

b. Connaissez-vous des livres ou des films qui mettent en scène un voyage dans le temps ou une vision du futur ?
Résumez leur histoire, puis présentez-les à la classe qui devine de quoi il s'agit.

c. En groupes, imaginez le monde en 2580 et faites une liste des choses qui seront mieux et une de ce qui sera moins bien qu'aujourd'hui.
Qu'est-ce qui va changer au niveau de la médecine, du travail, de la technique, des loisirs, des moyens de transports, de la vie familiale, de la nature, des relations internationales ?

En 2580, le monde sera…
Si on vivait en 2580, le monde serait…

4 SAVOIR-FAIRE

5 **Agir et communiquer.**
Dans les trois unités précédentes, vous avez acquis de nouvelles compétences qui sont résumées dans les listes suivantes. Vous souvenez-vous de tout ? Donnez à chaque fois un exemple et comparez ensuite avec votre partenaire. Si vous n'êtes pas sûr/e, regardez dans les unités 1, 2 et 3.

 Je sais

- me présenter.
- présenter quelqu'un.
- décrire une personne.
- porter un jugement sur quelqu'un.
- parler de mes goûts et de mes habitudes.
- expliquer l'origine de mon nom et de mon prénom.
- parler de ma famille.
- imaginer une situation.

 Je sais aussi

- parler de l'endroit où j'habite.
- comparer la vie à la ville et la vie à la campagne.
- formuler des hypothèses.
- faire des projets pour changer de vie.
- parler des moyens de transport et des problèmes de circulation.
- dire ce qui fait une bonne qualité de vie.
- donner mon opinion lors d'une discussion et argumenter.

 Je sais

- reconnaître des clichés ou des stéréotypes et donner mon opinion.
- parler des habitants d'un pays et de leurs symboles.
- caractériser une personne.
- parler des valeurs.
- faire des comparaisons et signaler des oppositions.
- articuler un texte ou un discours.

 En plus, je suis capable de

✓ répondre à une interview.
✓ rédiger une lettre de motivation.
✓ formuler des hypothèses à partir d'images.
✓ lire et comprendre des modes d'emploi.
✓ imaginer une campagne de publicité.

 **Voyages en ligne**
Profitez des tests d'autocontrôle pour tester vos connaissances.

UNITÉ 5

Décrire et situer un lieu | Exprimer ses goûts | Décrire des sensations | Parler des grandes villes et de la province | Raconter un évènement situé dans le passé

Douce France

a. À quels pays ou régions associez-vous ces photos ? Pourquoi ?

b. Écoutez ces témoignages et dites à quelles photos ils correspondent. ▶▶ 17 – 21

un lac	une vallée	un volcan	un désert	au nord	au bord de la mer
un fleuve	une forêt	une colline	une dune	au sud	sur la côte
une rivière	un champ	une plaine	une île	à l'est	à la montagne
un canal	des vignes	une montagne	une plage	à l'ouest	à la campagne
				au centre	en ville

c. À votre avis, quels autres paysages pourraient aussi représenter la France ? Quelles régions françaises connaissez-vous ?

d. Quel paysage choisiriez-vous pour représenter votre région ?

5A DOUCE FRANCE

A. La France dans tous les sens

1 a. Regardez cet extrait de la bande dessinée « Astérix en Corse ». En groupes de trois. À quelles odeurs ou à quels goûts associez-vous la France / votre pays / votre région ?

b. Lisez le texte suivant et soulignez tous les mots qui sont liés aux cinq sens.

c. Avez-vous déjà fait ce genre d'expérience ? Y a-t-il une odeur ou un goût particulier qui évoque pour vous des souvenirs précis ?

La plupart des gens ont une mémoire visuelle ou auditive : ils se souviennent des choses qu'ils ont vues ou entendues. Mais ces souvenirs sont souvent de courte durée. L'odorat et le goût, eux, font renaître des souvenirs que la mémoire avait depuis longtemps oubliés. Dans son roman « Du côté de chez Swann », l'écrivain français Marcel Proust (1871 – 1922) raconte comment le goût d'un morceau de madeleine trempé dans du thé réveille un jour en lui tout un monde qu'il avait entièrement oublié : celui de son enfance chez sa tante Léonie à Combray.

2 a. Écoutez les interviews de quatre Français habitant à l'étranger et qui parlent des sensations qu'ils associent à la France. Notez leur souvenir et le sens correspondant. ▶▶ 22 – 25

la vue | l'ouïe | le goût | l'odorat | le toucher

b. À deux. Quel goût, quelle odeur ou quelles sensations vous reviennent en mémoire quand vous pensez aux choses suivantes ? Racontez et comparez.

Noël | l'école | vos grands-parents | les vacances d'été

Exemple : Quand je pense aux vacances d'été, ça me rappelle l'odeur de la mer. ✏ 1, 2

> Ça sent bon / mauvais / ça pue.   Ça a le goût de…   C'est le bruit de…
> Ça sent la lavande / le poisson.   C'est sucré / salé / amer.   C'est une sensation agréable /
> Ça a l'odeur de…   C'est doux / dur / mou.   désagréable.

DOUCE FRANCE 5A

3 a. Les mots suivants sont tirés de l'article que vous allez lire.
Faites des hypothèses sur le contenu du texte.

entreprise familiale | image de la France | émotion | essences naturelles | parfum | ingrédients

b. Lisez l'interview de Jean-Paul Guerlain et vérifiez vos hypothèses.

4 a. Relisez le texte et confirmez ou corrigez les phrases suivantes.

1. La maison Guerlain existe depuis plus de 150 ans.
2. Jean-Paul Guerlain est parfumeur, comme son fils.
3. La première odeur dont il se souvient est celle de son grand-père.
4. Le premier parfum qu'il a créé était le parfum de la jonquille.
5. Il peut reconnaître des centaines d'odeurs.
6. Il pense que c'est le nombre d'ingrédients qui fait la qualité d'un parfum.
7. Les femmes qu'il a aimées lui ont donné l'idée des parfums qu'il a créés.

b. Le pronom relatif *dont*.
Relisez le texte et complétez le tableau.

| Il a dirigé pendant 47 ans l'entreprise familiale .... il est resté le « nez » le plus fameux. | Le pronom relatif **dont** remplace un complément avec .... : Il a dirigé l'entreprise familiale. Il est resté le nez le plus fameux **de** cette entreprise. |

c. Complétez les questions suivantes avec un pronom relatif et posez-les à votre voisin/e qui justifie son choix.

1. Quelle est l'odeur .... vous plaît le plus ?
2. Quelle est la région française .... vous aimeriez habiter ?
3. Quel est le plat de cuisine .... vous préférez ?
4. Quel est l'objet .... vous avez le plus besoin au quotidien ?
5. Quels sont les bruits .... vous détestez ?

 3-6

Voyages en ligne
Le monde des parfums.

La maison Guerlain, c'est depuis 1828 l'image ou plutôt l'odeur de la France. Jean-Paul Guerlain, dernier de la dynastie, a lancé 43 parfums et en a imaginé des milliers. Il a commencé à créer des parfums dès l'âge de 18 ans et a dirigé pendant 47 ans l'entreprise familiale dont il est resté le « nez » le plus fameux.

Profession : nez

Comment êtes-vous devenu « nez » ?
Mes parents ne me destinaient pas à la parfumerie. Mais je vivais dans un milieu où on adorait ce qui était beau et bon. Mon premier souvenir olfactif, c'est celui de la tarte aux fraises que ma mère avait préparée pour mes quatre ans, en 1941. Cette odeur, qui est pour moi synonyme de tendresse, me touche toujours. Un jour de 1955, dans son usine de Courbevoie, mon grand-père m'a mis au défi de reconstituer le parfum de la jonquille, dont le flacon d'essence avait disparu. J'ai mélangé des essences naturelles, narcisse, feuille de violette, jasmin... Cela sentait si bon que mon grand-père a cru que j'avais retrouvé le flacon qu'il avait perdu. C'est ainsi que je suis devenu parfumeur.

La légende raconte que vous avez mémorisé plus de 3 000 odeurs.
Je n'en tire aucun titre de gloire. Les petits Chinois savent bien écrire 10 000 caractères ! Mais ce n'est pas le nombre d'ingrédients qui fait la valeur d'un parfum.

Quelle est votre philosophie ?
Pour moi, la parfumerie, c'est une forme de poésie, de romantisme. J'ai toujours composé un parfum en pensant à la femme dont j'étais amoureux. Le parfum, c'est l'expression de la sensualité, l'odeur de la femme aimée le matin, sur l'oreiller... C'est la forme la plus intense du souvenir.

D'après « L'Express »

MÉMO Dans une phrase relative, **qui** est sujet et **que** est complément d'objet direct. **Où** est utilisé pour donner une indication de temps ou de lieu.

5 B DOUCE FRANCE

B. Paris n'est pas la France

1 a. À deux. Paris et la province.
Avant d'écouter des interviews, essayez de replacer ces chiffres dans les affirmations suivantes.

2 | 6 | 22 | 53 | 70 | 8800

1. La France est composée de .... régions.
2. La France compte .... km d'autoroutes.
3. .... millions de Français habitent en province.
4. La ville de Paris compte .... millions d'habitants.
5. Un Français sur .... vit dans la région parisienne.
6. .... % des entreprises françaises ont leur siège en province.

b. Écoutez les interviews de Français qui donnent leur opinion sur le rapport Paris / province et comparez avec vos résultats. Votre intuition était-elle bonne ? ▶▶ 26

c. En groupes. Écoutez encore une fois. Chaque groupe résume un point de vue. ▶▶ 26
Discutez et comparez avec la situation dans votre pays en vous aidant du vocabulaire suivant.

gouvernement | institutions | centraliste / fédéral | état | région / régional | capitale | administration | décentralisation / centralisation

2 a. Récit d'une provinciale à Paris.
Lisez le texte de droite et soulignez tous les mots en rapport avec le stress et la vitesse.

b. Relisez le texte et comparez avec votre rythme de vie.
Donnez ensuite des titres aux différents paragraphes du texte.

c. Imaginez la situation suivante : un Parisien part vivre en province et décrit ses premières impressions.
Reformulez les titres des paragraphes et résumez en quelques lignes leur contenus. ✎ 7

3 a. Relisez ces phrases tirées du texte et observez les temps du récit.
Vous souvenez-vous des règles du passé ? Vérifiez en allant à la page 34.

> Avant mes études, je n'**étais** jamais **venue** à Paris.
> En descendant du train, j'**ai** tout de suite **remarqué** l'ambiance qui **régnait**.

Quand elle est arrivée de Toulouse, Sandra avait la tête pleine d'images fabuleuses : Paris, la ville lumière, le luxe, les belles avenues. Et pourtant, dès la descente du train, les désillusions ont commencé.

« Avant mes études, je n'étais jamais venue à Paris. Mais lorsque je suis descendue du train à la gare Montparnasse, j'ai immédiatement distingué les Parisiens des provinciaux. Les Parisiens, eux, savaient. Ils savaient comment se rendre au métro par le chemin le plus court, ils savaient éviter toutes les personnes qui se trouvaient sur leur chemin, et surtout, ils savaient le faire VITE ! Et en descendant du train, j'ai tout de suite remarqué l'ambiance qui régnait... grise et triste. Aucun sourire, aucun sentiment de « bienvenue dans la capitale ». Et là, je me suis sentie plus que jamais « provinciale » !

Il ne m'a pas fallu longtemps pour constater que les Parisiens étaient toujours pressés. La première fois que j'ai pris le métro, j'étais encore dans le couloir lorsqu'on a entendu la rame arriver et soudain, tout le monde s'est mis à courir. Et puis, avec le temps, j'ai constaté qu'il y avait aussi ceux qui couraient à toute vitesse mais qui arrivaient juste au moment où

DOUCE FRANCE 5B

les portes du métro se fermaient. À la vitesse où ils allaient, on était toujours surpris de voir qu'ils arrivaient encore à freiner. Et s'ils n'y arrivaient pas, c'était un fou rire assuré pour nous, provinciaux. À leur place, on aurait patiemment attendu le prochain !

Les Parisiens sont des personnes importantes. Pourquoi cela ? Parce qu'ils habitent dans la CAPITALE ! Ils sont les « boss » en France, une race à part. Et une fois sortis de leur ville, ils se lancent à la découverte de ce « pays conquis » : la province ! Cette annexe de Paris ! Ils arrivent stressés, mais sûrs d'eux, parfois même arrogants.

Un jour, j'ai réalisé que la majorité des Parisiens… étaient des provinciaux qui n'étaient pas nés à Paris, comme moi ! Au bout de quelques semaines, je me suis surprise à éviter avec classe les touristes et les provinciaux qui venaient d'arriver, et le jour où je me suis précipitée pour attraper le métro, je me suis presque sentie devenir importante. Ai-je été contaminée par la fièvre de la vie dans la capitale ? Serai-je bientôt moi aussi une Parisienne ? »

D'après Sandra Prieto

MÉMO Pour exprimer le début du déroulement d'une action, on utilise **se mettre à** + infinitif. Avec **venir de** + infinitif, on décrit une action terminée récemment.

b. À deux. Choisissez un des sujets suivants.
Racontez ensuite cette expérience à votre voisin/e en précisant les circonstances (la date, le lieu, les personnes qui étaient avec vous, etc.).

1. Votre plus grande surprise
2. Un repas exceptionnel
3. Votre plus grande peur
4. Un voyage bizarre
5. Une situation embarrassante
6. Une rencontre inhabituelle

8, 9

4 a. Les petits pains au chocolat des Parisiens. 27
Vrai ou faux ? Écoutez ce dialogue et corrigez les phrases si nécessaire.

1. La jeune fille n'aime pas qu'on remarque qu'elle est de province.
2. Le mot chocolatine vient du Nord de la France.
3. Elle fait exprès d'utiliser des mots de sa région.
4. Une « poche » est un sac en cuir.

b. Cette scène pourrait-elle avoir lieu dans votre pays ?
Dites pourquoi (pas).

5 a. La gestique des Français.
Les Parisiens et les provinciaux ont souvent plus de points communs que de différences. Le Comité Régional du Tourisme d'Île-de-France a voulu aider les touristes étrangers à mieux comprendre les Parisiens en particulier – et les Français en général. D'après vous, que veulent dire ces gestes ?

b. Écoutez les explications et associez-les aux images. Vos hypothèses sont-elles vérifiées ? 28–31
Quels gestes utilisez-vous dans ces situations ?

5 DOUCE FRANCE

Pour finir

Le jeu des premières fois.
Jouez avec un dé et un pion ou une pièce de monnaie en groupes de trois ou quatre. Lorsque vous tombez sur une case, vous racontez la « première fois » qu'évoque pour vous le dessin correspondant et les circonstances de cette expérience. Si vous tombez sur une étoile, vous pouvez prendre un dessin au choix.

Exemple : La première fois que j'ai pris l'avion / que je suis partie toute seule en voyage, c'était en 1983. J'avais 12 ans et je n'avais jamais été dans un aéroport. Mes parents m'accompagnaient et …

Résumé

Communication

Décrire un lieu

un lac	une vallée	un volcan	un désert
un fleuve	une forêt	une colline	une dune
une rivière	un champ	une plaine	une île
un canal	des vignes	une montagne	une plage

Situer un lieu

au nord	au bord de la mer
au sud	sur la côte
à l'est	à la montagne
à l'ouest	à la campagne
au centre	en ville

Décrire des sensations

Ça sent bon / mauvais / ça pue.	Ça a le goût de la vanille.	C'est le bruit du feu.
Ça sent la lavande / le poisson.	C'est sucré / salé / amer.	C'est une sensation agréable / désagréable.
Ça a l'odeur de la mer / du sel.	C'est doux / dur / mou.	

Grammaire

Les pronoms relatifs *qui* / *que* / *où*

Ce n'est pas le nombre d'ingrédients **qui** fait la valeur d'un parfum.
La tarte aux fraises **que** ma mère avait préparée pour mes quatre ans.
Je vivais dans un milieu **où** on adorait ce qui était beau et bon.

Qui est toujours sujet.
Que / Qu' est complément d'objet direct.
Où reprend un complément de temps ou de lieu.

Dans la phrase relative avec **que / qu'**, le participe passé s'accorde en genre et en nombre avec le nom ou le pronom auquel il se rapporte : les parfums qu'il **a créés**.

Le pronom relatif *dont*

Il a dirigé pendant 47 ans l'entreprise familiale **dont** il est resté le « nez » le plus fameux.

J'ai toujours composé un parfum en pensant à la femme **dont** j'étais amoureux.

Il a dirigé l'entreprise familiale. Il est resté le nez le plus fameux **de** cette entreprise.

J'ai toujours composé un parfum en pensant à une femme. J'étais amoureux **de** cette femme.

Le pronom relatif **dont** remplace un complément avec **de**.

Les temps du passé

Avant mes études, je n'**étais** jamais **venue** à Paris.

En descendant du train, j'**ai** tout de suite **remarqué** l'ambiance qui **régnait**.

Dans un récit au passé, l'**imparfait** décrit les circonstances d'une action et le **passé composé** des actions achevées.
Le **plus-que-parfait** décrit ce qui s'est passé avant les évènements racontés au passé composé et à l'imparfait.

UNITÉ 6

Décrire des spécialités culinaires | Parler de l'identité culturelle | Parler de l'intégration | Raconter le parcours d'une personne | Rapporter un discours dans le passé | Exprimer son mécontentement

Blacks, blancs, beurs

a. À deux. Regardez attentivement l'affiche pendant une minute.
Fermez ensuite le livre. Retrouvez avec votre partenaire le maximum d'informations que vous avez vues.

b. D'après vous, quel est le but de ce repas ?
Connaissez-vous l'origine des plats proposés ? Si ce repas avait lieu dans votre pays, quels autres plats étrangers pourrait-on y trouver ?

c. Aimeriez-vous participer à ce repas multiculturel ?
En groupes. Mettez-vous d'accord sur trois plats de différentes régions qui représentent votre pays. Décrivez ces plats aux autres qui les devinent. Choisissez ensuite tous ensemble les trois plats qui symbolisent le mieux votre pays.

C'est un plat qui vient de… / typique de…
On le mange en… / C'est une spécialité de…
C'est une entrée / un plat principal / un dessert.
C'est un plat végétarien / avec de la viande / avec du poisson.
Ce sont des légumes / des fruits exotiques.
C'est un plat en sauce / épicé / doux / salé / sucré / …
On le sert avec des pâtes / des pommes de terre / du riz / …

6A BLACKS, BLANCS, BEURS

A. Intégration

1 a. **Voici l'extrait d'une chanson du rappeur Kamini.** ▶▶ 32
Écoutez et complétez le texte.

J'm'appelle Kamini,
J'viens pas de la Téci*,
J'viens d'un p'tit _village_ qui s'appelle Marly-Gomont, (…)
A Marly-Gomont, y'a pas d'béton,
65 ans la moyenne d'âge dans les _environs_,
1 terrain d'tennis, 1 terrain de basket,
3 jeunes, dans l'village donc pour jouer c'est pas _chouette_,
J'viens d'un village paumé dans l'Aisne, en Picardie,
Facilement, 95 % de vaches, 7 % d'_habitants_
Et parmi eux, une seule famille de _noirs_,
Fallait qu'ce soit la mienne, putain un vrai cauchemar !

Texte: Kamini © RCA

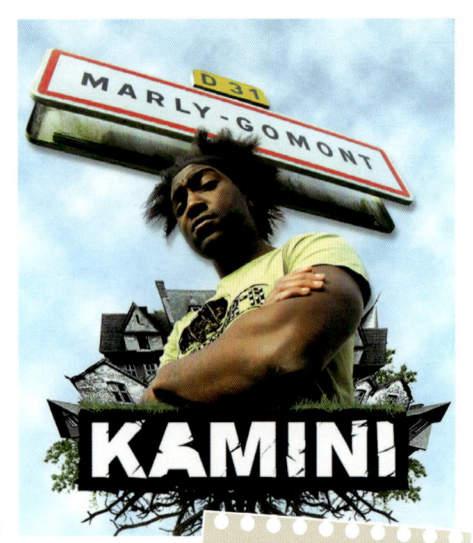

*Téci = Cité en **verlan**, langage des jeunes des banlieues*

b. **À deux. Décrivez le village de Marly-Gomont.**
Selon vous, comment sont ses habitants ? Quelles sont leurs préoccupations ?

c. **En groupes de trois. Imaginez que le journal régional publie un article sur l'arrivée de la famille Kamini dans le village.**
Quel titre pourrait-il avoir ?

2 a. **Selon vous, est-il plus facile pour des étrangers de s'intégrer en s'installant en ville où à la campagne ? Pourquoi ?**
D'où viennent les étrangers qui habitent dans votre ville / village ? Quels problèmes rencontrent-ils ?

b. **Par groupes de trois. Quels critères sont les plus importants pour définir l'identité culturelle d'une personne ?**
Mettez-vous d'accord sur trois aspects et comparez vos résultats avec le reste de la classe.

la religion | la musique | la langue | le lieu de vie | les traditions | les vêtements | la cuisine | la couleur de la peau | l'art | la nationalité | …

3 a. **D'après vous, pourquoi va-t-on s'installer dans un autre pays ?**
Le texte suivant confirme-t-il vos hypothèses ?

POURQUOI VIVENT-ILS EN FRANCE ?

D'après les statistiques, la France compte près de 5 millions d'immigrés, c'est-à-dire 8,1 % de la population totale. Mais pour quelles raisons des personnes quittent-elles un pays auquel elles sont en général attachées ? Jusqu'aux années 1970, l'immigration était principalement « de travail », mais les raisons pour lesquelles on s'installe en France aujourd'hui sont multiples : économiques mais aussi familiales ou politiques. N'oublions pas non plus que la France accueille aussi de nombreux étudiants à qui elle offre des avantages au niveau de la formation, sans compter tous les séniors qui viennent chercher un soleil rare dans leur pays d'origine et sous lequel ils peuvent profiter de la retraite.

BLACKS, BLANCS, BEURS **6 A**

b. En groupes de trois. Regardez le tableau et dites pourquoi, selon vous, ces populations se sont installées en France.

dictature | guerre | regroupement familial | exil intellectuel | ancienne colonie | études | pauvreté | mondialisation | climat | chômage | retraite | appel à main-d'œuvre

Exemple : Je pense qu'avant la première guerre mondiale, les Italiens partaient en France pour chercher du travail car beaucoup d'entre-eux étaient au chômage…

Populations migrantes majoritaires	
1850 – 1914	Belges, Italiens, Allemands, Suisses, Espagnols
1914 – 1939	Espagnols, Polonais
1945 – 1970	Portugais, Maghrébins, Africains subsahariens
1970 – années 80	Maghrébins (Algériens, Marocains, Tunisiens)
Aujourd'hui	35 % Européens 31 % Maghrébins 12 % Africains subsahariens 17 % Asiatiques et reste du monde

MÉMO Pour parler du nombre de personnes, on utilise : de nombreux, la majorité, certains, beaucoup de, tout le monde, presque tous, quelques-uns, personne

c. Comparez avec votre pays.
Selon vous, quelles populations ont immigré à quelle période vers votre pays ? En connaissez-vous les raisons ?

4 a. Relisez le texte 3a et soulignez les pronoms relatifs. Complétez ensuite le tableau.

	masculin singulier	masculin pluriel	féminin singulier	féminin pluriel
pour, avec, chez, sans, sous…	Un soleil *sous* (lequel) ils peuvent profiter de la retraite.	… lesquels	… laquelle	*lesquelles*
à	Un pays .... ils sont attachés. *auquel*	auxquels	à laquelle	auxquelles

Pour des personnes, on utilise de préférence le pronom relatif .... : La France accueille aussi des étudiants **auxquels** / **à qui** elle offre des avantages.

b. Complétez avec le pronom relatif qui convient et donnez des exemples.

1. Deux raisons pour .... j'aimerais habiter en France.
2. Les personnes .... je demanderais de partir avec moi.
3. Le pays .... je pense quand on parle de soleil.
4. Un motif pour .... je ne partirais pas à l'étranger.
5. La personne .... je pense lorsqu'on parle d'intégration réussie.

5 Notez trois raisons pour lesquelles vous aimeriez parfois quitter votre pays pour aller vivre ailleurs. Trouvez ensuite quelqu'un avec qui vous avez au moins une réponse commune. Choisissez ensemble un pays où vous aimeriez aller.

Exemple : Dans mon pays, ce qui m'énerve, c'est que les gens se plaignent tout le temps.

exprimer son mécontentement

Je ne supporte pas…
Je n'aime pas…
Ce qui m'agace / m'énerve, c'est…
Je trouve que les gens sont… /
le système est trop…

6 Écoutez les interviews de deux personnes qui ont émigré en France et remplissez la fiche personnelle de chacune. 33 – 34

origine | raisons de l'immigration | problèmes rencontrés | rapports à la France / à la langue française

6 B BLACKS, BLANCS, BEURS

B. Nouvelles générations

1   a. Regardez cette caricature.
À votre avis, où se déroule cette scène ? Trouvez dans le dessin des synonymes du mot « cité ».

b. En partant des graffitis sur les murs, dites quels sont les problèmes que l'on peut rencontrer dans les cités.
Discutez de leurs causes.

c. À deux. Quels autres moyens pourrait utiliser ce jeune homme pour « sortir » de la cité ?
Discutez-en avec votre partenaire. Quel moyen est à votre avis le plus probable ?

un mariage | le loto | un déménagement | un héritage | la musique | l'armée | un apprentissage | un hold-up | le sport

2   Le premier fast-food musulman.
Lisez le texte suivant, puis trouvez les mots en gras auxquels correspondent les définitions.   6 – 8

– formule populaire
– commencer quelque chose en prenant des risques
– expression familière synonyme de travail
– définit les aliments autorisés par le Coran
– énerver, pousser aux limites de la patience
– donner du travail à quelqu'un

Voyages en ligne
Les talents des cités.

Talents DES CITÉS
Accueil
Le concours
S'inscrire
Lauréats
Contact

Parce qu'on lui a trop souvent fait sentir qu'il n'était pas comme les autres, parce qu'il rêvait de manger enfin des hamburgers, Taoufik a créé sa propre entreprise. Un fast-food, bien sûr.

Parce qu'il en avait marre de manger du Filet O'Fish, de commander toujours le même hamburger faute de viande **halal** dans les sandwichs, Taoufik a décidé d'inventer ses propres recettes et de lancer « le Mac Do' version musulmane ». Il **s'est lancé** parce qu'il se sentait différent, parce qu'on l'a « **poussé à bout** » aussi : « Avec mon cousin, on a fait une formation de monteur-dépanneur frigoriste. On a cherché du **boulot** pendant sept mois, collectionnant les refus ». Du travail, il en trouve dans une grande entreprise de logistique où il espère qu'on l'**embauchera** définitivement. « Je voyais tous mes collègues signer leur contrat les uns après les autres. Quand j'ai dit mon étonnement à la direction, ils m'ont répondu : « C'est pour bientôt, revenez dans un mois ». Et tous les mois, c'était « bientôt ». C'était très dur… » Aujourd'hui, c'est lui qui gère une entreprise de plusieurs salariés installée dans des locaux qui accueillaient encore quelques mois plus tôt une grande chaîne de fast-food. « Jusqu'au bout j'ai tenu le projet secret. Je n'en avais même pas parlé à ma famille. Il y a un **proverbe** arabe qui dit : « l'acte d'abord, la parole ensuite ». La parole est facile, mais il faut montrer qu'on peut réussir. Je m'étais juré : « Je n'en parlerai qu'après l'ouverture. »

D'après « www.talentsdescites.com »

BLACKS, BLANCS, BEURS 6 B

3 a. **Le discours indirect au passé.**
Recherchez dans le texte précédent les phrases suivantes et corrigez éventuellement les éléments qui sont faux. Soulignez ensuite les verbes et complétez la règle.

1. Taoufik a expliqué qu'il s'était lancé parce qu'on l'avait poussé à bout.
2. Il a dit qu'il avait fait une formation de monteur-dépanneur frigoriste avec son frère.
3. Il s'était juré qu'il ne parlerait de son projet qu'après l'ouverture de son fast-food.
4. Il a raconté que la direction de l'entreprise lui avait répondu de revenir dans un an.
5. Il a déclaré qu'il fallait montrer qu'on peut réussir.

> **la concordance des temps**
>
> Quand la phrase d'introduction au discours indirect est au **passé**, les temps du discours direct changent :
> présent → imparfait
> .... → plus-que-parfait
> futur → conditionnel
> Mais les verbes à l'imparfait, au plus-que-parfait, au conditionnel et au subjonctif ne changent pas.

MÉMO Au discours indirect, les pronoms changent : « J'ai créé **mon** entreprise. » – Il a dit qu'il avait créé **son** entreprise.

L'impératif est remplacé par la forme infinitive précédée de .... : Ils m'ont répondu : « Revenez dans un mois. » – Ils lui avaient répondu **de revenir** dans un mois.

b. **En groupes.** Selon vous, est-ce qu'être d'origine étrangère pose des problèmes pour faire des études / un apprentissage ou trouver du travail ?
Pensez-vous que les études facilitent toujours la vie ? ✎ 9, 10

4 a. **La diversité culturelle au menu.**
Lisez les critiques gastronomiques de ces deux restaurants tenus par des Français issus de l'immigration. Où voudriez-vous aller manger ? Écrivez un mail à un ami pour le convaincre de venir avec vous.

Salut Pierre, j'ai pensé que j'aimerais aller manger au… J'ai lu un article sur le restaurant et le critique disait que c'était là qu'on trouvait le meilleur…

b. **En groupes de trois.** C'est le dernier cours de français et vous avez décidé d'aller manger ensemble. Quel restaurant choisissez-vous ? Pourquoi ?

> **MÉMO** Les verbes d'introduction au discours indirect : dire, raconter, expliquer, répondre, affirmer, demander, déclarer, expliquer, écrire, lire, penser, ajouter, espérer, prétendre, répéter…

CRITIQUES GASTRONOMIQUES

EL MAMOUNIA

C'est ici qu'on trouve le meilleur tajine de la ville et on se croirait vraiment au Maroc. Ce restaurant a été créé pour les fans de saveurs subtiles ! Le service est parfait et la déco semble sortie d'un conte des Mille et une Nuits ! Et si vous le désirez, vous pourrez même manger avec les doigts. Surtout, terminez votre repas par une pâtisserie du pays accompagnée d'un délicieux thé à la menthe. Bon appétit !

★ ★ ★ ★ ★

VASCO DE GAMA

Vraiment, la cuisine portugaise n'a rien à envier à la cuisine française ou italienne ! Allez chez « Vasco de Gama » si vous n'êtes pas encore convaincus. Le plateau de fruits de mer « Royal » était vraiment royal et j'ai passé une soirée magique. Les amateurs de grillades y trouveront aussi leur bonheur. Les vins sont exceptionnels et vous serez très bien conseillé. Goûtez aux nombreux desserts faits maison qui sont un vrai régal !

★ ★ ★ ★ ★

6 BLACKS, BLANCS, BEURS

Pour finir

a. À la télévision vous avez regardé deux reportages intitulés l'un : « La police n'entre plus dans la cité des Tilleuls à Lyon » et l'autre « Une intégration réussie : l'exemple de Samira ». À deux. Choisissez un des deux titres et faites le résumé du reportage pour un magazine de programme de télévision. Vous pouvez vous inspirer du programme de télévision ci-joint.

b. Échangez votre programme avec un autre groupe qui le raconte à la classe.

Hier soir, il y avait un reportage sur la cité des Tilleuls dans la ville de Lyon. Le journaliste a raconté que… / On y parlait de…

france 2

22h45 Ici et là-bas.
Reportage.
La famille Dilbert est partie s'installer à Ouagadoudou. Leur rêve : ouvrir un centre d'apprentissage pour malvoyants. Mais il reste de nombreuses difficultés à surmonter pour le réaliser : Trouver un appartement, s'inscrire à l'école, se faire accepter par les voisins… Réussiront-ils à s'intégrer ?

Résumé

Communication

Décrire des spécialités culinaires

C'est	C'est un plat		C'est un plat	On le sert avec
une entrée	avec de la viande	en sauce	qu'on mange en / à…	des pâtes
un plat principal	avec du poisson	épicé / doux	qui vient de…	des pommes de terre
un dessert	végétarien	salé / sucré	typique de…	du riz

Parler du nombre de personnes

tout le monde	certains/-es
la majorité	presque tous / toutes
de nombreux/-euses	quelques-uns/-unes
beaucoup de	personne (ne…)

Exprimer son mécontentement

Je ne supporte pas…	Ce qui m'énerve, c'est…
Je n'aime pas…	Je trouve que les gens sont…
Ce qui m'agace, c'est…	Le système est trop…

Grammaire

Les pronoms relatifs composés

	masculin singulier	masculin pluriel	féminin singulier	féminin pluriel
pour, avec, sans, chez, par, sous…	… lequel	… lesquels	… laquelle	… lesquelles
à	auquel	auxquels	à laquelle	auxquelles
à cause de, à côté de…	duquel	desquels	de laquelle	desquelles

Pour des personnes, on utilise de préférence le pronom relatif **qui** : La France accueille aussi des étudiants **à qui** elle offre des avantages. Attention, quand il ne s'agit pas de personnes le pronom relatif est aussi composé après un groupe prépositionnel terminé par **de** : La voiture à côté **de laquelle** je me suis garé.

Le discours indirect au passé

discours direct : Il a dit :	discours indirect : Il a dit / Il disait / Il avait dit que…	concordance des temps
« Je fais. » « J'ai fait. » « Je ferai. »	… qu'il faisait. … qu'il avait fait. … qu'il ferait.	présent → imparfait passé composé → plus-que-parfait futur → conditionnel Les verbes à l'imparfait, au plus-que-parfait, au conditionnel et au subjonctif ne changent pas.

Au discours indirect, les pronoms changent : « J'ai créé **mon** entreprise. » – Il a dit qu'il avait créé **son** entreprise. L'impératif est remplacé par la forme infinitive précédée de **de** : « Ils m'ont répondu : " **Revenez** dans un mois." » – Ils lui avaient répondu **de revenir** dans un mois.

UNITÉ 7

Parler de la francophonie | Parler de l'importance de l'orthographe | Reconnaître différents registres de langue | Parler des différents types d'apprenants | Emprunter et prêter un objet à quelqu'un

Où va le français ?

Les champions, c'est nous !

Diane
Montréal, Québec

Tanguy
Durbuy, Belgique

Annie
Marseille, France

Spécial langue française et francophonie

1 Dans la phrase suivante, accorderiez-vous le participe passé ?
- Tes amies ? Je les ai vu hier.
- Tes amies ? Je les ai vues hier.

2 Quel nombre est mal écrit ?
- deux cent vingt
- quatre-vingts-trois
- trois cents

3 Quelle est la traduction de la phrase créole « kommyen fòt ou fé andikté-la ? »
- Combien de fois faut-il le dire ?
- Combien de fautes as-tu fait en dictée ?

4 Le français n'est pas la langue officielle…
- de l'O.N.U.
- des jeux olympiques
- de la coupe du monde de foot

5 En France, quel terme est officiellement recommandé pour remplacer le mot anglais « email » ?
- mél
- courriel
- publipostage

6 En québécois, que veut dire « frencher » ?
- parler le français de France
- embrasser sur la bouche
- faire la cuisine

7 Si un belge dit que son grand-père a « la nonantaine », cela signifie…
- qu'il a environ 90 ans
- qu'il une maladie grave
- qu'il est très riche

8 Un de ces pays d'Afrique n'a pas le français comme langue officielle :
- L'Angola
- Le Burkina Faso
- La Côte d'Ivoire

9 Le français est langue officielle ou co-officielle dans…
- 13 états
- 25 états
- 62 états

10 Quel est le nombre de francophones dans le monde ?
- 60 millions
- 135 millions
- 200 millions

a. En groupes de trois.
Lisez les questions de ce jeu télévisé et essayez d'y répondre.

b. Comparez ensuite avec le reste de la classe.
Quelles réponses reviennent le plus souvent ?

c. Écoutez maintenant l'émission pour avoir les solutions.
⏩ 35
Comptez un point pour chaque réponse juste. Quel groupe a le plus de points ?

7A OÙ VA LE FRANÇAIS ?

A. Vive l'orthographe et la grammaire ?!

1

a. La secrétaire du Chat a fait des fautes de grammaire et d'orthographe.
À deux. Essayez de corriger les fautes que vous identifiez et imaginez l'orthographe possible des mots que vous ne connaissez pas.

b. À deux. À votre avis, dans quelles sortes de texte une orthographe correcte est-elle importante ?
Faites un classement et justifiez votre décision. Comparez ensuite avec le reste de la classe.

une lettre d'amour | un curriculum vitae |
une liste de courses | un exercice de maths |
un article de journal | un texto | un mail |
une lettre de réclamation | une rédaction

c. Trouvez-vous l'orthographe de votre langue maternelle plutôt facile ou plutôt difficile ?
À votre avis, faut-il réformer l'orthographe ? 1, 2

(Bulle : DITES-MOI QUÉ JE RAIVE !)

(Lettre : chair patron / auserais-je / solissité / une petite / augmentassion / voutre dévoué / secrétère / marie-térèse)

2 Les pronoms objets.
Regardez ce dessin. Soulignez les pronoms et dites à quoi ils se réfèrent.

(Bulle : ...MA CHAMBRE ?... MAIS BIEN SÛR QUE JE L'AI RANGÉE. MES EXERCICES DE GRAMMAIRE ?... SI, SI, JE LES AI FAITS, T'EN FAIS PAS. DIS-MOI, MAMIE VA BIEN ?... TU L'EMBRASSES DE MA PART ET SURTOUT NE LUI DIS PAS QUE J'AI EU "0" EN DICTÉE !!)

MÉMO les pronoms directs	les pronoms indirects
me	me
te	te
le, la, l'	**lui**
nous	nous
vous	vous
les	**leur**
Mes exercices, je **les** ai faits. (faire quelque chose)	Tu ne **lui** dis pas que j'ai eu 0. (dire qc **à** quelqu'un)

Le participe passé s'accorde en genre et en nombre avec le pronom direct :
Ma chambre ? Je **l'**ai rangé**e**.
Dans les phrases affirmatives à l'impératif, les pronoms indirects **me** et **te** sont remplacés par **moi** et **toi** :
Dis-**moi** !

OÙ VA LE FRANÇAIS ? **7A**

3 Une chaîne. Qu'avez-vous fait cette semaine pour améliorer votre français ?
Chacun/e pose une question à son / sa voisin/e qui y répond en utilisant un pronom personnel.

Exemple : • As-tu appris la leçon de grammaire pour aujourd'hui ?
○ Non je ne **l'**ai pas apprise.

apprendre
comprendre
faire
écrire à
écouter
téléphoner à
regarder
lire

la télévision française
les exercices pour aujourd'hui
la leçon de la fois dernière
la leçon de grammaire pour aujourd'hui
le CD du manuel
les devoirs
le professeur pour demander qc
la conjugaison des verbes
des amis français

✎ 3, 4

4 a. Lisez ce texte et voyez avec quels mots vous pourriez le compléter.

– vin (2x), vingt
– ri, riz
– pain, pins
– poids, pois
– verts, vers
– foie, fois
– fin, faim

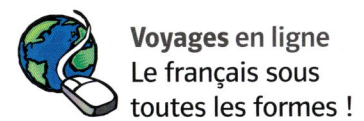

Il vaut mieux porter du « pain » à sa bouche qu'un « pin ». Ce genre de différences peuvent expliquer la passion de nombreux Français pour l'orthographe. Les championnats d'orthographe à la télévision sont suivis par des millions de téléspectateurs. Voici un exemple de dictée.

Il était une ___ une dame qui, ___ la ___ de l'année, juste après Noël et la saison du ___ gras, avait décidé de faire un régime pour perdre du ___. Dans un magazine, elle avait ___ en lisant qu'on pouvait maigrir en ne mangeant que du ___. Mais, quelques pages plus loin, elle avait lu aussi qu'une femme avait perdu ___ kilos en six mois en ne buvant plus de ___, en supprimant le ___ et en ne mangeant que des légumes ___. Le principe du régime, c'était « Si j'ai ___, je mange un légume ». Comme elle adorait les petits ___, c'était le régime qu'elle avait choisi, mais en faisant une exception : elle continuerait à boire un verre de ___ tous les soirs. Alors elle s'imaginait déjà l'été prochain, toute mince dans son maillot de bain sous les ___ car cette fois-ci, elle ne souffrirait pas en vain !

b. Comparez ensuite votre dictée avec votre voisin/e et décidez ensemble si vous avez à chaque fois utilisé le mot avec la bonne orthographe.
D'après le texte, quel est le menu des déjeuners de cette dame ?

Voyages en ligne
Le français sous toutes les formes !

5 a. Écoutez ces étrangers qui parlent de l'apprentissage et de leur pratique du français. ▶▶ 36–39
Quelle est la personne dont vous vous sentez la plus proche ?

b. Écoutez encore une fois. Discutez ensemble de ce qui vous plaît ou ne vous plaît pas dans chacune de ces opinions. ▶▶ 36–39

7B OÙ VA LE FRANÇAIS ?

B. Le français bouge !

1 a. Écoutez ce dialogue et classez ensuite les mots ou expressions suivants. Font-ils partie du français standard ou du français familier ? ▶▶ 40

appart – appartement | métro – tromé |
tu m'étonnes – ça me surprend | ça m'ennuie – ça me gonfle | petit-déjeuner – p'tit-déj |
zarbi – bizarre | facile – fastoche |
je me suis trompé/e – je m'suis planté/e

registre standard	registre familier

b. Écoutez encore une fois. Comment fonctionne le verlan ? ▶▶ 40
Quels sont les deux mots en verlan dans le tableau précédent ?
Faites-en d'autres et donnez-les à deviner au reste de la classe. ✎ 5

2 a. À deux. Lisez ces définitions et cherchez dans l'article suivant les substantifs ou expressions *en italique* qui y correspondent.

– Substance qui sert à améliorer les performances sportives
– Terme français pour « software »
– Sert à écrire des notes et se colle partout
– Caractère d'une personne paresseuse
– Une réaction d'impatience et de mécontentement

ATTENTION : ANGLICISMES !
Comme beaucoup d'autres langues, le français emprunte à l'anglais, mais il adapte… et il prête aussi plus qu'on ne pense.

Pendant que les Académiciens font des efforts pour conserver la langue française, des commissions de terminologie travaillent pour proposer tous les mois des mots français pour désigner les objets ou phénomènes nouveaux du monde actuel dont le nom d'origine est la plupart du temps en anglais. Objectif : « *Faire du français une langue capable d'exprimer la modernité.* » Un travail difficile puisque plus d'un millier de mots nouveaux ont été publiés au Journal Officiel depuis 2004, avec plus ou moins de succès… Ainsi *sac gonflable* pour *airbag* ou encore *papillon* pour *post-it* ont été des flops absolus. « *Des fois, ça ne prend pas et on ne sait pas pourquoi* », explique Xavier North, délégué général à la langue française. Mais tous les efforts ne sont pas vains : ainsi *lave-vaisselle*, *navigateur* et *logiciel* font maintenant parti du vocabulaire courant.

Sans compter que la fameuse loi Toubon de 1994, très protectionniste, est là pour empêcher l'invasion des termes anglophones dans tous les domaines – de la publicité aux colloques scientifiques en passant par les annonces d'aéroports et les modes d'emploi. Et malgré tout : « *Ces dix dernières années, nous avons emprunté plus à l'anglais que lors du siècle dernier* », résume Xavier North. Cependant, notre langue s'adapte et réussit à éviter les anglicismes à l'état pur. Ainsi, là où nous disions *doping* il y a dix ans, nous disons désormais *dopage*.

Mais on emprunte aussi beaucoup au français. En effet, des enquêtes scientifiques ont prouvé que les deux langues qui fournissent le plus de mots « sans frontières » sont le français et l'anglais, avec une légère avance pour… le français. « *Les mots français qui s'exportent le mieux expriment le plus souvent un état d'âme, une critique, un agacement, une ironie, donc des abstractions* », écrivait l'essayiste brésilien da Costa il y a quelques années. Exemples : *bon vivant, enfant terrible, fait accompli, nonchalance, parvenu, femme fatale*…

D'ailleurs, il n'est pas inutile de rappeler que du onzième au treizième siècle, le français était en Grande-Bretagne la langue du pouvoir et de l'aristocratie et qu'un tiers du lexique anglais moderne (par exemple *royal, marriage* ou *souvenir*) vient du français de cette époque.

D'après « Libération »

L'Académie française, fondée en 1634, a pour but d'imposer des normes et des règles pour fixer la langue française et garantir sa qualité tout en suivant ses évolutions. Ses 40 membres, appelés les immortels, viennent de tous les domaines, littéraire, politique, en passant par les arts et les sciences.

OÙ VA LE FRANÇAIS ? **7B**

b. Donnez un titre à chaque paragraphe.

c. En groupes. Que pensez-vous de la politique linguistique de la France ?
Y a-t-il un courant similaire dans votre pays ? Quelle est l'influence de l'anglais sur votre langue maternelle ?

✎ 6, 7

3 a. À part des mots, que peut-on prêter ou emprunter ?
Lisez ce dialogue. De quel objet parlent ces deux personnes ?

> **MÉMO** Le pronom **en** remplace un complément avec **de**, un article indéfini (un, une, des) ou partitif (de la, de l', du). Le pronom **y** remplace un complément introduit par **à, dans, sur, sous** ou **en**.

— Qu'est-ce qu'il est lourd ! Il y a les noms propres et les noms communs ?

— Oui, ma fille me l'a offert pour mon anniversaire. Elle se servait toujours de mon petit pour faire ses devoirs de français, alors je le lui ai donné.

— Tu pourrais me le prêter jusqu'à la semaine prochaine ? Je voudrais m'en acheter un nouveau. Comme ça, s'il est bien, je m'achète le même.

b. Observez la place des pronoms en les soulignant dans le dialogue précédent et complétez les phrases.

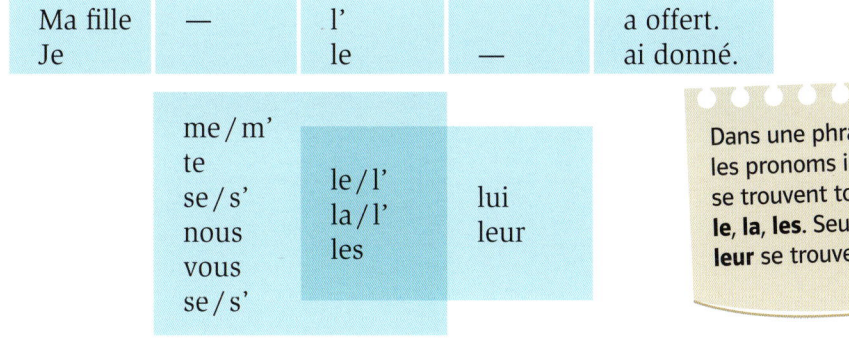

| Ma fille | — | l' | | a offert. |
| Je | | le | — | ai donné. |

me / m'			
te	le / l'	lui	
se / s'	la / l'	leur	
nous	les		
vous			
se / s'			

Dans une phrase avec deux pronoms objets, les pronoms indirects **me, te, se, nous, vous** se trouvent toujours avant les pronoms directs **le, la, les**. Seuls les pronoms indirects **lui** et **leur** se trouvent après les pronoms directs.

✎ 8–10

c. Une chaîne. Choisissez un objet de la liste suivante. Vous désirez l'emprunter à la personne assise à droite de votre voisin/e.
Demandez à votre voisin/e de faire passer le message. Il / elle vous rapporte la réponse. Ensuite, c'est à votre voisin/e de choisir un objet.

un dictionnaire | un maillot de bains | sa montre | son appartement | un CD | son téléphone portable | ses clés | son ordinateur portable | un stylo | sa voiture | son livre de français | ses lunettes de soleil

Exemple :
- Peux-tu demander à ta voisine si elle peut me prêter son stylo ?
- Marie demande si tu peux lui prêter ton stylo.
- Non, je suis désolée, je ne peux pas le lui prêter parce que…
- Elle ne peux pas te le prêter parce que…

7 OÙ VA LE FRANÇAIS ?

Pour finir

a. Dans l'Alliance Française de votre ville, on organise une journée des langues avec une discussion sur l'importance de l'anglais et du français dans le monde et sur l'intérêt d'apprendre une langue plutôt que l'autre.
Divisez la classe en deux groupes. Le premier groupe fait une liste des arguments en faveur de l'apprentissage du français, l'autre groupe en faveur de l'anglais.

b. Chaque groupe présente ses arguments.
Discutez-en et choisissez les trois arguments qui vous semblent les plus convaincants.

Résumé

Grammaire

Les pronoms personnels objets

les pronoms directs	les pronoms indirects
me	me
te	te
le, la, l'	**lui**
nous	nous
vous	vous
les	**leur**
La lettre, vous **l'**avez envoyée ? (envoyer qc)	Je ne **lui** ai pas téléphoné. (téléphoner **à** qn)

Le participe passé s'accorde en genre et en nombre avec le pronom direct :
Mes devoirs, je **les** ai fait**s**.
Dans les phrases affirmatives à l'impératif, les pronoms indirects **me** et **te** sont remplacés par **moi** et **toi** :
Donne-**moi** ce livre !

Les pronoms *en* et *y*

| Il mange **du** gâteau. – Il **en** mange. |
| Il habite **à** Monaco. – Il **y** habite. |

Le pronom **en** remplace un complément avec **de**, un article **indéfini** (un, une, des) ou **partitif** (de l', de la, du).
Le pronom **y** est utilisé pour un complément introduit par **à**, **dans**, **sur**, **sous** ou **en**.

L'ordre des pronoms dans la phrase

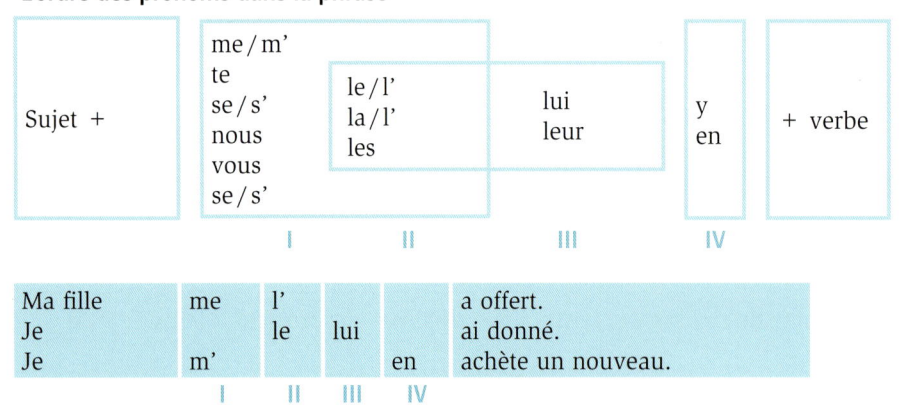

Sujet +	me / m' te se / s' nous vous se / s'	le / l' la / l' les	lui leur	y en	+ verbe
	I	II	III	IV	

Ma fille	me	l'			a offert.
Je		le	lui		ai donné.
Je	m'			en	achète un nouveau.
	I	II	III	IV	

Dans une phrase avec deux pronoms objets, les pronoms indirects **me, te, se, nous, vous** se trouvent toujours **avant** les pronoms directs **le, la, les**. Seuls les pronoms indirects **lui** et **leur** se trouvent après les pronoms directs.

| Mes enfants **m'en** ont parlé. |
| À Paris ? Non, il ne **m'y** a jamais emmené. |

Y et **en** se trouvent toujours après les pronoms objets. Ils ne sont utilisés ensemble que dans l'expression : Il **y en** a…

UNITÉ 8

Savoir-faire

1 **Les différents aspects de la culture.**
Lisez le texte et décidez si les habitudes ou les comportements suivants sont universels (u), caractéristiques d'une culture (c) ou particuliers à un individu (i).

- ☐ Se montrer réservé avant de faire connaissance.
- ☐ Avoir peur d'un animal dangereux.
- ☐ Laisser sa place à une personne âgée.
- ☐ Tomber amoureux.
- ☐ S'habiller en noir après la mort d'un parent.
- ☐ Enlever ses chaussures à la maison.
- ☐ Saluer une personne qu'on connaît.

2 **a. Ce qu'on considère comme privé et intime diffère selon les cultures et les individus.**
Dites si vous considérez les espaces ou objets suivants comme privés et comparez vos avis.

votre frigo | votre sac à main | votre bureau | votre table au restaurant | votre chambre | votre voiture | votre jardin | votre portefeuille

b. En groupes. Suivant les cultures, on invite ses amis / collègues à la maison ou on se donne rendez-vous au café ou au restaurant.
Discutez ensemble des points suivants :

– Qu'est-ce que la maison pour vous ?
– Invitez-vous souvent ou préférez-vous voir vos amis à l'extérieur ?
– Est-ce important pour vous de manger en famille ?

c. D'après vous, quels pourraient être deux aspects typiques de votre culture ?
Qu'est-ce qui n'est pas « typique » de votre culture dans votre comportement ?

En plus de toute une culture que nous avons en commun à l'intérieur d'un pays ou d'une nation, il y a dans notre comportement des aspects universels qu'on retrouve chez tous les êtres humains, et des aspects individuels particuliers à chaque personnalité.

Les aspects « universels » nous aident à comprendre d'autres personnes de culture très différente car nous sommes tous des êtres humains.

Les aspects « culturels » peuvent être similaires ou très différents de pays à pays et éventuellement causer des problèmes ou des malentendus.

Les aspects « individuels » montrent bien qu'il faut être prudent avec les généralisations. Chaque personne est un être individuel avec une personnalité unique – indépendamment de son pays d'origine et de sa culture. Il y a des Français qui ne boivent pas de vin, des Anglais qui n'aiment pas le thé et beaucoup d'Allemands qui ne conduisent pas de Mercedes.

8 SAVOIR-FAIRE

Coin lecture

Dans ce coin lecture, découvrez avec l'écrivain marocain Tahar Ben Jelloun l'univers du métro parisien. Le poète Raymond Queneau vous invite, lui, à un cours de cuisine de la langue française. Pour finir, partez en TGV avec le groupe provençal Massilia qui chante les différences Paris / province en occitan.

> **3 Pour un art poétique (suite)**
> **Raymond Queneau** (1903 – 1976) était romancier, poète et mathématicien. Pour lui, la langue était, comme les mathématiques, objet d'expérience et terrain d'exploration. Dans ce poème, Queneau donne la recette de l'écriture artistique.

Prenez un mot prenez en deux
faites-les cuir' comme des oeufs
prenez un petit bout de sens
puis un grand morceau d'innocence
faites chauffer à petit feu
au petit feu de la technique
versez la sauce énigmatique
saupoudrez de quelques étoiles
poivrez et mettez les voiles

où voulez-vous donc en venir ?
À écrire
        Vraiment ? à écrire ??

© Éditions GALLIMARD

4 Un homme venu d'une autre durée, 1979
Tahar Ben Jelloun (1944) professeur de philosophie et docteur en psychiatrie, est l'écrivain francophone le plus traduit dans le

Il a la peau brune, des cheveux crépus, de grandes mains calleuses noircies par le travail. (…) Cet homme, habillé de gris, a pris le métro à la station Denfert-Rochereau, direction Porte-de-la-Chapelle. D'où vient-il ? Peu importe ! Son visage, ses gestes, son sourire disent assez qu'il n'est pas d'ici. Ce n'est pas un touriste non plus. Il est venu d'ailleurs, de l'autre côté des montagnes, de l'autre côté des mers. Il est venu seul. Une parenthèse dans sa vie. Une parenthèse qui dure depuis bientôt sept ans. Il habite dans une petite chambre, dans le dix-huitième. Il n'est pas triste. Il sourit et cherche parmi les voyageurs un regard, un signe.

Je suis petit dans ma solitude. Mais je ris. Tiens, je ne me suis pas rasé ce matin. Ce n'est pas grave. Personne ne me regarde. Ils lisent. Dans les couloirs, ils courent. Dans le métro, ils lisent. Ils ne perdent pas de temps. Moi, je m'arrête dans les couloirs. J'écoute les jeunes qui chantent. Je ris. Je plaisante. Je vais parler à quelqu'un, n'importe qui. (…) Des gens descendent, se bousculent. D'autres montent. J'ai l'impression qu'ils se ressemblent. Je vais parler à ce couple. (…)
Ils ont peur. Je ne voulais pas les effrayer. La femme serre le bras de son homme. Elle compte les stations sur le tableau. Je leur fais un grand sourire. (…) Ils se lèvent et vont s'installer à l'autre bout du wagon.

---

3 a. Soulignez dans le texte tous les mots qui appartiennent à la cuisine.

Pour faire un bon cours de français, prenez Voyages 3, ajoutez une pointe d'humour, un petit bout de grammaire…

b. À vous de cuisiner.
En vous inspirant du poème de Queneau, écrivez la recette au choix :

d'un repas de rois | d'un bon cours de français | de vacances de rêve | d'une bonne soirée | d'un week-end en amoureux | …

4 a. Lisez le texte, puis répondez en groupes aux questions suivantes.

– Pourquoi est-ce que l'homme se comporte ainsi ?
– Comment réagissent les gens dans le métro ? Pourquoi ?
– Pourquoi l'homme présente-t-il tous ses papiers au contrôleur ?

b. Un des voyageurs s'intéresse au travailleur immigré.
Imaginez leur dialogue.

5 a. Écoutez une première fois la chanson. ▶▶ 41
Reconnaissez-vous des mots en occitan qui ressemblent au français ? Lesquels ?

SAVOIR-FAIRE 8

monde. Intellectuel marocain engagé, il intervient souvent dans les problèmes de société. « Un homme venu d'une autre durée » est tiré du recueil de poèmes « Les amandiers sont morts de leurs blessures ». Il nous y fait partager les pensées d'un travailleur immigré dans le métro parisien.

Je ne voulais pas les embêter. Les autres voyageurs commencent à me regarder. Ils se disent : quel homme étrange ! D'où vient-il ? Je me tourne vers un groupe de voyageurs. Rien sur le visage. La fatigue. Je gesticule. Je souris et leur dis : Aaaaa… Maaaaaa… Ooooo… Il est fou. Il est saoul. Il est bizarre. Il peut être dangereux. Inquiétant. Quelle langue est-ce ? Il n'est pas rasé. J'ai peur. Il n'est pas de chez nous, il a les cheveux crépus. Il faut l'enfermer.
Qu'est-ce qu'il veut dire ? Il ne se sent pas bien. Qu'est-ce qu'il veut ? Rien. Je ne voulais rien dire. Je voulais parler. Parler avec quelqu'un. Parler du temps qu'il fait. Parler de mon pays ; c'est le printemps chez moi ; le parfum des fleurs ; la couleur de l'herbe ; les yeux des enfants ; le soleil ; la violence du besoin ; le chômage ; la misère que j'ai fuie. On irait prendre un café, échanger nos adresses…
Tiens, c'est le contrôleur. Je sors mon ticket, ma carte de séjour, ma carte de travail, mon passeport. C'est machinal. Je sors aussi la photo de mes enfants. Ils sont trois, beaux comme des soleils. (…)
Je montre tout. Il fait un trou dans le ticket et ne me regarde même pas. Je vais lui parler. Il faut qu'il me regarde. Je mets ma main sur son épaule. Je lui souris et lui dis : Aaaaa… Maaaaa… Ooooo… Il met son doigt sur la tempe et le tourne. Je relève le col de mon pardessus et me regarde dans la vitre : Tu es fou. Bizarre. Dangereux ? Non. Tu es seul. Invisible. Transparent. C'est pour cela qu'on te marche dessus.

5 Triste es lo trin, 2005
Les langues régionales comme l'alsacien, le basque, le breton, le corse et l'occitan connaissent en France une certaine renaissance. Parmi tous ceux qui s'engagent pour la survie des cultures régionales, voici le groupe marseillais **Massilia Sound System** qui chante en occitan, la langue régionale du sud de la France, et en français sur une musique mélangeant le reggae et le folklore provençal. La chanson suivante met en scène deux personnages : un Marseillais dont les amis repartent travailler à Paris à la fin du week-end et le TGV qui les transporte.

Lo jorn va lèu s'acabar
Es la fin de la dimenchada,
Auvi lo bruch dau TGV
Es lo radier de la serada,
Auvi lo grand trin que s'en va
Devèrs París es a viatjar.
Triste es lo trin que passa aquí,
Emportant totei meis amics.

Tant de temps que nos an parlat
D'aquela granda capitala,
Viure ailamont es pas parier
Es lo tòp de la capitada,
Si dedins lo trin montas pas
La granda vida l'auràs pas.

Moi pauvre train j'ai rien fait de mal
Je vais de Marseille à la capitale,
Toute l'année des gens je trimbale
Pour un TGV c'est plutôt normal.

À la course je n'ai jamais eu de rival,
D'ailleurs c'est prouvé
j'ai le record mondial.
Ieu parli en francés et en provençal
D'abord siáu pas triste
je suis même jovial.

---

b. Écoutez encore une fois en lisant le texte de la chanson.
🎵 41
Pouvez-vous compléter la traduction de droite ?

c. En groupes. Discutez de l'importance des langues régionales dans votre pays.
Êtes-vous pour ou contre leur utilisation ? Pourquoi ? Parlez-vous un dialecte ?

d. Cette chanson donne la parole à un train.
À vous de faire parler d'autres objets. Choisissez-en un et parlez pour lui. Il se décrit et dit à quoi il ressemble et à quoi il sert. Le reste de la classe doit ensuite deviner de quoi il s'agit.

J'ai dans mon ventre froid viande, fromages et légumes, mais je ne les mange pas. Que suis-je ?

Le jour va bientôt s'achever,
… la fin du week-end,
j'entends le bruit du TGV
c'est le dernier de la soirée,
j'entends le grand … qui s'en va,
vers Paris il voyage.
Triste est le train qui passe ici
emportant tous … …

Cela fait si longtemps qu'ils nous … de cette grande …
vivre là-haut c'est pas pareil
c'est le summum de la réussite,
si tu ne montes pas dans le train
tu n'auras pas la … …

Je parle en … et en provençal,
et d'abord je ne suis pas triste

8 SAVOIR-FAIRE

6 **Agir et communiquer.**
Dans les trois unités précédentes, vous avez acquis les nouvelles compétences qui sont résumées dans les listes suivantes. Vous souvenez-vous de tout ? Donnez à chaque fois un exemple et comparez ensuite avec votre partenaire. Si vous n'êtes pas sûr/e, regardez dans les unités 5, 6 et 7.

✓ Je sais

- décrire un lieu, un paysage.
- parler de mes goûts.
- décrire un goût, une odeur, une sensation.
- raconter mes souvenirs.
- parler de mon rythme de vie.
- m'exprimer à tous les temps du passé.
- raconter des expériences personnelles.

✓ Je sais aussi

- parler de l'identité culturelle, des discriminations et de l'intégration.
- parler des raisons et des problèmes de l'immigration.
- parler des problèmes de société et imaginer des solutions.
- exprimer mon mécontentement.
- rapporter une information.
- rapporter un discours dans le passé.
- décrire des plats typiques de ma région ou de mon pays.

✓ Je sais

- reconnaître différents registres de langue.
- emprunter ou prêter quelque chose à quelqu'un.
- parler de l'influence des langues étrangères.
- parler de la francophonie.
- dire quel type d'apprenant je suis.
- parler de l'importance de l'orthographe en français et dans ma langue maternelle.

✓ En plus, je suis capable de

- ✓ comprendre des gestes typiques de la culture française.
- ✓ résumer un reportage sur un problème de société.
- ✓ faire la différence entre certains mots français qui s'écrivent différemment mais se prononcent de la même manière.

Voyages en ligne
Profitez des tests d'autocontrôle pour tester vos connaissances.

UNITÉ 9

Demander à quelqu'un de faire des choix | Parler des relations amoureuses et de la famille |
Exprimer une hypothèse dans le passé | Parler de l'égalité des sexes | Formuler une opinion

Vous avez dit famille ?

JE NE VOUS CROIS PAS ! C'EST PAS POSSIBLE !!

LES TESTS SE SONT AVÉRÉS POSITIFS. LE DOCTEUR ESTIME QUE VOUS ÊTES DANS VOTRE 10ÈME SEMAINE DE GROSSESSE.

MAIS, MES ENFANTS VONT AU LYCÉE, J'AI 39 ANS, JE TRAVAILLE À PLEIN TEMPS ! JE NE PEUX PAS AVOIR UN AUTRE BÉBÉ... PAS MAINTENANT !!!

ÉCOUTEZ, IL A DÛ SE GLISSER LÀ-DEDANS UNE GROSSE ERREUR.

SANS AUCUN DOUTE.

a. **Regardez cette BD et imaginez la réponse du médecin.**

b. **Allez ensuite à la page 73 pour lire la réponse.**
À votre avis, qu'est-ce qui va changer dans la vie de cette femme ?

c. **La famille évolue. Quelles nouvelles formes de famille existe-t-il aujourd'hui ?**
Définissez ce qu'est pour vous la famille. Quels membres en font partie ?

d. **À deux. La vie quotidienne d'une famille.**
Chez vous, qui fait quoi dans la famille ?

faire la cuisine | gérer le budget | aider à faire les devoirs | faire le ménage | jouer | faire du jardinage | s'occuper des animaux | mettre les enfants au lit | faire un barbecue | organiser les vacances | sortir la poubelle | gérer l'agenda de la famille | bricoler | inviter des amis | laver la voiture

9 A VOUS AVEZ DIT FAMILLE ?

A. À la recherche de l'âme sœur

1 a. Observez les affiches de film suivantes.
Selon vous, quels sont les points communs de ces films ?

- ☐ Leur thème principal est le flirt.
- ☐ Ils mettent en scène des familles modernes.
- ☐ Ce sont des comédies.
- ☐ Ils mettent en scène des trentenaires.
- ☐ La plupart des protagonistes sont célibataires.
- ☐ Ils parlent des problèmes professionnels.

b. Écoutez les résumés de ces trois films et associez-les aux affiches. ▶ 42 – 44
Écoutez une deuxième fois, puis comparez avec vos hypothèses de 1a.

c. Allons au cinéma !
Choisissez le film que vous aimeriez voir. Trouvez quelqu'un qui a fait un choix différent et essayez de le convaincre de venir voir votre film.   ✎ 2, 3

2 a. Célibataires et heureux !
Reconstituez l'article suivant et notez toutes les activités que font les célibataires.

☐ Alors vive le pot de Nutella devant la télé, la lecture jusqu'à trois heures du matin, et surtout les retours de soirée à l'aube ! Car, si les couples sont tournés vers leur foyer et leurs enfants, les célibataires d'aujourd'hui, eux, sont ouverts sur l'extérieur.

☐ En résumé : ils sortent, sont actifs, font de multiples rencontres. Et si leur image dans la société n'est pas bonne, c'est peut-être parce que les mariés d'aujourd'hui ont oublié qu'ils seront peut-être les solos de demain !

☐ Leur devise : « Beau, intelligent, beaucoup d'humour, bon job, je crois que ça n'existe pas, alors je préfère un bon livre ! » Traduisez : mieux vaut être seul que mal accompagné. Leurs trois activités favorites : « regarder la télévision », « rester chez soi » et « lire ».

☐ En France, un foyer sur trois se compose d'une personne seule, et à Paris, un foyer sur deux. Pourtant, cela ne semble pas être trop dur à vivre, car 91 % des célibataires français se disent heureux dans leur vie. Ils aimeraient souvent trouver un partenaire, mais pas à n'importe quel prix.

D'après « L'Express »

b. Par groupes de trois. Que peut-on faire pour trouver un partenaire ?
Faites une liste et présentez-la ensuite à la classe. Quelle idée est la plus originale / la plus folle / la plus réalisable ?

VOUS AVEZ DIT FAMILLE ? 9A

3 a. Sophie et Marc se sont rencontrés sur le site internet Nous2.fr.
À deux. Voici les questions qu'ils se sont posées pour faire connaissance. Posez-les à votre voisin/e qui ouvre le livre à la page 73 et vous pose les autres questions de Sophie et Marc.

b. **Les pronoms interrogatifs.**
Dans leur chat, Marc et Sophie doivent faire des choix. Complétez le tableau suivant et trouvez la règle.

| .... dessert commandes-tu souvent au restaurant ? |
| Je voudrais connaître tes deux principales qualités. .... choisis-tu ? |

MÉMO Avant un substantif, on utilise les adjectifs interrogatifs **quel / quelle**. Avec **lequel / laquelle** on choisit une personne ou un objet parmi un groupe de personnes et d'objets cités.

NOUS2.FR
☐ Recherche ☐ Mon courrier ☐ Chat ☐ Mon annonce ☐ Extra

(Sophie) Lequel de ces objets t'est absolument nécessaire ?
Ta brosse à dents ? Ton portable ?
(Marc) Mon portable.
Si tu avais un problème avec ton partenaire, à qui téléphonerais-tu ?
(Sophie) À ma mère.
Quel dessert commandes-tu souvent au restaurant ?
(Marc) De la crème anglaise.
Je voudrais connaître tes deux principales qualités. Lesquelles choisis-tu ?
(Sophie) L'optimisme et l'ordre.
Si je te dis « bonheur », à quoi penses-tu ?
(Marc) À toi ! ☺
Si tu avais le choix entre un cours de danse et un cours de karaté, auquel participerais-tu ?
(Sophie) Au cours de karaté.

MÉMO Après une préposition, le pronom interrogatif **qui** ne change pas, mais **que** devient **quoi**.
À qui téléphonerais-tu ?
À quoi penses-tu ?

c. 🏃 À vous. Complétez le questionnaire, puis cherchez dans la classe la personne qui a le plus de réponses communes avec vous.

1. .... de ces animaux aimerais-tu être ?
   ☐ une poule   ☐ un éléphant
   ☐ un/e ....
2. Vous avez deux billets d'avion pour Venise. Avec .... personne partez-vous ?
   ☐ avec votre mère   ☐ avec votre chef
   ☐ avec votre ....
3. À .... vous intéressez-vous le plus ?
   ☐ à la politique   ☐ au sport
   ☐ au / à la ....
4. .... de ces couleurs préférez-vous ?
   ☐ le rose
   ☐ le vert
   ☐ le ....
5. Vous avez gagné un million au loto.
   À .... offrez-vous une nouvelle voiture ?
   ☐ à votre professeur de français
   ☐ à votre meilleur/e ami/e
   ☐ à ....

✎ 4–6

4 a. Sophie et Marc se sont mariés ! ⏭ 45
Écoutez ce dialogue et dites quels sont les deux incidents qui ont troublé la cérémonie du mariage.

b. Écoutez à nouveau et cochez les verbes que vous entendez. ⏭ 45
À deux. Choisissez quatre verbes pour écrire un petit guide de la « parfaite relation amoureuse ».

Pour avoir une relation parfaite, il faut se souvenir des anniversaires de mariage...

penser (à) | refuser (de) | faire confiance (à) | téléphoner (à) | jouer (à) | s'intéresser (à) |
demander (à) | parler (de) | prendre (pour) | se souvenir (de) | se moquer (de) | offrir (à)

9 B VOUS AVEZ DIT FAMILLE ?

B. La famille dans tous ses états !

1   a. **Le défi des familles recomposées.**
Lisez ce texte et soulignez les mots en rapport avec la famille.

Le modèle traditionnel de la famille française – papa, maman et leurs deux enfants – se transforme. Plus besoin de se marier pour fonder une famille car plus de 50 % des naissances sont hors-mariage. Et puis divorcer veut souvent dire refaire sa vie avec une autre personne. L'heure est donc aux familles recomposées.
Céline avait des jumelles de 6 ans quand elle a rencontré Emmanuel et ses deux ados, ensemble ils ont eu une petite Maéva. Former une famille recomposée heureuse, ce n'est pas simple, reconnaissent-ils tous les deux. Il faut rester en bons termes avec les anciens conjoints et gagner l'affection des nouveaux membres. Céline s'entend bien avec les fils d'Emmanuel mais elle doit faire face à la jalousie de leur mère et passe souvent pour la méchante belle-mère. Heureusement, avec le temps, des règles communes se sont installées. Sans doute parce que Céline a imposé à son compagnon un principe important : elle veut du temps pour eux deux, du temps pour elle et pour ses enfants. La recette pour constituer une tribu heureuse ?

D'après « L'Express »

b. **Faites un arbre généalogique de la nouvelle famille constituée par Céline et Emmanuel et expliquez les liens familiaux qu'ils ont entre eux.**

fils | fille | beau-fils / gendre | belle-fille | beau-père | belle-mère | mère | père | sœur | frère | demi-frère | demi-sœur

c. **En groupes.** Que pensez-vous de l'affirmation « famille nombreuse, famille heureuse » ?
Êtes-vous membre d'une famille nombreuse ou enfant unique ? Quels sont selon vous les avantages / inconvénients ?

fils / fille unique | l'aîné/e | le / la second/e | le / la troisième | le / la plus jeune | le / la dernier/-ière

2   a. Lisez ces définitions, puis trouvez dans l'article suivant les mots auxquels elles correspondent.

– Lieu où l'on peut laisser son enfant pour quelques heures, sans inscription préalable
– Nom d'une personne qui garde des enfants chez elle
– Établissement d'accueil pour les enfants de trois mois à trois ans
– Sommes versées par l'État aux familles

Enfant ou carrière… … faut-il choisir ?

Les Françaises ne choisissent pas et font les deux. Avec 1,95 enfants par femme, elles tiennent le second rang européen, après l'Irlande, pour le nombre d'enfants. Un record qui s'explique par une longue tradition de politique familiale : allocations dès le premier enfant, crèches, halte-garderies, aides pour avoir des assistantes maternelles, école maternelle gratuite…
« Tout cela permet aux femmes qui ont des jeunes enfants de reprendre très vite leur travail », nous expliquent les démographes.

VOUS AVEZ DIT FAMILLE ? **9 B**

b. En groupes. Selon vous, quels sont les avantages et les inconvénients du système français ? Comparez avec votre pays et discutez.
Qui s'occupait de vous avant l'âge de trois ans ? Quelles autres modes de garde des jeunes enfants connaissez-vous ?

3 a. Écoutez le témoignage de la maman du petit Nathan. ▶▶ 46
Quel mode de garde a choisi cette femme ? Est-elle satisfaite ? Pourquoi ?

b. Le conditionnel passé. Écoutez encore une fois et complétez le tableau. ▶▶ 46

c. Tout aurait été différent si…
Complétez ces phrases et comparez avec votre voisin/e.

Si j'avais eu huit frères et sœurs, …
Si ma mère (n')avait (pas) travaillé quand j'étais petit/e, …
Si j'avais grandi dans une famille bilingue, …
Si j'avais su que j'aurais besoin du français un jour, … 🖉 8, 9

> **Le conditionnel passé**
>
> Je n'………………… pas …………………
> mon poste et mes responsabilités.
> S'**il était resté** à la maison, est-ce qu'il **aurait eu** toutes ces maladies ?

> Le conditionnel passé est formé avec **être** et **avoir** au conditionnel et le ………………… .
> Pour exprimer une hypothèse avec le conditionnel passé, on utilise le ………………… dans la proposition introduite par **si**.

4 a. L'égalité des sexes.
À deux. Regardez ce dessin représentant la situation entre hommes et femmes dans la France d'aujourd'hui et donnez lui un titre. À votre avis, quelle était la situation il y a 60 ans?

b. Est-ce que ce dessin pourrait illustrer la situation des hommes et des femmes dans votre pays ?

🌐 **Voyages** en ligne
Hommes et femmes en France.

c. En groupes de trois. Dites si les situations suivantes vous paraissent bizarres / souhaitables / normales / impensables.

1. Un homme qui arrête de travailler pour s'occuper des enfants.
2. Une femme qui commence un flirt.
3. Un homme qui veut devenir sage-femme.
4. Une jeune fille qui veut devenir mécanicienne.
5. Une femme qui paie l'addition.
6. Un homme qui tricote.
7. Une femme qui fume le cigare.
8. Un homme qui fait le repassage. 🖉 10

> **MÉMO** Pour exprimer une opinion, on peut utiliser la construction **trouver que** avec un adjectif : **trouver** bien / normal / anormal / bizarre / absurde **que** + **subjonctif** : Je trouve anormal qu'un homme veuille devenir sage-femme.

9 VOUS AVEZ DIT FAMILLE ?

Pour finir

a. Aujourd'hui, la famille ne se limite plus au simple cercle familial. Pour de nombreuses personnes, les amis sont tout aussi importants que les parents. Mais comment trouver de nouveaux amis ?
Notez sur une carte une profession, un hobby, un âge, une qualité et un défaut.
Ramassez les cartes et redistribuez-les au hasard. Vous prenez maintenant l'identité de la personne décrite sur votre carte.

b. Recherchez trois personnes dans la classe qui pourraient devenir vos amis.
Posez-leur des questions pour voir s'ils s'accordent bien avec votre personnalité.

Résumé

Communication

Les tâches dans la famille

faire la cuisine	faire du jardinage	gérer le budget	s'occuper des enfants
faire le ménage	faire un barbecue	organiser les vacances	mettre les enfants au lit
sortir la poubelle	bricoler	gérer l'agenda de la famille	aider à faire les devoirs
faire le repassage	s'occuper des animaux	inviter des amis	laver la voiture

Les liens familiaux

fils / fille	beau-fils / gendre / belle-fille
père / mère	beau-père / belle-mère
frère / sœur	demi-frère / demi-sœur

La place dans la famille

fils unique	le/la second/e	le/la plus jeune
fille unique	le/la deuxième	le/la dernier/-ière
l'aîné/e	le/la troisième	

Grammaire

Les pronoms interrogatifs quel / quelle, lequel / laquelle

Quel dessert commandes-tu souvent au restaurant ?

Je voudrais connaître tes deux principales qualités. **Lesquelles** choisis-tu ?

Avant un substantif, on utilise les adjectifs interrogatifs **quel / quelle**.
Avec **lequel / laquelle** on choisit une personne ou un objet parmi un groupe de personnes et d'objets cités.

Après une préposition, le pronom interrogatif **qui** ne change pas, mais **que** devient **quoi** :
À qui téléphonerais-tu ? **À quoi** penses-tu ?

Le conditionnel passé

J'**aurais aimé** prolonger mon congé maternité, mais c'était impossible.
S'il **était resté** à la maison, est-ce qu'il **aurait eu** toutes ces maladies ?

Le conditionnel passé est formé avec **être** et **avoir** au conditionnel et le participe passé.
Il sert à exprimer une condition non réalisée dans le passé ou une hypothèse au passé. Dans ce dernier cas, on utilise le **plus-que-parfait** après **si**.

Verbes avec prépositions

verbes suivis de « à »		verbes suivis de « de »	verbes suivis de « pour »
penser à	offrir à	parler de	prendre pour
téléphoner à	demander à	refuser de	passer pour
jouer à	s'intéresser à	se souvenir de	
		se moquer de	

Le subjonctif après je trouve… que

Je (ne) trouve (pas)	génial bien normal souhaitable	anormal bizarre absurde impensable	que des hommes **soient** sage-femmes.

Pour exprimer une opinion, on peut utiliser la construction **trouver que** avec un adjectif. La proposition subordonnée introduite par **que** est alors au **subjonctif**.

UNITÉ 10

Parler du rire et des plaisirs de la vie | Parler des corvées | Exprimer une cause | Exprimer l'intention de faire quelque chose dans le futur | Parler des qualités et des défauts de quelqu'un

La vie en rose !

1. « Peut-on rire du malheur des autres ? Ça dépend. Si le malheur des autres est …, oui. »
   Philippe Geluck [dessinateur humoristique]

2. – Monsieur Ibrahim, quand je dis que c'est un truc de riches, le sourire, je veux dire que c'est un truc pour les gens heureux.
   – Eh bien, c'est là que tu te trompes. C'est sourire qui rend …
   Eric-Emmanuel Schmitt [écrivain]

3. « Le bonheur est comme le saucisson qui demande à être coupé en tranches et mangé à plusieurs autour d'une table, dans une auberge de village, avec une … au milieu. »
   Alexandre Vialatte [écrivain]

4. « Le bonheur, c'est une bonne … et une mauvaise mémoire. »
   Ingrid Bergman [actrice]

5. « Une journée où l'on n'a pas ri est une journée … »
   Voltaire [philosophe et encyclopédiste]

6. « Le rire est le propre de l'homme, le … aussi. »
   Philippe Geluck [dessinateur humoristique]

a. Lisez les citations et replacez les mots suivants.

bouteille | heureux | perdue | rigolo | santé | savon

b. Êtes-vous d'accord avec toutes ces citations ? Laquelle trouvez-vous la plus vraie / amusante / dure ?

c. À deux. Inspirez-vous de la citation d'Alexandre Vialatte pour rédiger votre propre « citation » sur le bonheur et présentez-la à la classe.

Le bonheur, c'est comme une journée d'été, quand…

d. Quelle couleur attribueriez-vous au rire ? Au sourire ? Au bonheur ? À la tristesse ? À l'amour ? Et à la vie en général ?

Pour moi, le rire est rouge foncé, la tristesse bleue et la vie vert clair.

jaune | orange | rouge | rose | violet/te | blanc / blanche | bleu/e | vert/e | gris/e | noir/e | marron | multicolore

57

10 A LA VIE EN ROSE !

A. Les petits plaisirs de la vie

1 a. Voici des petits plaisirs de la vie. Reconstituez-les.

prendre | lire | se glisser | faire | jeter | sortir | regarder | aller | manger | cueillir	de vieilles photos dans des draps tout frais le premier café de la journée un roman sous un parasol avec des copains et des copines dans un bain moussant à la terrasse d'un café	une bonne douche après le sport une petite bouffe la télé dans son lit le journal sur la moquette des champignons des confitures des factures sans les payer

b. Parmi les plaisirs cités, lesquels sont les vôtres ?
En avez-vous d'autres ? Discutez-en.

2 a. Lisez cet article tiré d'un « blog ».
Selon vous, l'auteur de ce message est-il un homme ou une femme ?
Quels sont les éléments du texte qui vous donnent la réponse ?

Petits plaisirs de la vie

Mon blog

Le temps du bonheur

Il y a des gens qui me font rigoler. Ce sont ceux qui parlent toujours du bonheur au futur. Ça me rappelle cette phrase de Jules Renard que ma mère citait souvent : « Si l'on bâtissait la maison du bonheur, la plus grande pièce serait la salle d'attente. » Mais pourquoi rester dans la salle d'attente si on peut aller dans la salle de séjour ?
Écoutez-les parler : « Quand j'aurai déménagé, ça ira mieux. » ou « Quand je me serai installé avec Élodie, ce sera le bonheur parfait ! » ou encore « Quand j'aurai fait fortune… »
Eh non, je suis désolé, c'est pas comme ça que ça marche. D'abord, vous ne ferez pas fortune et ensuite, même quand vous aurez fait fortune, c'est pas ça qui vous rendra plus heureux. Au contraire même. Alors, arrêtez de voir le bonheur dans l'avenir, il est là, à deux pas, et vous allez passer à côté.
Et si le bonheur, c'était les petits plaisirs de la vie ? Regarder passer les filles au printemps, se faire une p'tite bouffe avec des copains ou même prendre le p'tit-déj au lit, bref faire des trucs sympas. J'irai même plus loin : le bonheur, c'est un choix de vie ! Celui de vivre dans l'instant présent. Alors, imprimez-le vous bien dans la tête : le bonheur, ça ne se conjugue pas au futur et encore moins au futur antérieur, mais au présent – tout simplement.

Calendrier

Recherche

Qui est en ligne ?

b. Pour ce blogueur, quelle est la définition du bonheur ?
Partagez-vous son avis ? Pourquoi (pas) ? Comment définiriez-vous le bonheur ?

LA VIE EN ROSE ! **10 A**

3 « Le bonheur ne se conjugue pas au futur antérieur ».
Complétez le tableau suivant avec les formes du texte au futur antérieur.

Quand	j' .... fait	fortune…
	tu **auras** fait	
	il/elle **aura** fait	
	nous **aurons** fait	
	vous **aurez** fait	
	ils/elles **auront** fait	
	je me .... **installé/e**…	

Le **futur antérieur** décrit une action ou un évènement dont la fin est située dans le futur. On le forme avec **être** et **avoir** au .... et le participe passé.

4 Une chaîne. Dans la vie, il y a aussi des tâches désagréables : les corvées.
Alors, motivez-vous : une corvée finie, un petit plaisir pour vous récompenser.

Exemple :
Quand j'aurai fait le repassage, je téléphonerai à mon ami/e.

Les corvées :
passer l'aspirateur | faire sa déclaration d'impôts | nettoyer les fenêtres | aller chez le dentiste | faire le ménage | téléphoner à ses beaux-parents | écrire une lettre de réclamation | …

Les plaisirs :
aller au cinéma | prendre un café | aller se promener | lire un magazine | faire une sieste | prendre un cocktail | regarder un DVD | écouter de la musique | manger du chocolat | aller nager | …

3–5

5 a. Le bonheur avec les autres.
Parmi les valeurs et les qualités ci-dessous, quelles sont les trois que vous estimez le plus dans vos rapports avec les autres ?

la convivialité | le courage | le dynamisme | la gentillesse | l'humour | la séduction |
la simplicité | la tolérance | la générosité | l'intelligence | la confiance | la fidélité

b. Mettez vos résultats ensemble pour obtenir un classement de ces valeurs.
Commentez le résultat obtenu.

6, 7

6 a. Le pays du bonheur. ▶▶ 47
Écoutez cette émission de radio et confirmez ou corrigez les affirmations suivantes.

1. On apprend qu'il fait 10° dehors.
2. La station de radio est à Vanuatu.
3. À Vanuatu, il fait mauvais temps.
4. Vanuatu est sur la côte adriatique.
5. Vanuatu est le pays du bonheur.
6. Ses habitants sont satisfaits de leur vie.

b. En groupes. D'après vous, où se trouve ce pays ?
Imaginez les conditions de vie qui font que les habitants de Vanuatu sont les plus heureux du monde.

10 B LA VIE EN ROSE !

B. Faut rigoler !

1 a. Le rire peut être provoqué par… ? Associez mots et dessins.

☐ un gaz hilarant
☐ une blague, une histoire drôle ou de l'humour
☐ la nervosité
☐ des chatouilles

b. Nommez d'autres choses ou situations qui peuvent vous faire rire.
Vous arrive-t-il de rire tout/e seul/e ? Quand et pourquoi avez-vous ri pour la dernière fois ? ✎ 8

2 a. À deux. Lisez les phrases suivantes et soulignez les mots qui expriment la cause.
Complétez le tableau et dites ensuite si selon vous ces affirmations sont vraies. Corrigez-les si nécessaire.

– Vu que le rire est spontané, on ne peut pas rire sans une bonne raison.
– Comme le rire libère des endorphines, on peut s'endormir en riant.
– Rire beaucoup est excellent parce que ça remplace le jogging.
– Puisque le rire n'est pas un médicament, il ne peut pas guérir.
– Étant donné que les clowns font rire, ce sont forcément des gens gais.

Les conjonctions de cause

étant donné que
....
vu que
....
parce que

Après les conjonctions de cause, on utilise **l'indicatif**. **Comme** est toujours placé en début de phrase.

b. Une chaîne. « Un malheur ne vient jamais seul. »
En partant de ce proverbe, faites une phrase en utilisant un mot qui introduit la cause.
Votre voisin/e reprend la deuxième partie de votre phrase pour continuer l'histoire. ✎ 9

Exemple :
• Étant donné que je n'ai pas entendu mon réveil, j'ai raté mon train.
○ Comme j'ai raté mon train, tu étais déjà parti.
■ Puisque tu étais déjà parti, j'ai…

Voyages en ligne
L'humour en français.

LA VIE EN ROSE ! 10 B

3 a. Lisez l'article de droite et cherchez tous les mots en rapport avec le rire.
Parmi ces mots, quels sont ceux qui veulent dire qu'on rit de bon cœur, beaucoup ou fort ?

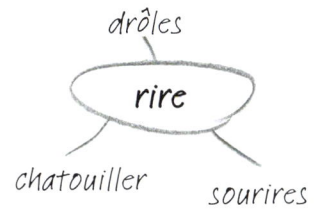

drôles — rire — chatouiller — sourires

b. Lisez le texte encore une fois. Quels sont les différents points du programme d'une scéance du « club du rire » ?
Aimeriez-vous participer à une de ces séances ? Pourquoi et dans quel but ? ✎ 10, 11

4 a. Ce qui fait rire les Français.
En France, une bonne publicité se doit d'être humoristique. Voici une pub de la SNCF qui a eu beaucoup de succès. Vous fait-elle sourire ?

[Image publicité SNCF : panneau « NOUILLORC » — voyages-sncf.com]

b. Voici d'autres lieux cités eux-aussi dans cette publicité. Savez-vous dans quel pays ils se trouvent ?

Saint-Gapour | Mique-aux-Noces | Losse-en-Gelaisse | Nioudélie | Loucsorre

c. À deux. Imaginez d'autres façons d'écrire des noms de grandes villes du monde.
Échangez ensuite les papiers entre vous. Quels sont ceux qui vous plaisent le plus ?

> Le participe passé peut être utilisé pour raccourcir une phrase relative : *Chacun donne son prénom et sa profession (qui sont)* **suivis** *de « ah, ah, ah ».*

Plus on rit, plus on libère d'endorphines, ces hormones euphorisantes qui peuvent calmer la douleur et faire disparaître la mélancolie. Rire de bon cœur, spontanément, permet aussi de faire partir le stress et de mieux dormir. Mais peut-on rire sur commande ?

Ce soir, je teste le yoga du rire qui – comme son nom l'indique – s'inspire des techniques de respiration du yoga. Nous sommes une bonne douzaine des deux sexes, de 25 à 70 ans. L'ambiance est décontractée même si certains d'entre nous (des débutants comme moi ?) semblent un peu contractés. On respire profondément pour se détendre et on passe aux présentations.
Chacun donne son prénom et sa profession suivis d'un « ah ah ah » repris par tout le groupe. D'avance, je me sens ridicule… Mais mes peurs disparaissent en voyant les sourires s'élargir et l'air blagueur de certains, qui s'improvisent « touriste », « poète » ou « espion » ! Ah, ah, ah… Les rires encore discrets fusent de part et d'autre. Et puis, plus la soirée avance, plus les exercices de détente deviennent drôles. Tirer la langue, chatouiller son voisin, faire des grimaces… toutes ces choses interdites aux grandes personnes et qui font rire quand on les retrouve. Or, l'objectif de ces exercices reste très sérieux. Entre deux mouvements respiratoires, ils aident à détendre les muscles, à s'oxygéner pour arriver fin prêt, physiquement et mentalement, à l'apothéose de la séance, la méditation du rire.

Hilarité finale
On éteint les lumières, allongés sur le sol de façon à composer ce qu'Yvan Aboussouan – animateur et fondateur des clubs du rire à Genève – nomme un « soleil hilarant ». Puis la grande partie de rigolade peut commencer, soutenue d'abord par des éclats de rire enregistrés sur un CD. À partir de là, le premier qui se marre, entraîne les autres. Je me surprends bientôt à rire spontanément, et même à avoir le fou rire, contaminant de nouveau mes compagnons qui ne riaient déjà plus. C'est déjà fini ! On se relève, souriants et un peu épuisés. On se regarde comme de vieux copains qui ont fait une bonne blague et rentrent chez eux le cœur content. Car rire ensemble, maintenant je le sais, facilite grandement les contacts entre les individus.

D'après « Profil femme »

10 LA VIE EN ROSE !

Pour finir

a. **En groupes. Vous êtes journaliste. On vous demande de rédiger un article sur « Comment faire pour voir la vie en rose ? »**
Cherchez des idées sympas pour permettre de voir la vie avec des lunettes roses.

b. **Mettez toutes les idées ensemble et choisissez ensuite les meilleures pour en faire un article commun.**

Accordez-vous un jour sans informations par semaine : pas de journal, pas de radio, pas de télé. Vous verrez, ça élimine le stress. Et en plus, vous aurez enfin le temps de faire autre chose.

Résumé

Communication

Les qualités

la convivialité	la simplicité
le courage	la séduction
le dynamisme	la tolérance
la gentillesse	la générosité
l'humour	l'intelligence
la confiance	la fidélité

Les corvées

passer l'aspirateur
faire sa déclaration d'impôts
nettoyer les fenêtres
aller chez le dentiste
faire le ménage
écrire une lettre de réclamation

Les petits plaisirs

aller au cinéma	prendre un cocktail
prendre un café	regarder un DVD
aller se promener	écouter de la musique
lire un magazine	manger du chocolat
faire la sieste	aller nager
faire une bouffe	manger des confitures
lire un roman	prendre une douche

Grammaire

Les adjectifs de couleur

jaune	vert/e	marron
orange	bleu/e	multicolore
rouge	blanc/-che	pâle
violet/te	gris/e	clair/e
noir/e	rose	foncé/e

Si ces adjectifs sont aussi des noms de choses (une orange), ils sont invariables : des chaussures marron, des chemises orange.
Exception : Elle porte des lunettes rose**s**.
Quand on utilise deux adjectifs pour définir une couleur, aucun des deux ne s'accorde : la vie est vert clair.

Le futur antérieur

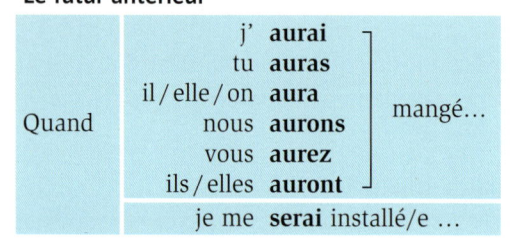

Quand	j'	aurai	mangé...
	tu	auras	
	il/elle/on	aura	
	nous	aurons	
	vous	aurez	
	ils/elles	auront	
	je me	serai	installé/e ...

Le **futur antérieur** décrit une action ou un évènement dont la fin est située dans le futur.
On le forme avec **être** et **avoir** au futur et le participe passé.

Les conjonctions de cause

étant donné que
comme
vu que
puisque
parce que

Après les conjonctions de cause on utilise l'indicatif :
Étant donné que je n'ai pas entendu mon réveil, j'ai raté mon train.
La conjonction **comme** est toujours placée en début de phrase :
Comme j'ai raté mon train, tu étais déjà parti quand je suis arrivé.

L'emploi du participe passé

Chacun donne son prénom et sa profession **suivis** de « ah, ah, ah » **repris** en cœur.
Chacun donne son prénom et sa profession **qui sont suivis** de « ah, ah, ah », **qui sont repris** en cœur.

Le participe passé peut être utilisé pour raccourcir une phrase relative. Il s'accorde en genre et en nombre avec le mot auquel il se rapporte.

UNITÉ 11

Parler de la construction de l'Europe | Formuler la finalité | Structurer un texte avec des repères temporels | Comprendre un récit au passé simple | Poser un problème et proposer des solutions

Vivre en Europe

a. Unité et diversité.
Ce couple pourrait représenter l'Europe. Selon vous, quels sont les pays qu'il symbolise ?

b. Parmi les drapeaux européens, lequel vous plaît le plus ? Choisissez-en un.
Votre partenaire vous pose des questions pour deviner de quel drapeau il s'agit. Ne répondez que par oui ou par non.

la bande | horizontal/e | vertical/e | uni | bicolore | tricolore | la diagonale | la croix | la couronne | l'étoile

✏ 1

Exemple :
Est-ce que c'est un drapeau avec trois bandes verticales ?

c. En groupes. À votre avis, qu'est-ce que les Européens ont en commun ?
Discutez des thèmes suivants et complétez la liste.

la culture | la religion | la langue | le régime politique | le climat | le passeport | l'histoire | le niveau de vie | la monnaie | le paysage | …

11A VIVRE EN EUROPE

A. Ensemble

1 À deux. Testez vos connaissances sur l'Union européenne.
Faites le test, puis discutez de vos réponses avec votre partenaire.
Allez ensuite à la page 74 pour y trouver les résultats.

CONNAISSEZ-VOUS L'EUROPE ?

1 L'Union européenne existe depuis…
☐ 1957   ☐ 1963   ☐ 1967

2 Elle comptait au départ … pays membres.
☐ 6   ☐ 8   ☐ 12

3 Quels pays n'en font pas partie ?
☐ la Norvège   ☐ la Finlande   ☐ la Suisse

4 Quels pays n'utilisent pas l'euro ?
☐ le Portugal   ☐ la Grande-Bretagne
☐ la Suède

5 Le siège du Parlement européen se situe à…
☐ Paris   ☐ Bruxelles   ☐ Strasbourg

6 On peut payer ses achats avec des euros depuis…
☐ 1999   ☐ 2000   ☐ 2002

7 L'Union européenne compte environ … millions d'habitants.
☐ 300   ☐ 500   ☐ 700

8 La langue la plus parlée dans l'Union est…
☐ le français   ☐ l'anglais   ☐ l'allemand

9 L'hymne européen est…
☐ la Marseillaise
☐ l'Internationale
☐ l'ode à la joie de Beethoven

2 a. À quoi correspondent les étoiles du drapeau européen ?
Faites des hypothèses, puis discutez-en.

b. La construction de l'Europe. ▶▶ 48
Écoutez cette émission de radio une première fois. Que nous apprend l'invitée sur les étoiles du drapeau européen ? Vos hypothèses sont-elles vérifiées ?

Voyages en ligne
Voyagez en Europe.

Bulle 1 : DIS, PAPA, S'IL Y A TANT DE PAYS, POURQUOI IL N'Y A QUE 12 ÉTOILES ?
Bulle 2 : EUHHH…

c. Écoutez à nouveau et résumez la première partie de l'interview en remettant les phrases dans le bon ordre. ▶▶ 48

> tant de = tellement de

☐ **Avant que** l'Europe ne se fasse, les pays de l'Union étaient souvent en guerre.
☐ Finalement, et **bien que** ce soit de l'histoire ancienne, c'est Charlemagne qui a eu l'idée de l'Europe en premier.
☐ Pour faire l'Europe d'aujourd'hui, il a fallu beaucoup de travail.
☐ Avant de répondre à la première question, Mme Lecomte raconte pourquoi on a créé l'UE.
☐ Il fallait donc créer une identité commune **afin qu'**on puisse vivre en paix.
☐ Mais il a fallu aussi l'engagement de nombreuses personnes **pour que** ce rêve devienne réalité.

VIVRE EN EUROPE 11 A

3 Traduisez les phrases précédentes et notez la traduction des mots en gras.

| bien que
avant que
pour que
afin que | + subjonctif | ....
....
....
.... |

Quand le sujet est le même dans les deux phrases, on utilise l'................. : **avant de** + infinitif, **pour** + infinitif, **afin de** + infinitif : **Avant de** répondre au premier appel, racontez-nous pourquoi on a créé l'Union Européenne.

4

a. À deux. À partir du titre de cet article, imaginez quel pourrait être son contenu.

b. Lisez l'article, puis complétez-le avec les formes correctes des verbes entre parenthèses. L'histoire correspond-elle à ce que vous aviez imaginé ?

c. À votre avis, pourquoi cette idée a-t-elle autant de succès ?
Iriez-vous faire vos courses dans ce village ? Discutez entre vous.

✎ 3-5

5 francs 36 centimes la baguette

Bien que plus de 316 millions de personnes .... *(utiliser)* l'euro, à Collobrières, un village français de 1650 habitants, les commerçants ont réintroduit le franc !

Nathalie Lepeltier, boulangère du village et initiatrice du projet : « Nous avons réintroduit le franc pour que les touristes .... *(venir)* à Collobrières ! En effet, bien que beaucoup d'étrangers .... *(aller)* tous les ans en Provence, ces touristes n'arrivaient pas forcément jusqu'à notre village. Depuis, certains font même le détour exprès pour venir chez nous ! »
Mais avant que ce projet original ne .... *(devenir)* vraiment réalité, Madame Lepeltier a dû prendre contact avec la Banque de France qui a tout de suite donné son feu vert.
Depuis, tous les commerçants de Collobrières qui participent au projet ont affiché dans leur local une table de conversion afin que leurs clients .... *(pouvoir)* être sûrs qu'on leur rend la monnaie exacte… cette fois-ci en euros !

D'après « Le Figaro »

5

a. Voici un sondage effectué auprès de différents citoyens d'Europe et portant sur leur rapport à l'Union européenne.
Faites-le d'abord ensemble en cours. Le résultat vous surprend-il ? Pourquoi (pas) ?

✎ 6

1. Vous sentez-vous avant tout… ?
- ☐ habitant de votre quartier
- ☐ habitant de votre ville
- ☐ habitant de votre région
- ☐ citoyen de votre pays
- ☐ Européen
- ☐ citoyen du monde

2. Lorsque vous pensez à l'Europe, quels sont les mots qui vous viennent le plus spontanément à l'esprit ?
- ☐ la diversité culturelle
- ☐ le gaspillage d'argent
- ☐ la paix
- ☐ l'euro
- ☐ le chômage
- ☐ la démocratie
- ☐ la bureaucratie, la technocratie
- ☐ la complexité
- ☐ la perte de notre identité culturelle
- ☐ la liberté de voyager, d'étudier et de travailler

D'après un sondage SOFRES

b. En groupes de trois. Allez à la page 74 pour voir ce qu'ont répondu les Français, puis comparez avec vos résultats.
La vision de l'Europe des Français est-elle plutôt positive / négative ?

11 B VIVRE EN EUROPE

B. S'installer ailleurs

1 a. Écoutez les interviews de deux jeunes Françaises à la biographie très européenne. ▶▶ 49–50
À laquelle des deux histoires appartiennent les phrases suivantes ?

1. Jenny
2. Wided

- ☐ Alors qu'elle avait un poste à Genève, elle a décidé de tout quitter.
- ☐ Dès qu'elle a eu 18 ans, elle s'est installée aux Pays-Bas.
- ☐ À partir du moment où elle a parlé allemand, elle s'est sentie chez elle.
- ☐ Lorsqu'elle est arrivée, il lui a fallu trois ans pour s'adapter à son nouveau pays.
- ☐ Depuis qu'elle travaille, elle sent qu'elle fait partie de cette société.
- ☐ Maintenant qu'elle maîtrise bien la langue, les subtilités dans les deux cultures n'ont plus aucun secret pour elle.

b. Complétez le tableau avec les conjonctions de temps de 1a et trouvez ensuite leurs synonymes.

Maintenant qu' elle maîtrise bien la langue…	aussitôt que
………………… elle a eu 18 ans…	à présent que
………………… elle est arrivée…	tandis que
………………… elle a parlé allemand…	quand
………………… elle avait un poste à Genève…	

✎ 7, 8

c. À deux. Réécoutez le CD et résumez l'une des deux biographies à l'aide des éléments suivants. ▶▶ 49–50

Tunisie / Pays-Bas | région parisienne | Suisse | frères et sœurs | 18 ans | musicienne | fille au pair | études | très européenne | citoyenne du monde | différences en Europe | éducation des enfants | agent marketing | vie culturelle riche

2 a. Qu'est-ce que l'Europe a changé pour vous ?
Racontez vos expériences ou donnez votre opinion en faisant des phrases.

Maintenant que	chaque pays avait encore sa propre monnaie…
Lorsque	tout le monde peut travailler dans un autre pays d'Europe…
Alors que	il n'y a plus eu de douanes…
À partir du moment où	j'ai payé pour la première fois en euros…
À l'époque où	il y aura un président de l'Europe…
Dès que	la vie est devenue beaucoup plus chère…

b. Et vous, aimeriez-vous vous installer ou passer un certain temps dans un autre pays européen ? Lequel et pour y faire quoi ?
Résumez votre projet par écrit en deux phrases et trouvez quelqu'un dans la classe qui serait prêt à vous accompagner. Expliquez ensuite votre projet au reste de la classe.

VIVRE EN EUROPE 11 B

3 a. À votre avis, quel est le métier de l'homme de l'affiche suivante ?
Selon vous, que signifie le slogan de l'affiche ? Dans quel but le gouvernement polonais a-t-il lancé cette campagne de publicité ?

b. Lisez l'article suivant pour vérifier vos hypothèses.

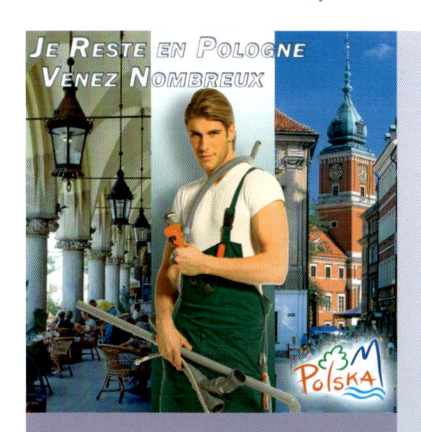

JE RESTE EN POLOGNE VENEZ NOMBREUX
POLSKA

L'élargissement de l'Union européenne n'est pas toujours facile. En 2005 en France, un personnage fit pendant quelques mois beaucoup parler de lui : le « plombier polonais », symbole de tous ces travailleurs étrangers qui allaient, soi-disant, envahir le pays et faire baisser les salaires.

Le point de départ de cette histoire ? Une directive européenne (appelée « Bolkestein », du nom de son auteur) qui devait permettre aux entreprises françaises de payer les travailleurs européens étrangers au tarif de leur pays d'origine. La directive n'est finalement pas passée, mais le mal était fait et la peur du « plombier polonais » bon marché s'installa alors dans l'hexagone. Les Français ne furent pas les seuls à avoir peur de cette nouvelle Europe puisqu'à l'époque, seuls trois pays avaient décidé de ne fixer aucune restriction à l'entrée des nouveaux travailleurs venus de l'est : la Suède, l'Irlande et la Grande-Bretagne.
Les Britanniques qui manquaient de chauffeurs de bus augmentèrent alors leurs effectifs avec de la main d'œuvre venue des pays de l'Est et accueillirent plus de 600.000 nouveaux travailleurs originaires principalement de Pologne et de Lituanie. Fait intéressant à noter : dans le même temps, le nombre de Britanniques s'installant en Pologne tripla !
Les Polonais, eux, réagirent avec humour et reprirent l'idée du plombier, pour en faire le sujet d'une campagne de promotion touristique pour leur pays en France. Le slogan était en même temps un clin d'œil aux Français puisque le beau plombier affirmait : « Je reste en Pologne, venez nombreux. » Une deuxième affiche l'accompagnait avec la photo d'une tout aussi charmante infirmière polonaise avec le slogan : « Pologne : je t'attends. » Et les Polonais affirment que cette année-là, le nombre de touristes français augmenta de 14 % !

> Le **passé simple** est utilisé uniquement à l'écrit dans les récits au passé. Il remplace le passé composé. En général, on ne l'utilise qu'à la troisième personne du singulier et du pluriel. Le verbe **être** est irrégulier : il **fut**, ils **furent**

4 a. Dans ce texte, vous avez fait connaissance avec une nouvelle forme du passé : le passé simple.
Vous ne devez pas apprendre à l'utiliser mais il est utile de savoir le reconnaître. Relisez le texte et trouvez l'infinitif des formes verbales au passé simple, puis mettez-les au passé composé.

b. À deux. Donnez un titre à cet article ainsi qu'à chaque paragraphe.

c. En groupes. Selon vous, existe-t-il une « Europe des riches » et une « Europe des pauvres » ?
Quels pays associeriez-vous à chaque catégorie ? Quels sont les problèmes que posent ces différences et que pourrait-on faire pour les résoudre ?

critiquer	proposer des solutions	affirmer
Il n'est pas normal que + subj…	Je crois qu'on pourrait…	Il suffit de…
Il est inadmissible que + subj…	Je pense qu'il faudrait…	Il faut…
Il y a trop longtemps que…	Peut-être qu'on devrait…	Il n'y a qu'à…
Ça fait des années que…	Pourquoi ne pas… ?	Laissons…

11 VIVRE EN EUROPE

Pour finir

a. Un débat : Quelles langues pour l'Europe ? Les Européens devraient-ils tous parler anglais ?
Choisissez parmi vous deux observateurs. Le reste de la classe forme deux groupes, un en faveur de l'utilisation de l'anglais comme langue européenne, l'autre contre.

b. Chaque groupe réunit des arguments pour défendre sa position et les écrit sur des cartes (un argument par carte). Chaque membre du groupe reçoit au moins une carte.
– Chaque groupe prend la parole à tour de rôle et propose un argument. L'autre groupe réagit.
– Les observateurs prennent des notes. À la fin, ils expliquent quelle position les a le plus convaincus.

Résumé

Communication

Décrire des drapeaux

la diagonale	la bande	uni
la croix	l'étoile	bicolore
la couronne	horizontal	tricolore
	vertical	

Critiquer	**Proposer des solutions**	**Affirmer qc**
Il y a trop longtemps que…	Je crois qu'on pourrait…	Il n'y a qu'à…
Ça fait des années que…	Je pense qu'il faudrait…	Laissons…
Il n'est pas normal que + *subj.*…	Peut-être qu'on devrait…	Il suffit de…
Il est inadmissible que + *subj.*…	Pourquoi ne pas… ?	Il faut…

Grammaire

Le subjonctif après les conjonctions

bien que avant que (ne) pour que afin que	+ subjonctif	Il fallait donc créer une identité commune **afin que** nous **puissions** vivre en paix.	On utilise le subjonctif après certaines conjonctions exprimant la concession, la postériorité ou le but.
avant de pour afin de	+ indicatif	**Avant de répondre** au premier appel, racontez-nous pourquoi on a créé l'Union Européenne.	Quand le sujet est le même dans la phrase principale et dans la subordonnée, on utilise les constructions infinitives.

Attention : **Après que** se construit avec l'indicatif. **Après que** + subjonctif est utilisé uniquement à l'oral.
Avant que peut se construire avec **ne** mais celui-ci n'est pas obligatoire et n'a pas de sens négatif :
Je le lui ai dit **avant qu**'il parte ou **avant qu**'il **ne** parte.

Les conjonctions de temps

aussitôt que	à présent que	à l'époque où	alors que	à partir du moment où
dès que	maintenant que	quand / lorsque	tandis que	depuis que

Le passé simple

augmen**ter**	accueil**lir**	met**tre**	repren**dre**	être	faire
il augmen**ta**	il accueil**lit**	il m**it**	il repr**it**	il **fut**	il **fit**
ils augmen**tèrent**	ils accueil**lirent**	ils m**irent**	ils repr**irent**	ils **furent**	ils **firent**

Le **passé simple** correspond au passé composé mais on l'utilise uniquement à l'écrit dans les récits historiques, les articles de journaux, etc.
On utilise surtout la 3e personne du singulier ou du pluriel. Pour voir comment on forme le **passé simple**, allez à la page 139.

UNITÉ 12

Savoir-faire

1 a. **Parler en public.**

Parfois, on doit parler devant un public pour présenter une personne ou traiter un sujet.
Dans une langue étrangère, ce n'est pas toujours facile et pourtant, la réussite d'un exposé
dépend aussi de facteurs autres que le niveau de langue. Le test suivant va vous permettre de
déterminer quel type d'orateur vous êtes.

> 1. Lorsque je dois parler en public…
>   - **A** je suis à l'aise et je n'ai aucun problème.
>   - **C** j'ai le trac et je ne peux plus m'exprimer.
>   - **B** j'ai le trac au début mais quand j'ai commencé, tout va bien.
>
> 2. Lorsque je fais un exposé…
>   - **C** j'écris tout et je lis mon texte au public.
>   - **A** je note des mots clés et je parle librement.
>   - **B** j'apprends mon exposé par cœur pour me sentir sûr/e, mais je parle librement.
>
> 3. Mon exposé doit être avant tout…
>   - **C** détaillé et informatif.
>   - **A** sympathique, passionnant et plein d'humour.
>   - **B** bien structuré et faisant participer le public.
>
> 4. Quand je parle dans une langue étrangère…
>   - **B** je prépare mes phrases et j'essaie de faire le moins de fautes possible.
>   - **A** je veux avant tout faire passer mon message et je ne fais pas attention aux fautes.
>   - **C** je suis souvent bloqué/e car j'ai toujours peur de faire des fautes.

b. **Comment bien parler en public ?**

Allez à la page 74 pour lire les résultats du test, puis cherchez une personne de la classe
qui est d'un type différent du vôtre et racontez vos expériences.

c. **À vous. Une présentation.**

Préparez un exposé pour présenter en quelques minutes votre livre ou votre film préféré.

commencer un exposé	Permettez-moi de me présenter, je suis… Aujourd'hui, je vais vous parler de… / je vais vous présenter…
décrire un livre / un film	C'est un roman / une nouvelle / un roman policier / un roman d'amour / un roman de science fiction / un livre plein d'humour qui parle de… C'est une comédie / un drame / un documentaire / un film d'aventure / un policier / une comédie de mœurs qui montre…
clore une intervention	En résumé, on peut dire que… Je vous remercie de votre attention. Avez-vous / Y a-t-il des questions ?

SAVOIR-FAIRE

Coin lecture

Dans ce coin lecture, découvrez le monde des petits plaisirs de la célèbre Amélie Poulain. Partez avec Nathalie Kuperman à la recherche de la femme de ménage idéale et laissez-vous entraîner dans les histoires de couple de l'humoriste belge Raymond Devos.

2 Le Fabuleux Destin d'Amélie Poulain, 2001
Dans les films de **Jean-Pierre Jeunet**, le fantastique se mélange à la réalité quotidienne. « Le Fabuleux Destin d'Amélie Poulain » est une comédie romantique dans laquelle le quartier de Montmartre à Paris est vu par le regard imaginatif d'une jeune femme. Plus de 32 millions de personnes dans le monde sont allées voir ce film. Voici un extrait du scénario au début de l'histoire.

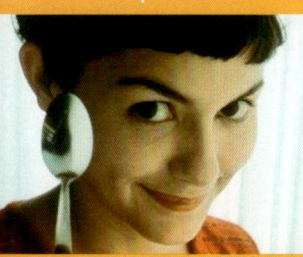

Parfois, le vendredi soir, Amélie va au cinéma.
AMÉLIE
J'aime bien me retourner dans le noir et contempler le visage des autres spectateurs…
(On voit des dizaines de visages avec la même expression de joie.) Et puis j'aime bien repérer le petit détail que personne ne verra jamais…
(On voit un extrait de « Jules et Jim ». À la fin du film, une mouche sur une vitre semble entrer dans la bouche de Jeanne Moreau.)
Par contre, j'aime pas dans les vieux films américains quand les conducteurs ne regardent pas la route.
Amélie n'a pas d'homme dans sa vie. Elle a bien essayé une fois ou deux mais le résultat n'a pas été à la hauteur de ses espérances.
En revanche, elle cultive un goût particulier pour les tout petits plaisirs : plonger la main au plus profond d'un sac de riz, faire des ricochets au bord de la Seine ou briser la croûte des crèmes brûlées avec le dos de la petite cuillère… (…)
Amélie est maintenant assise sur le toit de son immeuble.
Le temps n'a rien changé. Amélie continue à se réfugier dans la solitude. Elle prend plaisir à se poser des questions idiotes sur le monde ou sur cette ville qui s'étend là sous ses yeux. (…)
Et nous voilà enfin dans la nuit du 31 août 1997, à 23h16. C'est alors que survient l'évènement qui va bouleverser la vie d'Amélie Poulain.

3 J'ai renvoyé Marta, 2004
Nathalie Kuperman est une auteure contemporaine française qui vit et travaille à Paris. Elle est surtout célèbre pour ses romans pour la jeunesse.
Dans cet extrait, la narratrice attend nerveusement la femme de ménage qui vient pour la toute première fois. Sa grand-mère, sa fille et la femme de ménage portent toutes les trois le même prénom : Marta.

La salle de bains était sale et j'ai éprouvé une sorte de honte. Je pourrais toujours expliquer à Marta que mon mari et moi avions un peu laissé aller les choses ces jours-ci, que nos métiers respectifs nous prenaient un temps fou y compris le week-end et que les contingences[1] matérielles, faire les courses, préparer le dîner, s'occuper des devoirs et d'un bébé, ne nous permettaient pas de nous consacrer au ménage autant que nous le souhaiterions. Pour cela, il faudrait que je voie Marta, or, je préférais ne pas la rencontrer. Et puis, soudain, il m'est apparu que c'était stupide, que je n'allais tout de même pas m'excuser auprès de ma femme de ménage de n'avoir pas fait le ménage, c'était tout simplement grotesque,

2 a. Lisez le scénario du film « Le Fabuleux Destin d'Amélie Poulain » de Jean-Pierre Jeunet.
Connaissez-vous ce film ? Savez-vous ce qui se passe ensuite ? En groupes, imaginez une (autre) suite de l'histoire.

b. D'après l'exemple du film de Jeunet, écrivez en quelques lignes le scénario d'une scène de film ou d'une pièce de théâtre qui vous plaît particulièrement.

3 a. À deux. Lisez le texte de Nathalie Kuperman. Avez-vous ou aimeriez-vous avoir une femme de ménage ? Pourquoi (pas) ?
Quelles activités ménagères lui demandez / demanderiez-vous de faire en priorité ? Mettez-vous d'accord sur trois.

j'en riais, jusqu'au moment où je me suis aperçue que j'avais pensé ma femme de ménage, et non la femme de ménage, ou Marta, tout simplement : Marta.

J'ai pris une éponge et je me suis mise à frotter le fond de la baignoire, noirci par un mélange de calcaire et de crasse. Marta ma fille, s'étant lassée de vider et de remplir sa boîte de Légo, arrivait dangereusement vers les toilettes dont j'avais oublié de baisser l'abattant, son doudou[2] à la main. Je n'ai pas réagi assez vite pour empêcher Marta de jeter son doudou dans la cuvette des toilettes, et très fière d'elle, elle prononçait : Doudou ! Je ne suis pas devenue nerveuse, non, je n'ai pas éprouvé d'hostilité. J'avais encore l'éponge à la main, et puisque je ne pouvais plus rien faire pour sauver Doudou, j'ai continué à frotter. Marta répétait Doudou Doudou en s'agrippant à la lunette des WC et en se haussant sur la pointe des pieds pour apercevoir son éléphant chéri mouillé et hors de portée. Je frottais énergiquement, que de crasse, me disais-je. Marta jetait maintenant ses Légo dans les WC, tous ses Légo, méthodiquement, sur le nez de Doudou, et je riais avec elle. Il était huit heures et demie, j'apercevais le réveil du miroir de la salle de bains, un miroir taché d'éclats de dentifrice, on s'approche vraiment trop près de la glace pour se laver les dents.

[1] contingences : choses
[2] un doudou : peluche

4 Ma femme, 1976

Raymond Devos (1922 – 2006) est un auteur et humoriste né en Belgique, célèbre pour ses jeux de mots, ses mimes et les sketches dans lesquels il jongle avec virtuosité avec la langue française. Cet extrait est tiré du recueil « Sens dessus-dessous ».

Ma femme est d'une timidité ! … Moi aussi… je suis timide ! … Quand on s'est connus, ma femme et moi… on était tellement timides tous les deux… qu'on n'osait pas se regarder ! Maintenant, on ne peut plus se voir ! … Remarquez… je ne devrais pas dire du mal de ma femme… parce que… au fond, on s'aime beaucoup !

J'ai toujours peur qu'elle manque de quelque chose. Quelquefois, je lui dis :
– Tu n'as besoin de rien ?
Elle me dit :
– Non ! Non !
Je lui dis :
– Tu n'as pas besoin d'argent ?
Elle me dit :
– Non ! Non, j'en ai !
Eh bien, je lui dis, alors : Passe-m'en un peu… parce que, moi, je n'en ai plus !
Nous n'avons pas les mêmes goûts ! Par exemple, moi, je dors la fenêtre ouverte ; elle dort la fenêtre fermée. Alors, la nuit, je me lève pour ouvrir la fenêtre ; elle se lève pour fermer la fenêtre ! Je me relève pour ouvrir la fenêtre ; elle se relève pour fermer la fenêtre. Alors… je me relève pour ouvrir la fenêtre. Elle comprend que je suis le plus fort… Elle vient se blottir contre moi, elle ronronne, elle roucoule… Alors, je vais fermer la fenêtre pour que les voisins n'entendent pas !
Quelquefois, elle me dit :
– Je ne suis pas assez belle pour toi !
Je lui dis :
– Mais si ! Si tu étais plus belle, je me serais déjà lassé… Tandis que là… ! Je ne m'y suis pas encore habitué !
Ah ! Il n'y a rien à faire !

b. En groupes. Imaginez la suite de l'histoire.
Il reste encore une demi-heure à la narratrice avant que sa nouvelle femme de ménage arrive. Imaginez ce qui se passe pendant ce temps-là. Que font la mère et sa fille ?

4 a. Lisez le texte de Raymond Devos à voix haute. À votre avis, quels éléments rendent ce texte amusant ?

b. À deux. Y a-t-il des choses que vous ne supportez pas chez votre partenaire ? Et lui / elle chez vous ?

c. En groupes. Connaissez-vous une personne qui a des manies ? Choisissez l'histoire la plus drôle, la plus originale, la plus triste et présentez-la à la classe.

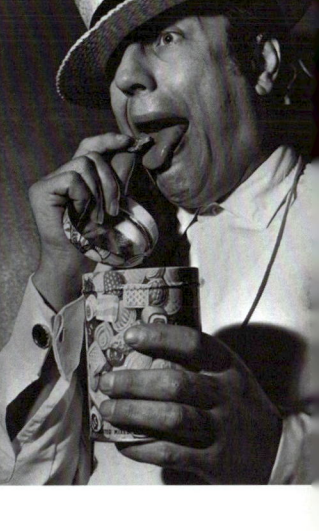

SAVOIR-FAIRE

5 **Agir et communiquer.**
Dans les trois unités précédentes, vous avez acquis les nouvelles compétences qui sont résumées dans les listes suivantes. Vous souvenez-vous de tout ? Donnez à chaque fois un exemple et comparez ensuite avec votre partenaire. Si vous n'êtes pas sûr/e, regardez dans les unités 9, 10 et 11.

✓ Je sais

- parler de la vie en famille.
- parler des tâches ménagères.
- parler des relations amoureuses.
- demander à quelqu'un de faire des choix.
- exprimer une hypothèse dans le passé.
- parler de l'égalité des sexes.
- formuler une opinion.

✓ Je sais aussi

- parler du bonheur.
- parler des petits plaisirs de la vie.
- exprimer l'intention de faire quelque chose dans le futur.
- parler des corvées ménagères.
- parler des qualités et des défauts de quelqu'un.
- exprimer la cause.
- parler de l'humour.

✓ Je sais

- parler de l'Europe.
- formuler la finalité ou la concession.
- utiliser des repères temporels pour structurer un texte.
- comprendre un récit littéraire ou historique au passé.
- parler du marché du travail en Europe.
- poser un problème et proposer des solutions.

✓ En plus, je suis capable de

- ✓ convaincre quelqu'un d'aller voir un film au cinéma.
- ✓ nommer la couleur des choses.
- ✓ décrire un motif abstrait (par exemple un drapeau).
- ✓ résumer des textes biographiques.

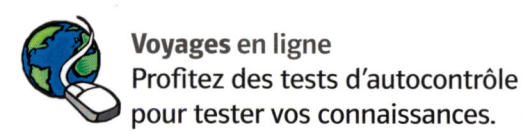

Voyages en ligne
Profitez des tests d'autocontrôle pour tester vos connaissances.

À deux

Unité 2 B

2 c. À deux. Vélib' ou Vélo'V ?
Lisez les informations concernant le fonctionnement de Vélo'V à Lyon. Votre partenaire regarde les indications de la page 17 sur Vélib' à Paris. Posez des questions à votre partenaire pous connaître le mode d'emploi du système de vélos dans sa ville. Quelles sont les différences ?

vélo'V ■ ■ ■ ■   GRANDLYON communauté urbaine

La ville de Lyon a installé un système de vélos libre-service appelé Vélo'V. Celui-ci fonctionne tous les jours de la semaine, 24 h sur 24.
Vélo'V met à disposition 340 stations équipées de 20 vélos chacune.
Ouvert à tous dès 14 ans (Taille min : 1,50 m)
Coût horaire (payable par carte bancaire)

Carte utilisée	de 0 à 30 min.	de 30 min. à 1h30	par heure suivante
Carte courte durée (7 jours) Frais de carte : 1 €	gratuit	1 €	2 €
Carte longue durée (1 an) Frais d'abonnement : 5 €	gratuit	0,50 €	1 €

vélo'V
PARTAGER C'EST RESPECTER

C'EST
MON VÉLO
TON VÉLO
SON VÉLO
NOS VÉLOS
VOS VÉLOS
LEUR VÉLO

Unité 9

Vous avez dit famille ?

...MAIS ELLE NE VIENT PAS DE NOUS !!

Unité 9 A

3 a. À deux. Sophie et Marc se sont rencontrés sur le site internet Nous2.fr.
Posez les questions suivantes à votre voisin/e. Il / elle vous pose les questions de la page 53.

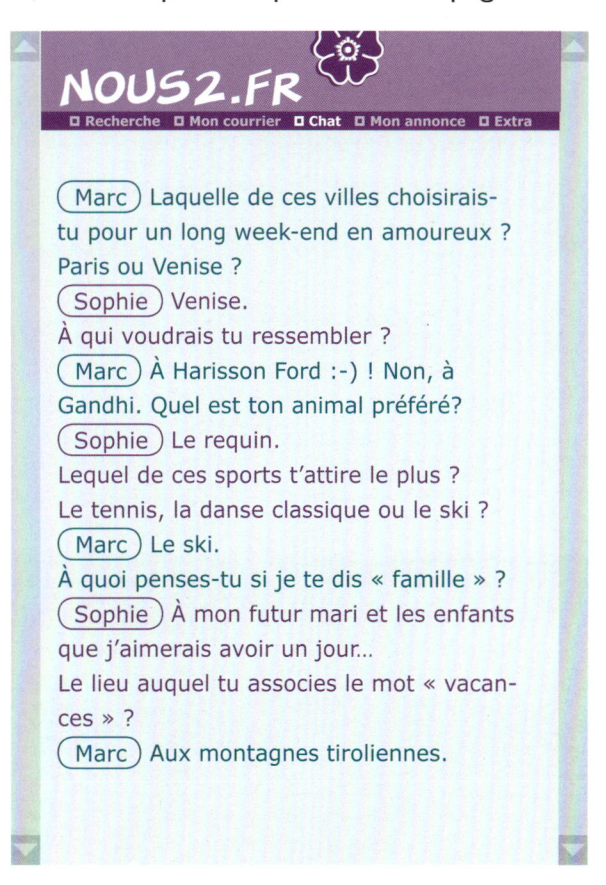

NOUS2.FR
☐ Recherche ☐ Mon courrier ☐ Chat ☐ Mon annonce ☐ Extra

(Marc) Laquelle de ces villes choisirais-tu pour un long week-end en amoureux ? Paris ou Venise ?
(Sophie) Venise.
À qui voudrais tu ressembler ?
(Marc) À Harisson Ford :-) ! Non, à Gandhi. Quel est ton animal préféré?
(Sophie) Le requin.
Lequel de ces sports t'attire le plus ? Le tennis, la danse classique ou le ski ?
(Marc) Le ski.
À quoi penses-tu si je te dis « famille » ?
(Sophie) À mon futur mari et les enfants que j'aimerais avoir un jour...
Le lieu auquel tu associes le mot « vacances » ?
(Marc) Aux montagnes tiroliennes.

À DEUX

Unité 11 A

1 À deux. Testez vos connaissances sur l'Union européenne.

CONNAISSEZ-VOUS L'EUROPE ?

1. L'Union européenne existe depuis…
   - ☒ 1957
   - ☐ 1963
   - ☐ 1967

2. Elle comptait au départ … pays membres.
   - ☒ 6
   - ☐ 8
   - ☐ 12

3. Quels pays n'en font pas partie ?
   - ☒ la Norvège
   - ☐ la Finlande
   - ☒ la Suisse

4. Quels pays n'utilisent pas l'euro ?
   - ☐ le Portugal
   - ☒ la Grande-Bretagne
   - ☒ la Suède

5. Le siège du Parlement européen se situe à…
   - ☐ Paris
   - ☐ Bruxelles
   - ☒ Strasbourg

6. On peut payer ses achats avec des euros depuis…
   - ☐ 1999
   - ☐ 2000
   - ☒ 2002

7. L'Union européenne compte environ … millions d'habitants.
   - ☐ 300
   - ☒ 500
   - ☐ 700

8. La langue la plus parlée dans l'Union est…
   - ☐ le français
   - ☐ l'anglais
   - ☒ l'allemand

9. L'hymne européen est…
   - ☐ la Marseillaise
   - ☐ l'Internationale
   - ☒ l'ode à la joie de Beethoven

5 b. La vision de l'Europe des Français.

1. Vous sentez-vous avant tout… ? (2 réponses.)	
citoyen de votre pays	53 %
habitant de votre ville	38 %
habitant de votre quartier	26 %
Européen	26 %
citoyen du monde	23 %
habitant de votre région	19 %

2. Lorsque vous pensez à l'Europe, quels sont les mots qui vous viennent le plus spontanément à l'esprit ?

1. la liberté de voyager, d'étudier et de travailler
2. l'euro
3. la paix
4. la diversité culturelle
5. le gaspillage d'argent
6. le chômage
7. la complexité
8. la démocratie
9. la bureaucratie, le technocratie
10. la perte de notre identité culturelle

Unité 12

1 a. Test.
Quel orateur êtes-vous ?
Comptez vos points :
A = 5 ; B = 3 ; C = 1.

15 et plus : Vous êtes très à l'aise devant des inconnus, vous vous sentez plutôt sûr/e de vous et arrivez à captiver l'attention de votre public, même lorsque votre intervention n'est pas toujours parfaite. Votre charme naturel vous assure un succès certain et vous rassemblez beaucoup des qualités d'un excellent orateur. Faites cependant attention : les contenus d'une intervention sont, eux-aussi, importants et ne doivent pas passer au second plan.

Entre 9 et 14 : L'improvisation n'est pas vraiment votre fort, mais parler en public ne vous pose pas trop de problèmes et c'est un exercice auquel vous vous préparez bien pour éviter les pannes. Vous savez comment vaincre votre trac et où sont vos points forts. Continuez à vous entraîner, vous avez presque tous les instruments en main pour devenir un/e parfait/e orateur/-trice. Essayez cependant de laisser encore plus de place au « naturel ».

8 et moins : Pour vous, intervenir en public est une vraie torture et vous ne le faites que lorsque vous êtes absolument obligé/e de le faire. Un conseil : préparez bien votre intervention pour vous sentir plus sûr/e, apprenez par cœur l'introduction et la fin de votre exposé ainsi que les transitions entre les parties. Structurez bien votre exposé et surtout, entraînez-vous à le présenter avant votre intervention. N'oubliez pas que les auditeurs ne sont pas là pour vous juger en tant que personne !

QUI SUIS-JE ? 1

A. Faisons connaissance

1 a. **Connaissez-vous ces Français célèbres ?**
À l'aide des indications données, faites le portrait des deux personnages suivants.
Selon vous, qu'aiment-ils, que détestent-ils, que font-ils dans la vie, etc. ?
Faites des hypothèses, puis comparez avec votre voisin/e.

cinéma

jardin   château

vin rouge

insectes

football

4 enfants

Marseille

associations sportives pour les enfants

Je pense que c'est une personne qui aime les châteaux...

b. **D'après cet exemple, écrivez quelques mots qui présentent une personne connue de votre choix. Votre voisin/e devine de qui il s'agit.**

2 a. **Une interview imaginaire au début du XXème siècle.**
Devinez les questions qu'on a posées à cette personne.

herausfinden

- *Madame,* .... *(être né)*
- En Pologne. À Varsovie, plus exactement. Mes parents y étaient tous les deux professeurs.
- .... *(venir)*
- Parce que je voulais faire mes études à Paris.
- .... *(s'appeler)*
- Pierre. Il était physicien, comme moi. Nous nous sommes mariés en 1895.
- .... *(avoir)*
- Oui, deux filles : Irène et Ève.
- .... *(recevoir)*
- Oui, Pierre et moi avons eu le Prix Nobel de physique en 1903 et après sa mort, j'ai aussi reçu celui de chimie.
- .... *(mourir)*
- En 1906. Il a eu un accident avec une voiture à cheval en traversant la rue.
- Une dernière question : .... *(souhaiter)*
- Qu'on n'utilise jamais mon travail ni celui de mon mari pour faire la guerre.

b. **Avez-vous reconnu la personne interviewée ?**

1 QUI SUIS-JE ?

3 Relisez l'interview de Cécile de France de la page 8.
Choisissez six questions parmi celles posées et répondez-y par écrit.

Votre occupation préférée ? J'aime beaucoup aller au cinéma.

4 Imaginez que vous êtes très riche ou très célèbre (ou les deux). *Si + imparfait !*
Qu'est-ce que vous feriez ? Qu'est-ce que vous ne feriez pas ? Vous pouvez compléter la liste.

divorcer | acheter des actions | vivre caché | sortir tous les soirs | écrire ses mémoires | continuer à vivre comme d'habitude | aller vivre à Hollywood | passer à la télé | habiter dans un château | être seul/e | faire de la politique | travailler | vouloir tout partager | avoir beaucoup d'amis / d'ennemis | manger tous les jours au restaurant | faire le tour du monde | …

Si j'étais riche…

5 a. Êtes-vous poli/e ?
Les phrases suivantes sont un peu trop directes. Transformez-les en utilisant le conditionnel et éventuellement une formule de politesse. Vous pouvez vous aider des verbes suivants.

pouvoir | vouloir | aimer

1. Une baguette et deux croissants !
2. Un café avec du sucre, c'est pour emporter !
3. La mairie, c'est où ?
4. On veut un morceau de tarte aux fraises.
5. Prête-moi ton livre !

Je voudrais une baguette et deux croissants, s'il vous plaît.

b. Que diriez-vous pour…

1. … demander à parler à un collègue au téléphone ?
2. … acheter deux kilos de pommes au marché ?
3. … inviter vos beaux-parents au restaurant ?
4. … demander à un ami de venir vous chercher à la gare ?
5. … demander un service à votre chef ?

J'aimerais parler à Jean, s'il vous plaît.

6 Un poème.
Écrivez un poème de cinq lignes sur une personne de votre choix d'après le modèle suivant.
Ensuite, lisez-le à haute-voix.

nom :	Claudia
2 adjectifs :	optimiste, sympa
une caractéristique :	a trois enfants
une activité :	joue au tennis
sa relation avec vous :	ma meilleure amie

QUI SUIS-JE ? **1**

B. Un nom et un prénom pour la vie !

7 **a. Marguerite parle de sa famille.** ▶▶ 51
Écoutez le texte et cochez les prénoms que vous entendez.

Perfectionniste
la belle-sœur
femme de père

- ☒ Jeannette *mère*
- ☐ Magalie
- ☒ René *marie*
- ☒ Annie
- ☒ Thomas
- ☐ Bernard
- ☐ Jacques
- ☐ Françoise
- ☐ Cécile
- ☐ Adèle
- ☒ Henri
- ☒ Valérie
- ☒ Laurent
- ☒ Christophe
- ☐ Antoine

père   *père*

b. Écoutez le texte une deuxième fois. ▶▶ 51
Complétez les prénoms manquants dans l'arbre généalogique de la famille Mouton.

Marguerite

8 **Carole décrit sa famille et sa maison.**
Comparez-les avec les vôtres en utilisant des pronoms possessifs.

1. Mon vélo est noir.   • *Le mien est*........
2. Mes parents sont jeunes.   • ....
3. Mon quartier est bruyant.   • ....
4. Notre appartement est bien situé. • ....
5. Ma chambre me plaît beaucoup.   • ....
6. Nos voisins nous invitent souvent. • ....
7. Leur voiture est blanche.   • ....

9 **Deux amis d'enfance se retrouvent après vingt ans.**
Ils se montrent des photos. Complétez les phrases avec des pronoms ou des adjectifs possessifs.

- Regarde, c'est ma villa.
- Oh ! Dis donc, elle est très belle, *ta* maison ! Tiens, voici *la mienne* !
- Pas mal ! Elle a l'air très agréable.
- C'est vrai. .... femme a très bon goût. Regarde notre jardin.
- Très beau ! .... jardin n'est pas aussi grand que ...., mais ça nous suffit.
- Tiens, voici une photo de mes enfants. Est-ce que .... sont déjà grands ?
- Non, ... n'ont que deux et cinq ans. Je ne suis marié que depuis six ans. Regarde : nous voilà, ... femme et moi, le jour de .... mariage.
- Apparemment, ... mariage était très sympa ! .... a été terrible : ma belle-mère avait trop bu et voulait à tout prix embrasser le prêtre.
- Et elle a réussi ?
- Non, les jambes du prêtre étaient plus rapides que ....

77

1 QUI SUIS-JE ?

10 **a. Pierre-Yves Cucuron.**
Lisez le texte suivant et confirmez ou corrigez les affirmations suivantes.

1. Pierre-Yves a un nom de famille gênant.
2. « Cucuron » vient du mot français « cucul rond ».
3. À l'université, son nom ne lui posait aucun problème.
4. Un jour, il a attaqué un gendarme.
5. Il voudrait profiter de la nouvelle loi pour changer de nom.
6. Sa famille porte ce nom depuis des générations.

Changer de nom de famille ?

Mon blog

« Mon nom n'est pas toujours facile à porter : je m'appelle Cucuron, Pierre-Yves Cucuron.
C'est un nom très ancien qu'on retrouve souvent dans le sud-ouest de la France. Il vient de la langue occitane et veut dire « colline[1] ». Mais voilà, en français, « cucu », c'est le mot qu'utilisent les enfants pour parler de leur derrière[2] : cucul. Et « ron », ça pourrait indiquer sa forme : rond. Vous imaginez donc les réactions que peut provoquer mon nom... Pendant mes études, par exemple, quand les professeurs lisaient la liste des étudiants, le premier jour du semestre, il fallait parfois attendre cinq minutes que les autres arrêtent de rire. Alors comment être pris au sérieux à chaque fois qu'on me demande : « Votre nom de famille ? » Un jour, un gendarme a même voulu me conduire au poste de police parce qu'il croyait que je me moquais de lui ! Est-ce que j'aimerais changer de nom un jour ? Non. Après tout, mes arrière-grands-parents le portaient, et ce serait un peu comme oublier mes origines. Mais, si j'ai des enfants un jour, la question se posera, car ma femme pourra leur donner son nom de famille, comme la loi le permet depuis quelque temps. Alors, peut-être que ce jour-là, les Cucuron commenceront à disparaître, petit à petit. »

Calendrier

Recherche

Qui est en ligne ?

1 Hügel; 2 Hintern

b. Connaissez-vous des noms de famille rigolos ?
Y a-t-il des noms que vous n'aimeriez pas porter ?

11 **« Monsieur et Madame... ont un fils ».**
Dans ces jeux de mots typiquement français, on associe des prénoms aux noms de famille pour former des mots ou des phrases. Trouvez la combinaison correcte. Attention à la prononciation française ! Lisez les noms à voix haute, cela vous aidera.

Judas | Maxime | Guy | Annie | Alonzo | Andy

1. Monsieur et Madame Vogratin ont un fils : Andy Vogratin (= endives au gratin)
2. Monsieur et Madame Versaire ont une fille : Annie Versaire
3. Monsieur et Madame Tare ont un fils : Guy Tare
4. Monsieur et Madame Bistro ont un fils : Alonzo Bistro
5. Monsieur et Madame Homme ont un fils : Maxime Homme
6. Monsieur et Madame Nana ont un fils : Judas Nana

QUI SUIS-JE ? **1**

Rendez-vous d'affaires

12 a. D'où viennent les noms des grandes marques françaises ? Associez les marques aux textes.

- [2] Cette entreprise porte le nom de son fondateur : un champion de tennis français célèbre prénommé René. Fondée en 1933, elle est surtout connue pour ses chemises qu'on reconnaît grâce au logo du crocodile.
- [4] C'est le nom d'un groupe français numéro 1 mondial des produits laitiers frais. La société a été créée en 1919 à Barcelone par Isaac Carasso, un vendeur de yaourts. Il a donné à sa société le prénom catalan de son premier fils : Daniel.
- [1] Deux frères, André et Édouard, ont inventé en 1891 le pneu démontable pour bicyclette. Leur société porte leur nom de famille. Le logo très connu de cette entreprise est un homme blanc fait de pneus.
- [3] Eugène Schueller, jeune chimiste français d'origine alsacienne, a inventé en 1907 une formule permettant de colorer les cheveux. Il a nommé cette formule d'après le nom d'une coiffure à la mode à l'époque et a donné son nom à son entreprise.

1 MICHELIN
2 LACOSTE
3 L'ORÉAL PARIS
4 DANONE

b. D'après ces exemples, choisissez une de ces entreprises et décrivez-la en quelques lignes. Vous pouvez vous aider des informations suivantes.

Nestlé : chocolats – produits laitiers – multinationale – café – Suisse – 1866
Chanel : parfum – Coco – haute couture – Paris – Karl Lagerfeld
Adidas : Adolf Dassler – chaussures de sport – Bavière – vêtements – surnom « Adi » – sponsor

13 a. Faire connaissance. À votre avis, quelles réponses sont correctes ? Vérifiez en écoutant. ▶▶ 52–55

1. Bonjour Monsieur. Asseyez-vous.
   a Merci.
   b Vous aussi.

2. Je suis heureux de faire votre connaissance.
   a Moi de même.
   b Merci.

3. Je suis le nouveau comptable.
   a Oui, c'est moi.
   b Enchantée.

4. Vous permettez que je m'installe ici ?
   a Pas du tout.
   b Mais oui, je vous en prie.

5. N'êtes-vous pas Madame Nadal, la responsable du service informatique ?
   a Non, je ne suis pas là.
   b Si, c'est bien moi.

6. Moi, c'est Ludovic, et toi ?
   a Enchanté.
   b Guillaume.

b. Écoutez à nouveau et dites où se jouent les scènes. ▶▶ 52–55

☐ à la cantine
☐ au bureau
☐ lors d'un séminaire de formation
☐ lors d'un entretien d'embauche

2 VIE URBAINE, VIE RURALE

A. Et si le bonheur était dans le pré ?

1   a. Rat des villes ou rat des champs ?
Où habitent ces personnes ?

b. Soulignez de deux couleurs différentes les mots qui appartiennent au paysage rural et ceux appartenant au paysage urbain.

c. Et vous, êtes-vous plutôt rat des villes ou rat des champs ?
Dites pourquoi en vous référant à ces questions.

– Vous voyez souvent vos voisins ?
– Comment faites-vous vos courses ?
– Que faites-vous le soir ?
– Que faites-vous pour vous détendre ?

Moi, je suis un rat des villes parce que j'aime / je n'aime pas…

« Le bruit du tracteur et l'odeur des champs, non merci, moi ce que j'aime c'est les gens sur les trottoirs, faire la conversation aux jolies filles au feu rouge, savoir que je peux prendre le métro où je veux quand je veux ! Je suis un rat des… »

« Le Rat des villes et le Rat des champs » est une fable de Jean de La Fontaine (1621–1695) très connue en France. Elle traite des différences entre la vie en ville et celle à la campagne, un sujet déjà très actuel au XVIIème siècle.

« Attendre pour traverser sur un passage piéton, c'est un peu bête, non ? J'aime entendre la rivière ou regarder mon éolienne, mais des arrêts de bus partout, je n'ai pas besoin de ça ! Pour les courses, c'est simple, je prends mon panier et je vais dans le jardin ! Je suis un rat des… »

2   Qu'est-ce que vous feriez si…

```
   avoir du temps        aller se promener
   
   finir son travail           ne plus avoir
   avant 20h         1         mal à la tête
   
   travailler
   plus vite        être de bonne humeur
```

```
   se coucher tôt           dormir mieux
   
   rentrer plus tôt             entendre le
   à la maison       2          réveil le matin
   
   être plus efficace        avoir du temps
   au bureau                 pour le petit-déjeuner
```

Si j'avais du temps, j'irais me promener. Si j'allais me promener, …

VIE URBAINE, VIE RURALE 2

3 Et si c'était différent...

Vous êtes déçu/e par la maison que vous avez louée à la campagne. Dites comment serait la situation si la maison était différente.

1. On ne lit pas au lit car il n'y a pas de lumière dans la chambre.
2. Il n'y a pas d'eau chaude, donc on ne peut pas se doucher.
3. On s'endort tard parce que les voisins font beaucoup de bruit.
4. Il pleut tous les jours, alors on ne fait pas d'excursions.
5. On ne fait pas de feu dans la cheminée parce qu'il n'y a pas de bois pour l'allumer.
6. On n'apprécie pas le joli paysage car il est caché par une usine.
7. Le téléphone ne fonctionne pas, on ne peut donc pas se plaindre à l'agence !

S'il y avait de la lumière dans la chambre, on lirait / pourrait lire au lit.

4

a. Que feriez-vous...

1. ... si vous étiez un homme / une femme ?
2. ... si vous étiez ministre ?
3. ... si vous aviez un bateau ?
4. ... si votre chien pouvait parler ?
5. ... si vous pouviez revivre un jour de votre vie ?
6. ... si vous pouviez changer une chose dans le monde ?

b. Donnez des raisons.

1. J'irais plus souvent au cinéma si...
2. Je travaillerais plus si...
3. Je changerais de travail si...
4. J'irais vivre ailleurs si...
5. Je ferais le tour du monde si...
6. Je rirais plus si...

5 Formulez des conseils polis à un ami qui...

1. ... travaille le dimanche.
2. ... oublie ses rendez-vous.
3. ... passe plus de 2h par jour au téléphone.
4. ... mange trop.
5. ... imprime tous ses mails.
6. ... reste souvent seul chez lui.
7. ... joue à des jeux vidéos tous les jours.
8. ... écoute de la musique très fort.

Ce serait bien / mieux si tu travaillais moins.

2 VIE URBAINE, VIE RURALE

6 a. Lisez le texte et complétez avec les mots suivants.

client | prix | nature | biologiques | producteur | commandes

Le Campanier : Votre panier biologique !

Le concept — Votre panier biologique — Panier de la semaine — Les recettes

Votre panier biologique !
Le « Campanier » est un service de livraison à domicile. Grâce à un principe d'abonnement, le « Campanier » vous étonne chaque semaine en choisissant pour vous des fruits et des légumes __biologiques__ de saison.
Parce qu'il évolue au rythme de la __nature__, le Campanier devient votre coin de campagne à la ville. Pratique, il vous aide dans la préparation de vos repas quotidiens.
Vos __commandes__ hebdomadaires sont un engagement entre consommateur et __producteur__. Celui-ci vous propose une qualité maximum à un __prix__ correct, sans intermédiaire.
En devenant __client__ du Campanier, votre « consommaction » encouragera directement l'agriculture biologique.

b. « Campanier » et « consommaction » sont des mots valise.
Ils sont un mélange de deux mots, lesquels ? Pour signifier quoi ? Faites des hypothèses.

campanier = __Campagne__ + __panier__ = _____
consommaction = __consommation__ + __action__ = _____

c. Résumez en deux phrases les avantages du campanier.

B. À bicyclette…

7 Encore un jour de grève…
Complétez avec les prépositions qui conviennent.

« Jour de grève* ! C'est bien ma chance ! Je ne peux pas aller au travail __en__ métro, il ne circule pas ! J'ai pensé y aller __en__ bus, mais il y a trop d'embouteillages. __En__ voiture, c'est le même problème, évidemment… Je pourrais peut-être me déplacer __en__ vélo ? Car la dernière fois que j'ai traversé la ville __à__ moto, j'ai eu un accident. Mais non ! J'ai prêté mon vélo à ma sœur… Voyons, qu'est-ce qu'il me reste ? __À__ pied, __à__ cheval ou __en__ bateau… Et si je restais chez moi ? »

*Streik

MÉMO On utilise **en** quand on se trouve à l'intérieur du moyen de transport :
en voiture, **en** avion
on utilise **à** quand on est à l'extérieur : **à** vélo, **à** moto.

VIE URBAINE, VIE RURALE — 2

8 a. Dites si vous pouvez ou non faire plusieurs choses à la fois.

1. discuter – faire du vélo
2. traverser la rue – téléphoner
3. regarder les oiseaux – se promener
4. lire les panneaux – conduire
5. écouter de la musique – faire de la moto
6. manger une glace – prendre le bus

Je ne peux pas discuter en faisant du vélo.

b. Y a-t-il des choses que vous aimez (ou que vous n'aimez pas) faire simultanénement ?

Je n'aime pas travailler en écoutant la radio.

9 a. Participe présent ou gérondif ?
Complétez avec les verbes suivants.

représenter | illustrer |
prendre | descendre | admirer

b. Traduisez les phrases que vous avez complétées.
Quand emploie-t-on le participe présent / le gérondif ?

1. Gérondif → simultanéité
2. Gérondif → während (simultanéité)
   Participe présent → (qui...)
3. Gérondif →
4. Participe présent → (qui...)

L'art vu du tram !
Désormais à Paris on peut regarder des œuvres d'art ...en prenant... le tram ! En effet, sur la ligne du tram parisien, on peut se déplacer ...en admirant... neuf œuvres d'artistes contemporains qui ont imaginé des projets ...représentant... leur vision de la ville. illustrant
En descendant... au terminus par exemple, vous pouvez voir l'œuvre de Sophie Calle, une drôle de cabine téléphonique ...représentant... une fleur rouge aux pétales en métal.

Bhitenblätter

10 Donner son opinion. Lisez ces avis et choisissez la réponse correcte.

1. À mon avis, avoir une voiture ne sert plus à rien de nos jours.
   - **a** ✗ Je suis tout à fait d'accord avec toi.
   - b Je trouve que oui.

2. Je trouve que le train est beaucoup plus pratique pour partir en vacances.
   - a Moi si.
   - **b** ✗ Moi aussi.

3. Tu es sûre que tu n'as jamais besoin d'une voiture ?
   - **a** ✗ Oui, j'en suis sûre.
   - b Oui, j'en ai besoin.

4. Il me semble qu'on peut vivre sans voiture quand on habite en ville.
   - a Il me semble qu'on peut vivre sans.
   - **b** ✗ Ça dépend.

5. Il n'est pas normal de ne pas savoir faire du vélo à notre époque.
   - **a** ✗ Tu as raison.
   - b C'est facile.

6. Moi, je ne voudrais pas vivre sans voiture.
   - **a** ✗ Moi non plus.
   - b Moi non.

2 VIE URBAINE, VIE RURALE

Rendez-vous d'affaires

11 **a. Complétez cette offre d'emploi avec le participe présent.**

posséder | parler | maîtriser | s'adapter | avoir | s'engager

b. Auriez-vous certaines des compétences nécessaires pour ce poste ? Expliquez pourquoi.

Je pense que j'ai les compétences nécessaires pour ce poste parce que je parle bien anglais…

On cherche **un/e responsable import-export**

→ .... couramment anglais et espagnol,
→ .... bien les outils informatiques,
→ .... vite,
→ .... le sens des responsabilités,
→ .... pour l'entreprise,
→ .... une expérience d'au moins deux ans dans l'import-export.

Veuillez envoyer votre C.V. et votre lettre de motivation à M. Veuillot, Internexport, Département des ressources humaines DRH-2, Cedex 45 Paris.

12 **a. L'entretien d'embauche de M. Dumont. Remettez la conversation dans l'ordre.**

- ☐ [1] Bonjour Madame.
- ● [2] Bonjour Monsieur, veuillez vous asseoir… Vous avez envoyé votre candidature pour un poste de responsable import-export. Quelles sont vos qualités principales ?
- ● ☐ Et bien, ce sont des motivations qui font plaisir à entendre. Mais pourquoi avoir choisi notre entreprise ?
- ● ☐ Très bien, je vous remercie. Nous vous appellerons d'ici la fin de la semaine pour vous informer de notre décision. Au revoir.
- ● ☐ Votre C.V. est très intéressant. Je vois que vous avez travaillé à des postes similaires.
- ● ☐ Et quand seriez-vous disponible ?
- ☐ ☐ J'aimerais travailler pour Internexport car je sais que vous travaillez beaucoup avec les pays d'Amérique latine, or mon premier poste en 1998 a été en Guyane, où j'ai travaillé deux ans comme ingénieur dans l'entreprise Morlais, juste après mes études. Et c'est un continent qui me fascine.
- ☐ ☐ À partir du 1er juillet.
- ☐ ☐ Eh bien, je suis ouvert, j'aime les nouveaux défis et avoir des responsabilités. J'ai envie de faire de nouvelles expériences professionnelles.
- ☐ ☐ D'accord. Merci et au revoir !
- ☐ ☐ Oui, c'est vrai. J'ai déjà travaillé dans l'import-export puisque j'étais chargé de la communication pour Ringer-Export à Bordeaux de 2000 à 2004. Là, à mon poste actuel chez Filius & Cie à Toulouse, je travaille à nouveau en tant qu'ingénieur, mais en fait, je préfère l'import-export.

b. Complétez cette partie du CV du candidat avec les informations du dialogue.

M. Loïc Dumont
24, rue des Vignes
93658 Saint-Jouc
Loic@monmail.fr
34 ans
Marié, deux enfants

Expériences professionnelles
– 2004 à aujourd'hui
  Ingénieur chez ...., Toulouse
– .... à 2004
  .... chez Ringer-Export, ...
– .... à ....
  .... chez ...., ...

VOUS AVEZ DIT FRANÇAIS ? 3

A. C'est typique !

1 **a. Corinne commente une photo de famille.**
Complétez avec les adjectifs suivants à la forme qui convient.

gourmand | sérieux | élégant | arrogant | ponctuel | romantique | bavard | discipliné

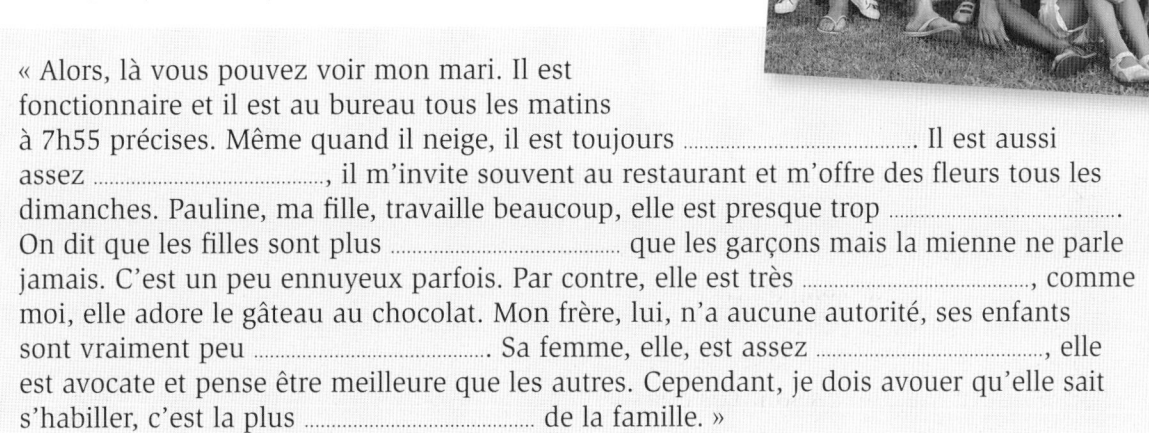

« Alors, là vous pouvez voir mon mari. Il est fonctionnaire et il est au bureau tous les matins à 7h55 précises. Même quand il neige, il est toujours .... Il est aussi assez ...., il m'invite souvent au restaurant et m'offre des fleurs tous les dimanches. Pauline, ma fille, travaille beaucoup, elle est presque trop .... On dit que les filles sont plus .... que les garçons mais la mienne ne parle jamais. C'est un peu ennuyeux parfois. Par contre, elle est très ...., comme moi, elle adore le gâteau au chocolat. Mon frère, lui, n'a aucune autorité, ses enfants sont vraiment peu .... Sa femme, elle, est assez ...., elle est avocate et pense être meilleure que les autres. Cependant, je dois avouer qu'elle sait s'habiller, c'est la plus .... de la famille. »

b. Et votre famille, comment est-elle ?
Quels sont les plus gros défauts / qualités de vos parents, enfants, etc. ?

2 **a. Un problème entre voisins.**
Complétez le dialogue suivant avec les verbes à l'indicatif ou au subjonctif.

- Monsieur Jones, dans votre pays, je sais que ce / c' .... (être) normal mais vraiment, je trouve que dans notre immeuble, ce / c' .... (être) inadmissible !
- Allons, Madame Brunel, il faut que nous .... (discuter), on peut s'arranger, non ?
- Avec mon mari, nous ne pensons pas que ce / c' .... (être) utile, vous pourriez faire un effort ! Je voudrais que vous me .... (comprendre) : il y en a tellement qu'on ne peut plus passer dans le couloir, c'est insupportable…
- Je comprends mais le vrai problème, c'est que j'ai peur qu'elles .... (sentir) mauvais dans mon petit appartement.
- Ah bon ! Mais si c'est ça le seul problème, je pense que je .... (pouvoir) vous aider. Je crois que j' .... (avoir) un vieux meuble à la cave qui pourra vous servir. Il fallait le dire plus tôt !
- Quelle bonne idée, merci !

b. À propos de quoi M. Jones et Mme Brunel se disputent-ils ?
Avec qui êtes-vous d'accord ?

3 VOUS AVEZ DIT FRANÇAIS ?

3 Remettez les dominos dans l'ordre en associant les contraires.

1 en retard | discipliné

impoli | modeste

optimiste | tolérant

intolérant | poli

paresseux | drôle

indiscipliné | pessimiste

ennuyeux | ponctuel

arrogant | travailleur

4 a. **La France du Nord.**
Lisez et complétez le début d'une conférence sur le Nord de la France avec les mots suivants.

malgré | pour finir | tout d'abord | d'un côté | d'un autre côté | ensuite | par contre

« Mesdames, Messieurs, bonjour et bienvenue à notre conférence annuelle sur la diversité régionale en France. Permettez-moi pour commencer de vous présenter le programme de cette matinée.
.... je vais vous parler des différences culturelles entre la France du Nord et celle du Sud, elles existent vraiment, si, si, je les ai rencontrées. En effet, nous verrons que, ... il s'agit bien de la même nation, mais que ...., bien souvent, les Français excentrés se sentent culturellement plus proches de leurs voisins frontaliers. .... nous écouterons deux témoignages, ceux d'une Toulousaine et d'un Lillois.
Je dois vous informer que M. Duchaussoy ne pourra malheureusement pas venir parler des accents régionaux, ... nous aurons le plaisir de voir un documentaire très informatif sur les dialectes du Nord.
.... ce petit changement, la conférence se déroulera comme prévu et ...., vous pourrez poser vos questions. »

Mardi 4 décembre

Conférence annuelle
Vivre la diversité régionale
La France du Nord

PROGRAMME

9h-10h
Introduction
« .... »
par Jacques Lepic

10h-11h
....
avec Catherine Belle (Toulouse)
et Patrick Dunand (Lille)

11h-12h
Les accents régionaux
par Pierre .... (excusé)
Changement de programme :
Documentaire : « .... »

12h-13h
Déjeuner de clôture

b. **Complétez ensuite le programme de la journée avec les informations du texte.**

VOUS AVEZ DIT FRANÇAIS ? 3

B. Les Français vus par eux-mêmes !

5 a. **Une partie de pétanque.**
Lisez ce texte et mettez les verbes entre parenthèses à la voix passive.

Les règles de la pétanque

Le jeu de la pétanque est très ancien, il .... (*inventer*) sans doute par les Romains. Les règles .... (*écrire*) par la Fédération internationale : on dessine un cercle sur le sol où le premier joueur se place. La petite boule en bois s'appelle le cochonnet, celui-ci .... (*lancer*) à une distance de 6 à 10 mètres. Le but est de faire arriver les boules le plus près du cochonnet. La partie .... (*gagner*) par celui qui arrive à 13 points. À la fin de la partie, l'apéritif .... (*offrir*) par le perdant !

b. **Comment peut-on dire autrement ?**
Cochez la bonne réponse.

1. La pétanque a été inventée par les Romains.
   - a Les Romains ont inventé la pétanque.
   - b Les Romains vont inventer la pétanque.

2. On dessine un cercle.
   - a Un cercle a dessiné.
   - b Un cercle est dessiné.

3. Le cochonnet est lancé à environ 7 mètres.
   - a Le joueur lance le cochonnet à environ 7 mètres.
   - b Le cochonnet s'est lancé à environ 7 mètres.

4. L'apéritif est offert par le perdant.
   - a On offre l'apéritif au perdant.
   - b Le perdant offre l'apéritif.

6 **C'est d'actualité !**
Retrouvez l'adjectif ou le nom correspondant.

1. libre   – ....
2. égal   – ....
3. fraternel   – ....
4. symbolique   – ....
5. national   – ....
6. laïque   – ....

7. .... – l'actualité
8. .... – la pauvreté
9. .... – l'activité
10. .... – la popularité
11. .... – la difficulté
12. .... – l'efficacité

87

3 VOUS AVEZ DIT FRANÇAIS ?

7 **a. Les plus râleurs au monde sont…**
Lisez ce texte et soulignez les superlatifs et les comparatifs.

Jamais contents !
Les employés français sont les plus râleurs au monde.

Cocorico ! Les Français finissent premiers du classement d'une très sérieuse étude britannique sur le travail dans 23 pays. En effet, ce sont les employés français qui râlent le plus. Juste devant les Britanniques et les Suédois ex aequo. Et qui sont les moins râleurs ? Les Irlandais, les Thaïlandais et les Néerlandais qui arrivent en dernier de la liste. Pour parvenir à ce palmarès, plusieurs facteurs ont été pris en compte : le niveau des salaires, le coût de la vie, la durée hebdomadaire du travail et le rapport entre vie professionnelle et vie privée. Mais rassurons-nous, si les Français sont plus râleurs que les autres, ils gardent tout de même le moral. Soit l'exact contraire des Japonais qui ont le moral le plus bas, mais qui ne se plaignent pas autant de leur travail.
■■■

Le palmarès des râleurs !!
1. ....
2. ....
3. *les Irlandais*
4. ....
5. ....

Gagnant du prix « Le moral le plus bas ! » :
....

b. D'après les informations du texte, remplissez la fiche du palmarès, puis complétez les phrases suivantes.

1. Les Français râlent .... que tous les autres.
2. Ce sont les Irlandais, les Thaïlandais et les Néerlandais qui râlent ....
3. Les Irlandais sont .... satisfaits de leur travail que les Thaïlandais ou les Néerlandais.
4. Les Japonais ont le moral .... bas que tous les autres.
5. Les Japonais travaillent beaucoup, pourtant ils ne se plaignent pas .... que les Français.

8 **Les 10 plus grandes villes de France.**
Regardez le tableau présentant le nombre d'habitants dans les 10 plus grandes villes de France et complétez le texte.

D'après le dernier recensement, Paris, Toulouse et Lyon sont les trois aires urbaines de France qui progressent le plus, suivies par Montpellier. Avec un peu .... de 2 millions d'habitants, Paris est .... ville de France. En effet, les nouveaux arrivants à Paris sont plutôt des jeunes susceptibles d'y fonder une famille tandis que ceux qui quittent cette ville sont plutôt des personnes plus âgées. Marseille est la deuxième ville de France mais elle est beaucoup .... que Paris, puisqu'elle a moins d'un million d'habitants. Toulouse est .... que Nice mais .... que Lyon. La tendance est donc à la concentration croissante de la population dans des villes moyennes. En même temps, ces villes s'agrandissent de plus en plus. Nantes a légèrement .... d'habitants que Strasbourg, mais Montpellier est .... que Strasbourg. Lille et Bordeaux ont presque .... d'habitants.

Les 10 plus grandes villes de France

1. Paris : 2 166 200
2. Marseille : 826 700
3. Lyon : 467 400
4. Toulouse : 437 100
5. Nice : 346 900
6. Nantes : 281 800
7. Strasbourg : 272 500
8. Montpellier : 248 000
9. Bordeaux : 229 500
10. Lille : 224 900

Rendez-vous d'affaires

9 a. Avis de grève.
Lisez cet appel à la grève et cherchez les expressions françaises pour les mots suivants :

– Demonstration
– Kaufkraft
– öffentlicher Dienst
– soziales Netz
– Gewerkschaft

ÇA SUFFIT !
À l'appel des syndicats CGT, CFDT, FO

Pour la défense du service public et pour protester contre les décisions anti-sociales du gouvernement !
**Journée de grève nationale et de manifestations !
Jeudi 9 mars**
Pour nos retraites, pour la protection sociale et pour un meilleur pouvoir d'achat.
**Rassemblement 9h00, Place de la Bastille.
Venez nombreux, il s'agit de votre avenir !**

b. Voici les banderoles de plusieurs manifestations. Dites qui y a participé.

☐ des professeurs
☐ des agriculteurs
☐ des conducteurs de bus
☐ des personnes âgées
☐ des étudiants
☐ des fonctionnaires

1 Universités à vendre !
2 SOIS JEUNE ET TAIS-TOI !
3 Service public = service minimum !
4 Retraités : nouveaux pauvres !
5 On vous conduit mais on nous roule !
6 Sans nous, plus de lait !

10 À la table des négociations.
Mlle Conty, secrétaire chez Valentis International, présente le plan de table pour une réunion de négociation très importante avec les représentants des trois principaux syndicats. Complétez le texte avec des superlatifs ou des comparatifs et placez les personnes sur le dessin du plan de table.

« Au bout de la table, il y aura notre Président, M. Duvivier. À sa droite, la personne .... (importante), M. Meyer, le représentant du syndicat CFDT qui a lancé la grève. À sa gauche, Mme Besnard, en tant que représentante du comité d'entreprise, elle connaît le dossier beaucoup .... (bien) que la plupart d'entre-nous. À droite de M. Meyer, ce sera Mme Blien du syndicat CGT, et en face d'elle, M. Marcel, le représentant du syndicat Force ouvrière. C'est .... (difficile) de tous et celui qui risque de poser .... (beaucoup) de problèmes.
En bout de table, à côté de Mme Blien, nous avons Mlle Schmidt, directrice des ressources humaines. Et enfin, M. Rondot, qui connaît .... (bien) que nous tous les difficultés des négociations et pourra nous aider s'il y a des problèmes. Tous espèrent arriver aujourd'hui .... (rapidement) à des résultats concrets que lors des dernières négociations. »

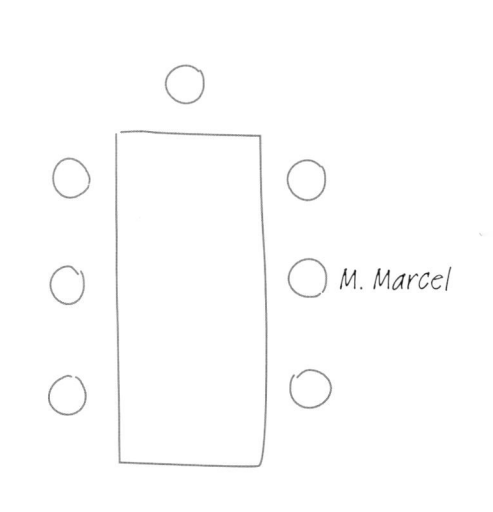

4 TEST

1 **Vocabulaire et grammaire.**
Lisez cette lettre et cochez pour chaque numéro le mot correct.

> Chère Nelly,
>
> C'est dommage que tu ...(1)... pas là ! La ville d'Edimbourg est fantastique, il ...(2)... beau et le cours d'anglais est vraiment super. Nous dormons dans l'auberge de jeunesse, tout près du centre ville. Nous sommes huit par chambre, alors tu imagines que l'ambiance n'est pas triste ! Tous les soirs, Marion et Valérie parlent pendant des heures ...(3)... s'endormir et Chloé fait le clown, comme d'habitude. Alors le matin, il est souvent difficile de se lever...
> Notre cours d'anglais est dans une très ...(4)... maison près du château. Nous devons y aller ...(5)... bus et évidemment, nous voulons tous nous asseoir au premier étage au-dessus du conducteur. Dans l'ensemble, les gens sont vraiment sympas et très ...(6)... avec nous, ils nous répondent très gentiment, même quand nous ...(7)... posons des questions dans un anglais approximatif !
> Tous les après-midis, nous faisons des excursions. Hier nous avons visité le château avec un guide, et nous ...(8)... à pied jusqu'à la résidence de la famille royale. Et tu sais quoi ? Nous avons vu la reine ! Elle est descendue d'une voiture noire et est rentrée dans la maison. Chloé a tout juste eu le temps de prendre une photo avec son portable. Moi, j'avais oublié ...(9)... à l'auberge !
> Ici, comme tu vois, c'est vraiment super, mais si tu ...(10)... là, ce serait encore mieux.
>
> Nous t'embrassons toutes. À la semaine prochaine !
>
> Marie

1. ☐ n'es
   ☐ ne sois
2. ☐ est
   ☐ fait
3. ☐ avant
   ☐ avant de
4. ☐ vieil
   ☐ vieille
5. ☐ à
   ☐ en
6. ☐ patients
   ☐ patientes
7. ☐ leur
   ☐ leurs
8. ☐ sommes allés
   ☐ avons allé
9. ☐ mon
   ☐ le mien
10. ☐ serais
    ☐ étais

2 **Compréhension de textes oraux.** ▶▶ 56–60
Lisez les affirmations suivantes, puis écoutez cinq personnes qui parlent de l'endroit où elles vivent. Décidez si les affirmations sont vraies (+) ou fausses (–). Ensuite, réécoutez les textes.

☐ Lucien Maurel aimerait habiter dans une ville plus petite.
☐ Laurence Dubroc n'aime pas habiter dans la région parisienne.
☐ Marc Nadal habite à 35 kilomètres de la ville.
☐ Rachida Ibrahim n'est pas satisfaite de l'endroit où elle vit.
☐ Guy Klein voudrait déménager en banlieue.

3. Compréhension globale de textes écrits.
Lisez les titres et les textes, puis choisissez un titre pour chaque texte.

1. Les vacances, c'est en France !
2. Nous sommes tous surveillés.
3. Les Français en vacances à l'étranger.
4. Un projet cinématographique dans la rue.
5. Portrait du Français moyen.
6. Il n'y a plus de Français moyens en France.

☐ Le Français moyen n'existe pas en tant que personne, mais d'après les statistiques, on peut dire qu'il habite une maison de quatre pièces dans une ville de plus de 2000 habitants en grande banlieue, qu'il consacre 15 minutes à son petit déjeuner et 45 minutes à son dîner, et qu'il dépense 10.000 € par an pour son logement et 6.300 € pour la nourriture.

☐ Le Big Brother imaginé par George Orwell dans « 1984 » n'est plus très loin. En Grande-Bretagne, il y a 4,2 millions de caméras sur la voie publique et dans les transports en commun : chaque Londonien est filmé 300 fois par jour en moyenne ! En France, on veut bien être surveillé mais surtout pas fiché. Et pourtant, on nous observe dans la rue, dans les gares, les magasins, les banques. Paris est la ville la plus « vidéosurveillée », mais 230 villes de province sont elles aussi équipées. Et ce n'est qu'un début.

☐ Pourquoi ne pas rester en France ? C'est souvent ce que les Français se disent quand ils préparent leurs vacances. En effet, ils préfèrent en majorité rester dans l'hexagone que partir à l'étranger. La plupart du temps, nos concitoyens passent même leurs vacances dans une maison de famille ou chez des amis, c'est-à-dire là où ils n'auront pas à payer l'hébergement. Et quand ils s'offrent un séjour à l'étranger, c'est en priorité en Espagne, en Tunisie ou encore au Maroc.

4. Expression écrite.
Vous lisez l'annonce suivante dans le journal et aimeriez participer à un cours de français. Écrivez un mail à l'école de langues en utilisant les quatre points ci-dessous.

– Dites pourquoi l'annonce vous intéresse.
– Dites quel est votre niveau de langue.
– Dites comment vous apprenez le mieux.
– Demandez d'autres informations.

NOUVELLE ÉCOLE DE LANGUES

allemand – anglais – chinois – espagnol – italien – français – russe

Venez tester une méthode de langues vivante et agréable en plein centre de la ville !
C'est en groupes de 6 personnes (au plus) que vous apprendrez sans peine et rapidement la langue de votre choix. Plaisir et succès assurés !

Pour tout renseignement : infos@nouvellecole.fr

5 DOUCE FRANCE

A. La France dans tous les sens

1 Classez le vocabulaire suivant d'après les cinq sens.

écouter | sucré | salé | la main | le parfum | l'œil | auditif | visuel | dur | mou | entendre | le bruit | la bouche | voir | sentir | l'oreille | les doigts | regarder | avoir le goût de | le nez | le son | les yeux | amer | l'odeur

👂	👃	👄	👁	✋

2 Ces phrases ne sont pas logiques.
Replacez les mots **en gras** dans la phrase qui convient.

1. Notre **odorat** est ce qui nous permet d'entendre la musique mais aussi le bruit.
2. Avec votre **sensation**, vous devriez travailler dans une parfumerie !
3. On porte des lunettes quand on a une mauvaise **ouïe**.
4. Un vêtement en soie est très agréable au **goût**.
5. Marcher les pieds nus sur le sable est une **vue** agréable.
6. J'aime beaucoup le **toucher** de la tarte aux pommes.

3 Vous connaissez « Le Parfum » de Patrick Süskind ?
Jean-Baptiste Grenouille est le protagoniste de ce roman. Il nous raconte sa vie.
Complétez ses phrases.

Je suis né sur une place de marché à Paris	qui s'appelle « Montagne de la solitude ».
Ma première odeur a donc été celle du poisson	que les Parisiens ont adorés.
Je suis tombé amoureux d'une femme	qui est la capitale mondiale du parfum.
J'ai alors décidé de créer des parfums	où ma mère vendait du poisson.
Puis, j'ai passé 7 ans, seul, dans un endroit	dont je garde un souvenir désagréable.
Plus tard, j'ai habité dans la ville de Grasse	qui obligerait tout le monde à m'aimer.
Mon idée fixe était de créer un parfum	dont l'odeur délicate m'a rendu fou.

4

a. Connaissez-vous la France ?
Complétez les questions avec un pronom relatif et trouvez la réponse correspondante.

la Manche | la Bretagne | Versailles | Lourdes | le Mont Blanc | Bordeaux | la Seine | la Côte d'Azur

1. Comment se nomme la montagne la plus haute d'Europe occidentale .... la hauteur est de 4810 mètres ?
2. Quel est le nom du fleuve .... traverse Paris ?
3. Quelle grande ville a donné son nom à un vin .... les Français aiment beaucoup ?
4. Connaissez-vous le nom du château .... le Roi Soleil a habité ?
5. Comment s'appelle la région .... Astérix est originaire ?
6. Comment s'appelle la mer .... est au nord de la France ?
7. Connaissez-vous le nom de la côte méditerranéenne .... se trouvent Nice et Cannes ?
8. Quel est le nom de la ville des Pyrénées .... des milliers de personnes vont prier chaque année ?

b. Écrivez quatre questions semblables sur votre pays et posez-les à votre voisin/e.

5

a. Un tour de France.
Choisissez le pronom relatif qui convient et complétez avec le passé composé des verbes.

- ☐ Voici le souvenir que / qui j' .... (rapporter) de Paris.
- ☐ À Bourges, j'ai visité une cathédrale que / qui m' .... (impressionner).
- ☐ Ce sont les pierres de plus de 7000 ans dont / que j' .... (photographier) en Bretagne.
- ☐ Là, c'est l'excellente soupe de poisson qui / que j' .... (manger) à Marseille.
- ☐ C'est une photo de la pièce de théâtre où / que j' .... (voir) à Lyon.

b. Quel texte correspond à quelle photo ?

5 DOUCE FRANCE

6 a. **Auch, capitale du goût.**
Arrivez-vous à compléter ce dépliant sur la ville d'Auch ? Regardez ensuite les mots donnés à l'envers pour compléter ou corriger.

- Soyez les _bienvenus_ dans notre belle ville d'Auch.
  Elle se trouve dans le .... de la France.
- Auch est la .... de la Gascogne.
  Ses .... s'appellent les Auscitains.
- Auch est une belle ....
  De nombreux touristes la .... chaque année.
- Je vous invite à visiter la .... Sainte-Marie.
  Sa .... a duré 200 ans.
- N'oubliez pas non plus d'aller .... notre musée.
  Vous y trouverez une importante .... d'objets traditionnels.
- Je vous conseille aussi de .... à nos spécialités culinaires.
  Elles sont .... dans toute la France.

habitants, collection, capitale, construction, voir, sud-ouest, goûter, visitent, ville, renommées, cathédrale

b. **Résumez ensuite le texte en reliant les phrases par des pronoms relatifs.**

Soyez les bienvenus dans notre belle ville d'Auch qui se trouve au sud-ouest de la France.

B. Paris n'est pas la France

7 a. **Vrai ou faux ?**
Relisez le texte 2a des pages 32–33 et confirmez ou corrigez les phrases suivantes.

1. Sandra était triste de partir à Paris.
2. À son arrivée, Paris correspondait exactement à ce qu'elle imaginait.
3. Aux stations de métro, on remarque les provinciaux parce qu'ils sont lents.
4. Les Parisiens n'ont jamais assez de temps.
5. Pour prendre le métro à Paris, tout le monde court.
6. Sandra pense que les Parisiens sont des personnes importantes.
7. Beaucoup de Parisiens ne sont pas nés à Paris.

b. **Qu'a pensé Sandra quand elle est venue à Paris la première fois ?**
Conjuguez les verbes entre parenthèses afin de formuler des hypothèses.
Selon vous, comment Sandra terminerait-elle les deux dernières phrases ?

1. Si je _connaissais_ (connaître) le plan du métro par cœur, je _perdrais_ (perdre) moins de temps.
2. Si les gens .... (être) plus calmes, l'ambiance à Paris .... (être) plus agréable.
3. Si les Parisiens .... (prendre) le temps de vivre, ils .... (profiter) davantage de leur belle ville.
4. Si j'........................ (avoir) un vélo, …
5. Si j'........................ (être) Parisienne, …

DOUCE FRANCE 5

8 a. Patrick a trouvé un travail à Paris et a donc déménagé.
Reconstituez son emploi du temps en remettant les activités suivantes dans l'ordre chronologique.

- ☐ visiter plusieurs appartements
- ☒ [8] faire une fête avec ses amis dans son nouvel appartement
- ☐ se décider pour un appartement
- ☐ déménager
- ☐ acheter le journal
- ☐ rénover son nouvel appartement
- ☐ téléphoner aux propriétaires pour prendre rendez-vous
- ☐ lire les petites annonces

faire une fête avec ses amis

(1) (2) (3) (4) (5) (6) (7) (8)

b. Résumez ce qu'il a fait.

Ce soir, *il va faire une fête avec ses amis dans son nouvel appartement* (8).
La semaine dernière, il ... (7).
Avant de déménager, il ... (1) et ... (2).
Ensuite, il ... (3), ... (4) et ... (5).
Avant de s'installer définitivement, il ... (6).

9 L'histoire du métro parisien.
Complétez le texte suivant en mettant les verbes au présent, au passé composé, à l'imparfait ou au plus-que-parfait.

Dans la deuxième moitié du 19ème siècle, la circulation dans Paris .... (poser) de gros problèmes, alors on .... (décider) de construire un métro.
À cette époque, il .... (exister) déjà à Londres un métro qui .... (utiliser) des trains classiques.
Ces trains .... (faire) beaucoup de fumée, et les stations .... (être) donc très noires.
Avant 1900, en France, on .... (faire) de nombreux projets de métro fonctionnant à l'électricité. Mais c'est seulement à l'occasion de l'Exposition Universelle qu'on .... (prendre) la décision d'en construire un.
Le premier métro parisien .... (emmener) les visiteurs à l'Exposition Universelle le 19 juillet 1900.
Huit mois plus tôt, on .... (commencer) à faire de nombreux travaux dans Paris, et parfois il y .... (avoir) des accidents et cinq ouvriers .... (perdre) la vie dans un tunnel.
Aujourd'hui, le métro parisien .... (compter) plus de 200 km de lignes et près de 300 stations. Il .... (être) le quatrième du monde après Moscou, Tokyo et Mexico pour le nombre de passagers transportés, car plus d'un milliard trois cent millions de personnes le .... (prendre) chaque année !

MÉMO
- Vor 1900 = avant 1900
- Vor 1900 Jahren = il y a 1900 ans
- 19.07. = le 19 juillet
- 19. Jhd. = le dix-neuvième siècle

5 DOUCE FRANCE

Rendez-vous d'affaires

10 a. Sébastien Bayonne, directeur du marketing chez Carrier & Fils, a reçu une lettre du directeur.
Lisez la lettre et reliez les phrases pour compléter les définitions.

1. Une filiale
2. Une personne est compétente
3. Durablement
4. Le comité d'entreprise
5. Décevoir une personne
6. Agréer

a) veut dire : de manière à durer.
b) est une société qui a une société mère.
c) signifie accepter.
d) veut dire ne pas répondre à ses attentes.
e) quand elle fait bien son travail.
f) est composé des représentants du personnel.

Carrier & Fils, 302 rue de Rivoli, 75001 Paris

Paris, le 28 mars
À l'attention de M. Sébastien Bayonne

Objet : Nomination à la tête de notre nouvelle filiale

Cher Monsieur,

Nous avons décidé d'ouvrir dès le 1er juin une nouvelle filiale à Lille. La proximité des frontières belge et hollandaise ainsi que l'accès rapide à la Grande-Bretagne et l'excellente infrastructure de la région représentent des avantages importants pour le développement de notre entreprise.

Bien sûr, nous aurons besoin de personnes compétentes pour installer notre entreprise durablement dans la région. C'est pourquoi nous avons pensé à vous. Votre travail et votre engagement dans notre société nous donnent entière satisfaction depuis des années, et j'ai donc décidé aujourd'hui, en accord avec le comité d'entreprise, de vous proposer la direction de notre nouvelle filiale.

Je vous accorde deux semaines pour répondre à cette proposition. Je suis sûr que vous ne nous décevrez pas.

Veuillez agréer, cher collègue, l'expression de mes sentiments distingués.

G. Carrier
Georges Carrier
Président directeur général

---

b. Rédigez une lettre de réponse.
– Dites si vous acceptez ou non la proposition du directeur et pourquoi.
– Demandez des informations supplémentaires sur le poste.

Monsieur le Président directeur général,
Permettez-moi de vous remercier pour votre lettre du 28 mars.
Je ...
...
Je vous prie d'agréer, Monsieur le Président directeur général, mes salutations distinguées.

BLACKS, BLANCS, BEURS 6

A. Intégration

1. D'où viennent ces personnes ?
Choisissez la préposition correcte et complétez les nationalités.

1. Lu vient de / de la Chine, elle habite à / en Paris, dans le quartier chin............ .
2. Samira est algér............ . Elle habite en / à Algérie.
3. Carlos est portug............, il vient de / à Coimbra à / au Portugal, mais il s'est installé à la / en France en 1962.
4. Adil a quitté son pays, la Tunisie, pour rejoindre son frère à / en Marseille où il tient un restaurant tunis............ .
5. Grit vit près de / du Bordeaux où elle est professeur d'allem............ . Elle est autrich............ et elle est née à / en Vienne.
6. Lorette est venue étudier .... Belgique, mais la cuisine martiniqu............ lui manque, elle retourne souvent à la / au Martinique pendant les vacances.
7. Elena est roum............, elle travaille dans un grand hôtel à / en Bucarest.

2. Devinette.
Complétez les définitions avec un pronom relatif et devinez de quels pays il s'agit.

dont | lequel | auquel | où

C'est un pays d'Afrique du Nord…
… avec .... la France a une longue histoire en commun,
… .... on parle arabe et français,
… .... le Maroc et la Tunisie sont les voisins.

C'est un pays asiatique…
… sur .... les journalistes écrivent de nombreux articles,
… .... le drapeau est rouge avec cinq étoiles jaunes,
… .... on associe la révolution culturelle.

3. Faites des phrases en remettant les éléments proposés dans l'ordre (plusieurs solutions).

Mon village		la raison	pour laquelle	je pense tout le temps.
Mon avenir		une organisation	où	je me sens bien.
Mon voisin	est	un lieu	avec qui	j'habite dans cette ville.
L'UNICEF	sont	des gens	dans lequel	j'aime discuter.
Mon travail		quelqu'un	dont	je donne souvent de l'argent.
Mes collègues		une chose	avec lesquels	je ne m'entends pas bien.
			à laquelle	

6 BLACKS, BLANCS, BEURS

4 Un cours du soir.
Lisez le texte et complétez les phrases avec les expressions suivantes.

la majorité | beaucoup | personne | quelques | tous | quelques-uns | tout le monde | peu de / d'

1. Il y avait .... hommes.
2. .... sont restés à part.
3. .... s'entendait bien.
4. .... n'avait jamais participé à un cours de cuisine.
5. .... personnes ont posé des questions bizarres.
6. .... ont goûté le vin.
7. .... n'a laissé de restes.
8. .... se sont réinscrits.

« L'université populaire a organisé un cours de cuisine française. On était 15 (dont 2 hommes), et on a bien rigolé. Malheureusement, il y a souvent une ou deux personnes qui restent dans leur coin, mais dans l'ensemble on s'entendait très bien. Plus de la moitié des gens venait pour la première fois. Comme toujours, deux ou trois personnes ont posé des questions bizarres. On a préparé un menu complet, quiche en entrée, bœuf bourguignon ensuite – bien sûr tout le monde a voulu goûter le délicieux vin rouge qu'on met dans la sauce – et tarte Tatin au dessert. C'était vraiment très bon ! Et assez facile à faire en plus ! Tout le monde a fini son assiette ! À la fin, le chef a demandé qui voulait participer au prochain cours et je crois que 12 ou 13 personnes lui ont demandé une feuille d'inscription. On va donc bientôt se revoir ! »

5 C'est toujours mieux ailleurs !
Reconstituez les phrases avec la ou les réponse/s correcte/s.

1. .... qu'à Paris les gens ne sont pas très polis.
   ☐ Je trouve
   ☐ Ce qui ne me plaît pas, c'est
   ☐ Je n'aime pas

2. .... c'est le manque d'humour de mes concitoyens !
   ☐ Ce qui m'agace
   ☐ Je n'aime pas
   ☐ Ça m'agace

3. Ici, ... les gens qui n'attendent pas que les autres descendent pour monter dans le bus !
   ☐ je trouve
   ☐ je ne supporte pas
   ☐ le problème c'est

4. .... c'est qu'on ne s'intéresse pas assez aux autres !
   ☐ On dit
   ☐ Ce qui ne va pas
   ☐ Je pense

BLACKS, BLANCS, BEURS 6

B. Nouvelles générations

6 a. **Vivre en banlieue.**
Complétez le tableau avec les noms et verbes de la leçon.

nom		l'immigration			la réussite
verbe	discriminer		intégrer	être au chômage	

b. **Complétez avec les noms du tableau ou les verbes au participe passé.**

1. Les personnes qui parlent bien la langue du pays où ils vivent et s'intéressent à sa culture sont des personnes qui sont bien ....
2. On peut être .... en raison de sa couleur de peau, mais aussi de son âge, de son sexe et de ses choix politiques.
3. Aujourd'hui, on parle beaucoup des problèmes d'........................... en Europe car de plus en plus d'étrangers qui sont .... viennent y chercher du travail.
4. En banlieue, avoir un travail, une famille et vivre correctement, c'est une belle ....

7 Lisez le texte suivant et complétez avec ces fins de phrase.

- ☐ parce que les jeunes ont la volonté de montrer qu'ils ont réussi
- ☐ parce qu'on ne parle que des problèmes des cités et qu'on les présente comme des personnes dangereuses
- ☐ des projets d'entreprise plus importants portés par des jeunes diplômés
- ☐ parce qu'ils sont convaincus que ces jeunes vont réussir

MA CITÉ SERA LA CITY !

Beaucoup de jeunes des banlieues se plaignent (1). Mais aujourd'hui, on parle de plus en plus des entrepreneurs[1] des cités ! C'est un fait : à côté des ateliers de peinture ou de hip-hop, on voit parfois apparaître dans les cités (2). Les banquiers participent à leurs projets non pas par solidarité mais (3). Mais pourquoi s'installer dans les cités quand tout le monde cherche à en sortir ? Parfois, parce qu'on y habite, tout simplement, et puis parce qu'il y a des avantages fiscaux[2]. Et aussi (4) là où leur famille vit encore. « On s'est fait voler l'an dernier, mais pas question de bouger ; la cité me porte chance », dit l'un de ces jeunes entrepreneurs.

[1]Unternehmer, [2]Steuervorteile

D'après « Le Nouvel Observateur »

8 a. **Stéphane et Jean-Noël ont des avis partagés.** ▶▶ 61–62
Écoutez ce qu'ils ont répondu à la question « Est-il important pour vous de travailler là où vous avez grandi ? » cochez ce qu'a dit Stéphane (1) ou Jean Noël (2).

- ☐ S'il trouvait du travail dans une autre ville, peut-être qu'il irait y habiter.
- ☐ Il a été obligé de travailler à l'étranger et a trouvé ça fantastique.
- ☐ S'il devait déménager, ce serait assez près pour pouvoir revenir tous les week-ends voir sa famille.
- ☐ Il ne pourrait pas s'imaginer partir vivre à l'étranger.
- ☐ Quand il ne travaillera plus, il voudra revenir vivre dans la ville où il est né.
- ☐ Il habite dans sa maison de famille.

b. **Et vous, que répondriez-vous à cette question ? Expliquez pourquoi en quelques lignes.**

6 BLACKS, BLANCS, BEURS

9 **a. L'origine de l'immigration en France.**
Un ami vous rapporte les contenus d'une émission de télé sur l'immigration.
Complétez le texte avec les mots manquants.

Maghreb | Espagnols | la Communauté européenne | Anglais | Asie | démographie

« L'invité du jour, un expert en .... , a expliqué qu'en France sur
les 5 millions d'immigrés, 35 % venaient d'un pays de l'Union européenne. Selon lui,
les Italiens, les .... ou les Polonais qui étaient venus nombreux dans le passé,
émigraient maintenant moins vers la France. Il a ajouté qu'on voyait arriver de plus
en plus d'.................................. et que le nombre d'immigrés qui venaient de pays hors de
.... augmentait.
Ensuite, il a dit que 31 % des immigrés venaient du .... et que deux Africains
sur trois qui étaient venus en France avaient pour origine les anciennes colonies
françaises.
Les autres étrangers venaient du reste du monde, principalement d'.................................. .
Il a fini en disant que le niveau d'éducation des immigrés s'améliorait nettement. »

b. Qu'a raconté l'expert en démographie ?
Reconstituez ses propos en utilisant le discours direct et les temps corrects.

Sur les 5 millions d'immigrés, 35 % viennent d'un pays de l'Union européenne.
Les Italiens, les Espagnols ou les Polonais...

10 **a. Giovanna a un problème avec sa banque.** ▶▶ 63
Écoutez le dialogue et décidez si les phrases
sont correctes (+) ou fausses (−).

1. ☐ La carte bancaire de Giovanna a été gardée par le
distributeur.
2. ☐ L'employé de banque pense qu'elle a fait un faux code.
3. ☐ La carte de Giovanna vient d'Espagne.
4. ☐ Le distributeur de la banque n'a pas d'humour.
5. ☐ L'appareil ne garde que les cartes des jolies étrangères.
6. ☐ Giovanna reviendra chercher sa carte plus tard.

**b. Écoutez encore une fois le dialogue de la banque et
imaginez ce que Giovanna raconte plus tard à son amie.** ▶▶ 63
Vous pouvez vous servir des verbes de la liste.

repondre | affirmer | ajouter | prétendre | raconter | expliquer | penser

« Ce matin, il m'est arrivé une histoire incroyable, ma carte bancaire est restée dans
le distributeur, alors je suis entrée dans la banque et j'ai dit à l'employé que le distributeur
avait mangé ma carte. Il m'a demandé... »

Rendez-vous d'affaires

11 a. **Un quart de siècle d'existence, ça se fête !**
Vous avez reçu cette invitation de votre entreprise. Lisez-la ainsi que les menus qui l'accompagnent. Quel menu choisiriez-vous ?

Invitation

Le cabinet Dupont-Durant invite cordialement tous ses collaborateurs ainsi que leurs familles à fêter ses 25 ans d'existence lors d'un dîner dansant au Restaurant du Lac, le 30 mai.

Programme :
19h30   Apéritif dans les jardins du restaurant avec le trio « Mozzarelli »
21h00   Discours de bienvenue de M. Dupont
21h15   Dîner
Le groupe « Ocean Jazz » accompagnera le dîner.
Deux menus vous seront proposés (voir document ci-joint).

Au plaisir de vous rencontrer ce jour-là pour fêter ensemble cet événement.

Charles Dupont
Directeur
Cabinet Dupont-Durand

Réponse par mail souhaitée avant le 27 mai indiquant le nombre de participants ainsi que les menus choisis à :
nos25ans@DupontDurant.fr

Menu Campagnard

Salade verte avec fromage de chèvre chaud
Lapin à la moutarde, pâtes fraîches
Plateau de fromages
Tarte au citron

Menu Printanier

Terrine de canard sur salade
Filet de saumon au citron avec légumes de saison
Plateau de fromages
Sorbet pommes / champagne

---

b. **Vous répondez à cette invitation.**
Vous avez cependant deux petits problèmes que vous devez prendre en compte dans cette réponse :

– Vous ne serez là que pour une seule partie du programme (au choix).
– Vous êtes végétarien/ne et ne buvez pas d'alcool. Précisez votre menu individuel.

Monsieur,
Merci pour votre invitation...

7 OÙ VA LE FRANÇAIS ?

A. Vive l'orthographe et la grammaire ?!

1 **a.** Vous avez reçu ce texto. Réécrivez-le dans un français standard.

b. Choisissez la réponse qui convient.

Ki va a la fete 2main ? G pa envi di alé.
Keskon fé ? C toi ki décide ! Phil

1. Moi non plu, g pa envi. On se fé 1 resto?
2. Je t'èm auci. On i va a 8h?

2 Maîtrisez l'orthographe.
Corrigez les fautes en gras dans la lettre de M. Delasource.

> Obj**é** : ma commande du 10 octobre
>
> Monsieur le directeur,
> Il y a deux mois j'**es** command**er** sur votre site Internet le livre « Maîtris**é** l'orthographe française en 10 leçons » et je ne l'**est** toujours pas reçu. Vous ne répond**é** pas à m**és** mails et il **ait** impossible de vous téléphon**é**.
> Que puis-je f**ère** ? Je ne sais plus à qui m'adress**é**. Si vous ne me rend**er** pas mon argent (car j'ai pay**er** avant la livr**è**son), je vous fer**ez** un procès.
>
> Saluta**ss**ions distingu**é**.
> M. Delasource

3 Hervé et Cristina se sont aimés grâce au français !
Complétez le récit d'Hervé en soulignant le pronom qui convient et en mettant les verbes entre parenthèses au participe passé. Accordez-les, si nécessaire.

« La première fois où je l' / lui ai .... (rencontrer), Cristina portait une robe à fleurs. D'ailleurs elle l' / lui a .... (garder) en souvenir de notre rencontre. À l'époque, j'étais étudiant à Madrid mais ensuite, je suis rentré en Belgique. On s'est longtemps .... (écrire). Elle parlait bien français mais elle faisait encore pas mal de fautes à l'écrit. Je lui / l' ai souvent .... (corriger). Cristina faisait des études de traductrice et c'est pour ça qu'au début, elle s'est .... (intéresser) à moi ! Mais ensuite, elle est .... (venir) me rendre visite à Liège et nous sommes .... (tomber) amoureux ! Je lui / l' ai .... (faire) des gaufres[1] au sucre. Elle n'en avait jamais .... (manger) et elle leur / les a vraiment .... (adorer). Je l' / lui ai bien sûr .... (présenter) mes amis. Elle leur / les a tout de suite .... (trouver) très sympas. Et puis un jour elle a .... (accepter) de venir vivre avec moi. C'est une décision que nous n'avons vraiment pas .... (regretter) ! »

[1] la gaufre : die Waffel

OÙ VA LE FRANÇAIS ? 7

4 Une maman donne son avis sur Internet.
Améliorez ce texte en remplaçant les nombreuses répétitions par des pronoms.

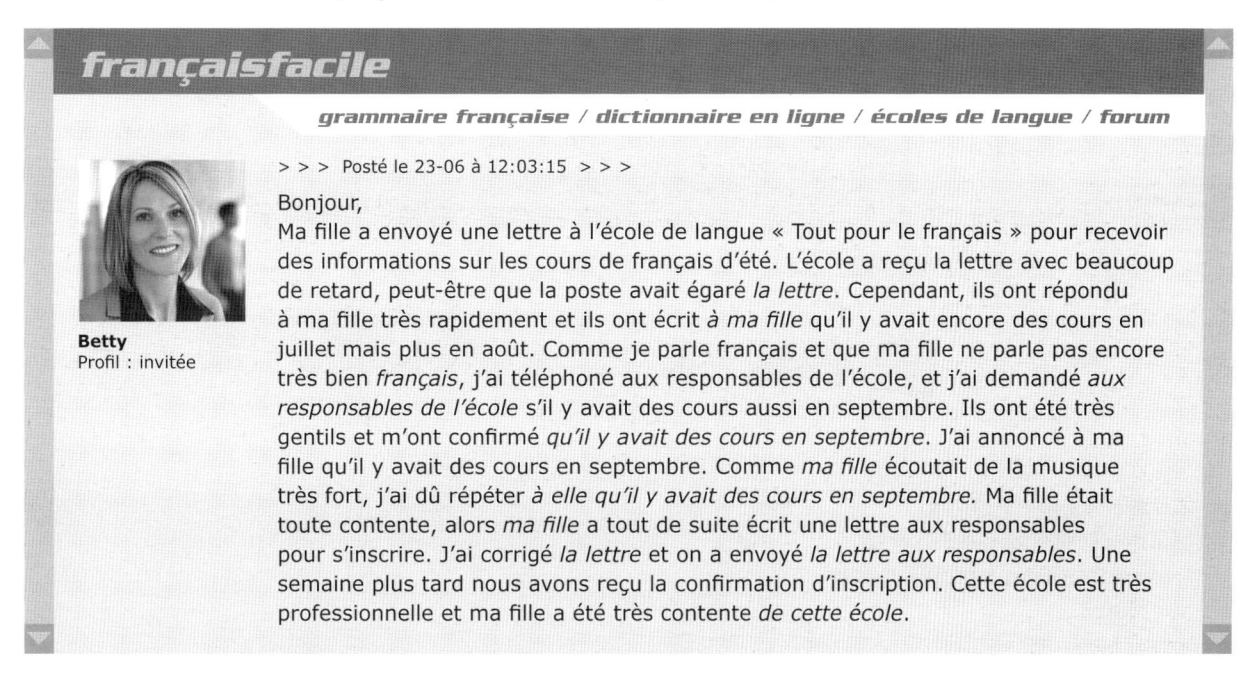

françaisfacile
grammaire française / dictionnaire en ligne / écoles de langue / forum

> > > Posté le 23-06 à 12:03:15 > > >

Betty
Profil : invitée

Bonjour,
Ma fille a envoyé une lettre à l'école de langue « Tout pour le français » pour recevoir des informations sur les cours de français d'été. L'école a reçu la lettre avec beaucoup de retard, peut-être que la poste avait égaré *la lettre*. Cependant, ils ont répondu à ma fille très rapidement et ils ont écrit *à ma fille* qu'il y avait encore des cours en juillet mais plus en août. Comme je parle français et que ma fille ne parle pas encore très bien *français*, j'ai téléphoné aux responsables de l'école, et j'ai demandé *aux responsables de l'école* s'il y avait des cours aussi en septembre. Ils ont été très gentils et m'ont confirmé *qu'il y avait des cours en septembre*. J'ai annoncé à ma fille qu'il y avait des cours en septembre. Comme *ma fille* écoutait de la musique très fort, j'ai dû répéter *à elle qu'il y avait des cours en septembre*. Ma fille était toute contente, alors *ma fille* a tout de suite écrit une lettre aux responsables pour s'inscrire. J'ai corrigé *la lettre* et on a envoyé *la lettre aux responsables*. Une semaine plus tard nous avons reçu la confirmation d'inscription. Cette école est très professionnelle et ma fille a été très contente *de cette école*.

B. Le français bouge !

5 **a.** Lisez les mails suivants et classez-les du registre le plus familier au registre le plus poli.
Dites ensuite de quelle situation il s'agit.

1. Un chef à sa secrétaire
2. Deux amis
3. Une assistante à son supérieur
4. Un cabinet de médecin à un patient
5. Des collègues de travail

☐ Bonjour, pourriez-vous signer les dossiers qui sont sur votre bureau avant de partir, svp ? Merci beaucoup et bonne soirée,
Jeanne

☐ Cher Monsieur,
Nous vous ferons parvenir par courrier le résultat de vos analyses. Veuillez prendre contact avec M. le Docteur Laval pour plus de précisions. Je me tiens à votre entière disposition pour tous renseignements supplémentaires. Salutations distinguées. Service de cardiologie

☐ Chère Lucie, voici les documents dont vous avez besoin. Vous pouvez m'en confirmer la réception ? Cordialement, Vincent

☐ Béatrice, réservez une chambre dans le quartier Latin du 17 au 18 mars. J'arriverai en avion à Paris vers 19 h. Merci.

☐ On va bouffer ensemble à midi ? Je passe te prendre vers 11 h, ok ? T'emmènes aussi Fanny ? Je connais un bon resto pas loin. A + Thierry

b. Réécrivez le mail de Thierry dans un registre plus soutenu.

7 OÙ VA LE FRANÇAIS ?

6 **Anglicismes.**
Remettez les dominos dans l'ordre en associant les anglicismes à leurs mots français.

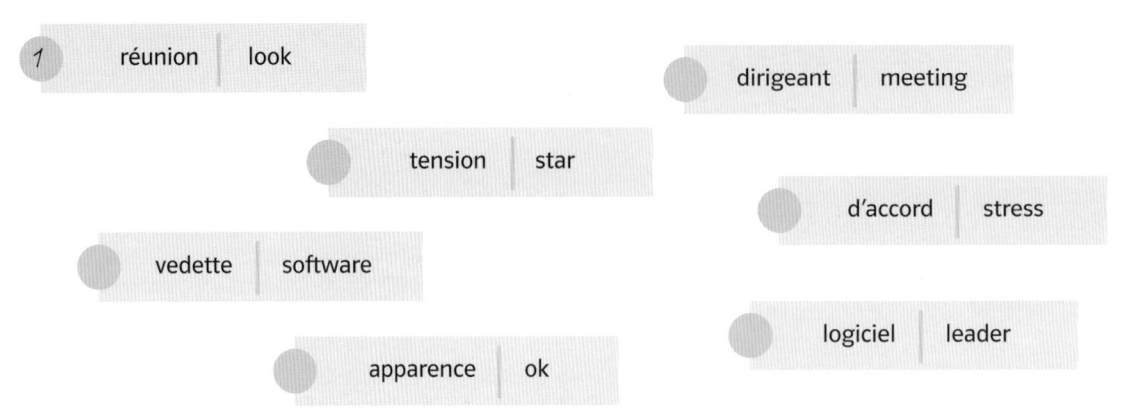

1 | réunion | look

tension | star

vedette | software

apparence | ok

dirigeant | meeting

d'accord | stress

logiciel | leader

7 **a. Lisez ce texte sur la Journée internationale de la Francophonie et répondez aux questions.**

Journée internationale de la Francophonie

Depuis 1990, les francophones de tous les continents célèbrent le 20 mars la Journée internationale de la Francophonie. Ce jour-là, de nombreuses activités ouvertes au public sont proposées à la cité internationale universitaire de Paris. Ces dernières années, on a pu y voir entre autres une exposition consacrée au chanteur Jacques Brel ou assister à un débat sur la langue française avec des étudiants canadiens. Également au programme des années précédentes, des films du continent africain ainsi qu'un concert de jeunes artistes francophones. Ce jour-là, plus de mille évènements de toutes sortes ont ainsi lieu dans le monde entier pour fêter la langue française. Si vous voulez avoir un aperçu de la diversité et de la richesse des manifestations proposées, rendez-vous sur le site www.20mars.francophonie.org.

1. Depuis quelle année fête-t-on la Journée internationale de la Francophonie ?
2. Comment s'appelle le site internet de cette journée ?
3. Combien d'événements ont lieu dans le monde ce jour-là ?

b. Soulignez les activités qui sont données en exemple dans le texte.

8 **a. Lisez ce dialogue et mettez les pronoms entre parenthèses dans le bon ordre.**

- Ah, dis donc, qu'est-ce qu'il est beau ! C'est à toi ?
- Non, c'est Manu qui .... *(le/me)* a donné !
- Enfin, tu veux dire qu'il .... *(le/te)* avait prêté et que tu ne .... *(le/lui)* as pas rendu ?
- Non, je te jure, il .... *(me/le)* a vraiment offert. Il .... *(se/en)* était acheté un autre, alors, comme je lui empruntais toujours le sien…
- Et je pourrais .... *(le/te)* emprunter jusqu'à demain ? J'ai une fête ce soir.
- Pour que tu ne .... *(le/me)* rendes plus !?
- Mais non, je raconterai partout que c'est ma meilleure amie qui .... *(le/me)* a offert !

b. De quoi parlent-elles ?

☐ d'une moto ☐ d'un sac à main ☐ d'une montre
☐ de CDs ☐ d'un T-shirt ☐ de lunettes

OÙ VA LE FRANÇAIS ? **7**

9 **De quoi parle-t-on ?**
Cochez les mots remplacés par les deux pronoms.

1. Vous ne **la leur** avez pas encore rendue ?
   ☐ le magazine à vos voisins
   ☐ la revue à ton ami
   ☐ la voiture à vos cousins

2. Elle **la lui** a empruntée hier.
   ☐ le livre à Emmanuelle
   ☐ le sac à Stéphane
   ☐ la moto à François

3. Nous **la lui** conseillons vivement.
   ☐ la balade à Catherine
   ☐ la recette à nos amis
   ☐ le film à mon père

4. Je **le lui** ai déjà raconté.
   ☐ la vérité à Pierre
   ☐ l'histoire à Sophie
   ☐ le secret à Marie

5. Nous ne pouvons pas **les leur** rendre.
   ☐ les bandes dessinées à vos voisins
   ☐ nos disques à mon voisin
   ☐ le DVD à nos voisins

6. Je **la lui** ai apportée hier !
   ☐ le livre à Laurent
   ☐ la bouteille à Pauline
   ☐ la bouteille à Laurent et Pauline

10 **a. Deux amies parlent des vacances.**
Complétez le dialogue avec les pronoms *y* ou *en*.

- Cécile, tu reprends du café ? Parce que moi j'............ prendrais bien encore un. Il est très bon.
- Non, j'............ ai déjà bu deux tasses, mais il .... reste, je te l'apporte volontiers.
- Non, reste assise, j'............ vais.
- Au fait, Chloé, vos prochaines vacances, vous .... avez réfléchi ?
- On .... pense tout le temps ! Surtout que j'............ ai vraiment besoin. Mais c'est Quentin qui s'............ occupe cette année puisqu'il a décidé qu'on aurait des vacances sportives !
- Et alors, finalement, vous allez où ?
- Tu connais mon mari, il n'est pas très rapide pour certaines choses. Depuis deux mois on .... parle tous les jours, mais il ne se décide pas !
- Pourquoi pas la Croatie ? Je connais pas mal de gens qui .... sont allés et qui .... ont d'excellents souvenirs !
- C'est vrai que c'est chouette. On connaît bien, on .... a passé nos vacances l'année dernière.
- Ah oui, c'est vrai. Je ne m'............ souvenais plus. Bon, alors pour l'instant les vacances, vous .... rêvez mais vous restez là.
- J'............ ai bien peur.

b. Relisez le texte et confirmez ou corrigez les affirmation suivantes :

☐ Cécile veut encore du café.
☐ Le mari de Chloé veut faire du sport pendant les vacances.
☐ Chloé ne sait pas encore où elle va passer ses vacances.
☐ Cécile trouve la Croatie ennuyeuse.
☐ Chloé a passé ses vacances en Italie l'année précédente.

7 OÙ VA LE FRANÇAIS ?

Rendez-vous d'affaires

11 Le directeur fait le bilan de la semaine avec la nouvelle stagiaire.
Donnez ses réponses aux questions en utilisant les verbes suivants :

réserver | acheter | envoyer (2x) | donner | corriger

1. La lettre pour M. Mercure :
   Je l'ai corrigée et je la lui ai envoyée.
2. Les chambres pour les Autrichiens :
   ....
3. Le mail de confirmation au chef du restaurant : ....
4. Le dictionnaire pour M. Lebœuf : ....
5. Les consignes au chauffeur : ....

12 Imaginez les questions du directeur à sa secrétaire en vous aidant des éléments du tableau.

verbes	objets directs	objets indirects
retrouver	vos clés	mon banquier
envoyer à	un rendez-vous	nos associés
lire	la lettre	Madame Moreau
téléphoner à	vos mails	
proposer à	M. Bertrand	
passer		

1. *Avez-vous téléphoné à Madame Moreau ?* ?
   Désolée, mais je n'ai pas réussi à la contacter.

2. .... ?
   Non, je crois que je les ai perdues.

3. .... ?
   Je n'ai vraiment pas eu le temps de la leur envoyer, c'est grave ?

4. .... ?
   Oui, mais il n'a pas le temps car il en a déjà un autre à la même heure.

5. .... ?
   Non, pas encore, mais je les ai envoyés à mon adresse privée pour le faire ce soir.

6. .... ?
   J'essaie de le joindre depuis deux heures mais personne ne répond.

TEST 8

1 **Vocabulaire et grammaire.**
Lisez ce mail et cochez pour chaque numéro le mot correct.

> Chère Madame,
>
> Nous vous remercions …(1)… votre demande et c'est avec plaisir que nous vous envoyons ces informations complémentaires sur notre nouvelle offre culturelle.
> Cette année en effet, nous …(2)… de mettre en place des soirées littéraires …(3)… participeront de jeunes auteurs francophones. …(4)… viendront de Belgique, du Québec ou d'Afrique pour présenter …(5)… dernières œuvres. Chaque soirée se déroulera d'après le même principe : les auteurs …(6)… quelques extraits, puis ils répondront aux questions du public. Ensuite …(7)… seront invités à échanger leurs impressions autour d'un verre de vin et de quelques spécialités des pays d'origine des écrivains.
> Ces soirées lecture auront lieu tous les premiers vendredis du mois, à 19h. Nous espérons que ce projet vous …(8)… et nous espérons vous voir bientôt à l'une de nos soirées.
> Si vous le désirez, vous avez …(9)… la possibilité de vous abonner gratuitement à notre newsletter …(10)… vous recevrez chaque mois par mail.
>
> Cordialement.
>
> Le directeur,
> Thierry Rostoll

1. ☐ pour
   ☐ à
2. ☐ sommes décidés
   ☐ avons décidé
3. ☐ auxquels
   ☐ auxquelles
4. ☐ Quelques
   ☐ Quelques-uns
5. ☐ leurs
   ☐ ses
6. ☐ liraient
   ☐ liront
7. ☐ tout le monde
   ☐ tous
8. ☐ intéressera
   ☐ intéresserez
9. ☐ bien sûr
   ☐ pourtant
10. ☐ qui
    ☐ que

2 **Compréhension de textes oraux.** ▶▶ 64–68
Lisez les phrases suivantes, puis écoutez cinq textes courts et décidez si ces situations sont possibles (+) ou pas (−). Ensuite, réécoutez les textes.

1. ☐ On est samedi. Il est dix heures du soir. Vous pouvez encore aller voir un film au cinéma ce soir.
2. ☐ Vous allez à Bordeaux. Votre train arrive de Paris, voie C.
3. ☐ Vous habitez Paris. Comme il fera beau demain, vous pourrez faire un pique-nique à midi avec des amis.
4. ☐ Le magasin ferme à 22h et vous devez maintenant aller à la caisse pour payer.
5. ☐ Pour passer une visite de contrôle, vous devez téléphoner au docteur Barthès.

3 a. Compréhension écrite.

Vous souhaitez partir quatre semaines en vacances au mois d'août. Vous êtes deux couples avec en tout trois enfants. Vous cherchez un endroit agréable où vous pourrez vous reposer et faire du sport, si possible dans une région près de la mer ou d'un lac. Vous lisez les annonces suivantes dans le journal du 25 juin.

PETITE MAISON À LOUER À PONTORSON PRÈS DU MONT-ST. MICHEL

Terrain de 500 m², avec piscine et club de tennis à 100 m. 2 chambres. Grand salon. Cuisine américaine. À louer à la semaine. 4ème semaine gratuite pour 3 réservées.
Libre à partir du 15 juillet.

1

Vacances à la campagne pour toute la famille !

Grande ferme avec 8 chambres pour les familles nombreuses ou les groupes d'amis. Village situé à seulement 15 minutes du Mont Blanc.
Vous participerez avec vos enfants aux travaux de la ferme. Réservations possibles tout au long de l'année.

2

Tout nouveau sur le marché !!

Beau F6, 4 chambres, salon, salle à manger, à louer en juillet et en septembre.
Vue imprenable sur la Méditerranée et le port d'Ajaccio. Immeuble situé au pied du circuit de randonnée 24 et à une dizaine de minutes de la plage.
Offre exceptionnelle !
Alors soyez les premiers à réserver !

3

---

b. Pour chacune des annonces, mettez une croix si elle correspond à vos critères.

	annonce 1	annonce 2	annonce 3
Disponible en août	☐	☐	☐
Nombre de chambres	☐	☐	☐
Sports possibles	☐	☐	☐
Mer / lac	☐	☐	☐

c. Quelle est la proposition qui correspond le mieux à ce que vous souhaitez ?

4 Expression écrite.

C'est l'anniversaire d'un ami. Vous avez reçu une invitation, mais vous ne pouvez pas y aller. Répondez-lui en utilisant les quatre points suivants dans un ordre logique.

- Dites où vous souhaitez fêter votre prochain anniversaire et pourquoi.
- Proposez-lui un autre rendez-vous.
- Félicitez-le.
- Expliquez pourquoi vous ne pouvez pas venir.

VOUS AVEZ DIT FAMILLE ? 9

A. À la recherche de l'âme sœur

1 a. **En couple ou célibataire, les tâches restent les mêmes !**
Décrivez en quelques mots ce que font ces personnes.

....
....

....
....

b. **Lesquelles de ces tâches faites-vous le plus souvent ?**
Lesquelles aimez-vous / détestez-vous faire ?

2 a. **On va au ciné ce soir ?** ▶▶ 69
Écoutez la conversation téléphonique entre Julie et Fabien et notez les informations suivantes :

1. Le nom du film qu'ils vont voir.
2. À quelle séance ils vont.
3. Le genre du film qu'ils ont choisi.
4. À quelle heure ils se donnent rendez-vous.
5. Comment ils vont au cinéma.
6. Qui réserve les billets.

b. **Quel est le dernier film que vous avez vu ?**
Racontez de quel genre de film il s'agissait, avec qui vous êtes allé/e au cinéma, etc.

9 VOUS AVEZ DIT FAMILLE ?

3 a. Lisez ce dialogue extrait du film « Tout pour plaire ».
Mettez les verbes entre parenthèses au présent, à l'imparfait ou au passé composé.

Les trois amies nettoient la cuisine du nouvel appartement de Juliette.
Florence – Je ne vous ...ai pas dit... (ne pas dire) ? Je / J' .... (rencontrer) Pablo Sanchez dans le métro. Vous .... (se souvenir) ?
Il .... (être) dans notre lycée.
Marie – Non. Qu'est-ce qu'il .... (devenir) ?
Florence – Il .... (travailler) à la RATP.
Marie – Ah bon, c' .... (être) drôle, je / j' .... (prendre) le métro deux fois par jour. Je .... (ne jamais le rencontrer).
Juliette – Moi, ça .... (faire) vingt ans que je / j' .... (prendre) le métro. Je / J' .... (ne jamais rencontrer) personne.
Pendant des années, je / j' .... (être) persuadée que l'homme de ma vie m' .... (attendre) dans chaque wagon. Alors à chaque station, je / j' .... (regarder) les hommes monter.
Florence – Et alors ?
Juliette – Ben rien. J' .... (acheter) une voiture.
Marie – Moi, je / j' .... (être) sûre que tu .... (aller) rencontrer quelqu'un de bien.
Juliette – Ah, mais moi aussi, j'en .... (être) sûre.
Mais je / j' .... (ne pas savoir) où il .... (se cacher).
Marie – Ah non, non ! Mais il .... (ne pas se cacher) !
Il .... (être) là, dans la rue et il t' .... (attendre) !
Juliette – Ah oui. Dans la rue, au milieu des poubelles et des crottes de chiens.

b. Reliez les adjectifs ayant un sens contraire, puis choisissez ceux qui, d'après vous, caractérisent Juliette.

1. mécontent
2. amusant
3. pessimiste
4. réaliste
5. énervé

a. optimiste
b. naïf
c. satisfait
d. calme
e. sérieux

À mon avis, Juliette est mécontente parce que...

4 Vous vous êtes inscrit/e à un site de rencontres et avez reçu le questionnaire suivant.
Complétez les questions avec les adjectifs et pronoms interrogatifs suivants, puis répondez-y.

laquelle | qui | quelles | auquel | que | quelle

Rencontres en ligne

1. Avec .... peux-tu passer des heures au téléphone ? ....
2. .... est ta couleur préférée ? ....
3. .... préfères-tu manger ? ☐ des sushis ☐ une pizza
4. Je t'invite au cinéma ou au théâtre. .... de ces sorties choisis-tu ? ....
5. .... de ces voyages aimerais-tu participer ?
   ☐ à un safari-photos en Afrique ☐ à une croisière de luxe en Méditerranée
6. .... qualités doit avoir la personne que tu recherches ? ....

VOUS AVEZ DIT FAMILLE ? 9

5 a. Un ami célibataire voudrait écrire une petite annonce pour trouver une partenaire.
À votre avis, que doit-il faire ou éviter de faire ? Complétez la liste par vos idées.

être trop direct | faire des fautes d'orthographe | être original | avoir un peu d'humour |
écrire entre 5 et 10 lignes | mettre une vieille photo | parler de ses goûts | décrire ses
qualités | indiquer son métier | écrire trop | raconter ses problèmes | être précis |
donner son signe astrologique | mettre beaucoup d'abréviations | …

À faire :	À ne pas faire :
	être trop direct

b. Donnez-lui ensuite des conseils en utilisant l'impératif.

Ne sois pas trop direct…

c. Voici un de vos amis.
Aidez-le à écrire sa petite annonce.

*Homme, … ans,
recherche femme…*

6 Dans une agence matrimoniale, on fait le bilan de la semaine en parlant des personnes inscrites.
Combinez les éléments de ces colonnes (plusieurs possibilités).

Marie
Claire et Sylvie
Paul	se marier
s'intéresser
ne pas faire confiance
penser trop
faire la connaissance
refuser
ne pas se souvenir	à
de
avec	rencontrer un homme grand et sportif.
un jeune homme sympathique.
sa première rencontre.
son meilleur ami.
sa collègue.
la peinture et au tennis.

Marie a fait la connaissance d'un jeune homme sympathique.

111

9 VOUS AVEZ DIT FAMILLE ?

B. La famille dans tous ses états !

7 Ma famille, quelle histoire !
Regardez cet arbre généalogique et complétez le texte avec les mots manquants.
Comment s'appelle la personne qui parle ?

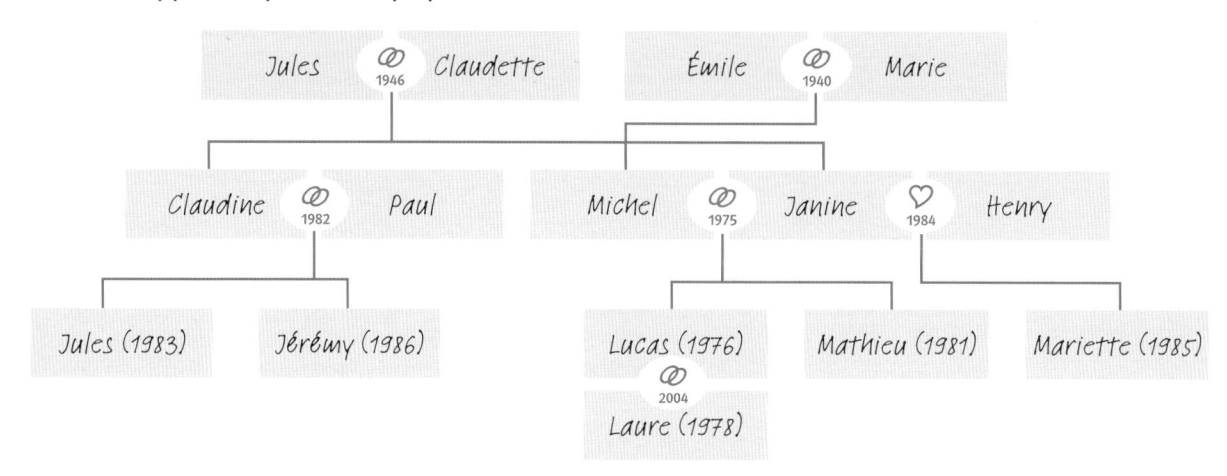

```
Jules ⊘1946 Claudette          Émile ⊘1940 Marie

    Claudine ⊘1982 Paul     Michel ⊘1975 Janine ♥1984 Henry

  Jules (1983)  Jérémy (1986)   Lucas (1976)   Mathieu (1981)   Mariette (1985)
                                    ⊘2004
                                 Laure (1978)
```

demi-sœur | frère | cousins | fils unique | aîné | belle-mère | tante | belle-sœur

« Si ma grand-mère n'était pas morte en 1948, peut-être que mon père, Michel, ne serait pas resté ....
Si ma mère n'avait pas rencontré Henry après son divorce, je n'aurais pas eu de .... : ça aurait été dommage, elle s'appelle Mariette et elle est adorable.
Par contre, heureusement que mon père n'a pas épousé sa dernière copine, je n'aurais pas aimé l'avoir comme .... et elle non plus ne m'aimait pas beaucoup, d'ailleurs !
Je n'ai qu'une ...., c'est la sœur de maman, elle s'appelle Claudine. Si elle n'habitait pas si loin, je pourrais voir mes .... plus souvent. Jérémy c'est l'...................., il a trois ans de plus que Jules. »
Si Laure n'avait pas épousé mon .... Lucas, je n'aurais pas eu une si chouette .... !

8 Mon grand-père aurait voulu...
Exprimez les regrets de cet homme en comparant ses rêves avec ce qui s'est passé dans la réalité.

le souhait	la réalité
étudier les langues	avoir travaillé très longtemps
avoir trois enfants	être né trop tard
beaucoup voyager	avoir un seul fils
rencontrer Auguste Renoir	ne pas avoir assez de vacances
avoir des petites-filles	n'avoir jamais appris
être un bon cuisinier	faire du droit
prendre sa retraite plus tôt	n'avoir que des petits-fils

Il aurait voulu / aurait aimé étudier les langues mais il a fait du droit.

VOUS AVEZ DIT FAMILLE ?

9
a. Des rencontres ratées ?
Reliez les éléments pour faire des phrases.

Si j'avais pu parler à Napoléon, je lui aurais demandé de faire moins de guerres.

1. pouvoir parler à Napoléon
2. rencontrer Edith Piaf
3. vivre à la fin du XVIIIème siècle
4. discuter avec Jeanne d'Arc
5. faire la connaissance de Chopin
6. rencontrer Van Gogh

a. demander un autographe
b. demander de m'apprendre le piano
c. faire son interview pour un journal féministe
d. discuter de philosophie avec Voltaire
e. demander de faire mon portrait
f. demander de faire moins de guerres

b. Et vous, qu'auriez-vous fait dans ces situations ?

10
Qu'est-ce qui vous paraît normal ou anormal ?
Reliez les différents éléments en conjugant les verbes au subjonctif pour faire des phrases.

Je trouve Je ne trouve pas	bizarre drôle absurde normal bien	que qu'	tu vous elle	(s'excuser). (vouloir) se marier à 16 ans. (ne pas appeler). (être) toujours les derniers arrivés ! (s'occuper) des enfants de ta sœur. (habiter) encore chez vous à 30 ans. (partir) en vacances au mois de janvier.

Je trouve bizarre que tu veuilles te marier à 16 ans.

Rendez-vous d'affaires

11
a. Historique de l'entreprise familiale Bonenfant.
Lisez cet article du magazine « Homme d'affaires » et faites l'arbre généalogique de la famille Bonenfant.

b. Résumez l'historique de l'entreprise sous la forme d'une liste chronologique et imaginez une suite jusqu'à nos jours.

1890 : L'entreprise est fondée par Auguste et Élise Bonenfant
1908 : ...

L'ENTREPRISE BONENFANT FÊTE SES 120 ANS !

La papeterie Bonenfant est une entreprise familiale fondée à la fin du XIXème siècle par Auguste Bonenfant et sa femme Élise. En 1908, Monsieur Bonenfant demande à son fils aîné Jules de reprendre la société, mais en 1914, les activités cessent car tous les hommes partent à la guerre. Heureusement, à la fin de la guerre, Alphonse, le petits-fils d'Auguste, arrive à redonner vie à l'entreprise et en 1920, les affaires sont florissantes. Cependant Alphonse, à 45 ans, est encore célibataire. Il épouse alors sur le tard Léonie et adopte ses deux enfants Paul et Mauricette. C'est Paul qui poursuit le travail de son père un an avant le début de la seconde guerre mondiale. Dès le début du conflit, il décide de partir avec sa famille aux États-Unis. Pour lui, la solution est simple, il faut se moderniser. Ses deux fils Andrew et Thomas décident de revenir en France en 1954, mais c'est Thomas qui deviendra chef de la filiale française car c'est le préféré de Paul.

10 LA VIE EN ROSE !

A. Les petits plaisirs de la vie

1 a. **Tout en couleurs.**
Lisez les définitions et complétez les mots croisés avec les noms de couleurs.

1. Des yeux bleus, verts et…
2. Couleur attribuée aux bébés de sexe masculin.
3. … comme neige.
4. Quand elle est au pluriel, cette couleur est le nom d'un parti politique écologiste.
5. Se dit du chocolat qui contient 70 % de cacao.
6. Nom d'un fruit jaune orangé.
7. Couleur de ce qui circule dans nos veines.
8. Mélange du rouge et du bleu.
9. Couleur favorite des Néerlandais.
10. Se dit du ciel lorsqu'il est couvert.
11. Peut être moutarde ou citron.

b. **Donnez une définition du mot que vous avez trouvé.**

2 a. **Un dimanche réussi.** ▶▶ 70–72
Écoutez trois personnes et notez les raisons pour lesquelles elles apprécient le dimanche.

b. **Et pour vous, qu'est ce qu'un dimanche réussi ?**

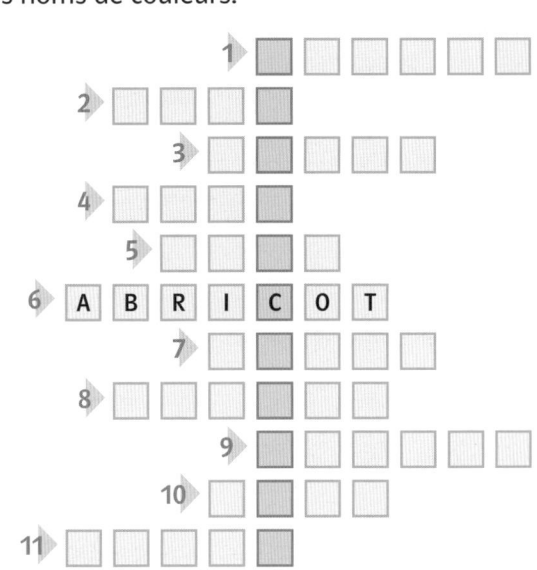

3 **Êtes-vous de bon conseil ?**
Faites des phrases en conjuguant les verbes au futur antérieur (plusieurs possibilités).

1. Appelle-moi		.... (terminer) ses études.
2. Prenez un nouveau rendez-vous		.... (finir) de surfer sur Internet !
3. Charles partira à l'étranger		.... (arriver) !
4. Fais les courses, mais uniquement	quand	.... (revenir) du Maroc.
5. N'oubliez pas d'éteindre l'ordinateur		.... (voir) un spécialiste !
6. Vous devriez prendre des vacances		.... (vider) tout le frigo !
7. Elles devraient faire une soirée photos		.... (finir) ce projet.

Appelle-moi quand tu seras arrivé !

LA VIE EN ROSE ! **10**

4 a. **Les petites horreurs de la vie.** Faites des phrases pour exprimer ce qui se passerait le jour où… en utilisant les verbes suivants au futur ou au futur antérieur.

1. Le jour où vous _aurez gagné_ (gagner) au loto et où vous ne _trouverez_ (trouver) plus le billet !
2. Le matin où sous la douche vous .... (se savonner) partout et où l'eau .... (s'arrêter).
3. Le matin où vous .... (mettre) un pantalon blanc pour un rendez-vous important et où un chien dans la rue .... (sauter) dessus.
4. Le soir où vous .... (inviter) votre patron à dîner et où le plat principal .... (brûler).
5. Le soir où vous .... (acheter) des tickets pour un concert de Madonna et où vous .... (tomber) malade une heure avant le spectacle.
6. Le jour où vous .... (oublier) votre passeport à la maison et où vous .... (être) déjà à l'aéroport pour les Galapagos.

b. **Comment réagiriez-vous dans ces situations ?**

Le jour où j'aurai gagné au loto et où je ne trouverai plus le billet, j'appellerai tous mes amis pour qu'ils m'aident à le chercher.

5 **Répondez en faisant des suppositions.**

1. Pourquoi Michèle n'est toujours pas là ? (→ avoir un problème)
   Elle aura eu un problème.
2. Comment Laura est allée à Londres ? (→ prendre le train)
   ....
3. Pourquoi Christelle ne m'a pas dit bonjour dans la rue ? (→ ne pas te reconnaître)
   ....
4. Pourquoi ne nous a-t-il pas encore rappelé ? (→ oublier)
   ....
5. Pourquoi les Duprés se sont installés à New York ? (→ trouver un travail intéressant)
   ....
6. Comment Romain a-t-il eu ces places de concert ? (→ gagner à la radio)
   ....

6 **Des valeurs positives.**
Retrouvez les mots qui correspondent aux définitions et complétez les définitions manquantes.

Qualité d'une personne qui est toujours prête à aider.	séduction
Forme d'esprit de celui qui aime faire rire.	courage
Caractère d'une personne naturelle et sincère.	tolérance
....	humour
Synonyme d'énergie, de vitalité.	gentillesse
....	simplicité
Action de plaire, d'attirer.	dynamisme

10 LA VIE EN ROSE !

7 **a. Petites corvées et grands plaisirs.**
Pour vous, quelles situations sont préférables ?
Donnez votre avis en vous aidant des expressions du tableau. Vous pouvez compléter la liste.

rencontrer des amis | aller chez le dentiste | surfer sur internet | faire sa déclaration d'impôts | faire le ménage | téléphoner à des amis | préparer les prochaines vacances | écrire une lettre | aller au cinéma | prendre un café | faire une sieste | aller se promener | lire un magazine | déjeuner avec ses collègues | écouter de la musique | manger du chocolat | faire ses devoirs …

Je préfère aller au cinéma plutôt que faire le ménage !

b. Dites ensuite ce qui, selon vous, est préférable pour vos / des enfants.

Je préfère que ma fille lise un bon livre plutôt qu'un magazine !

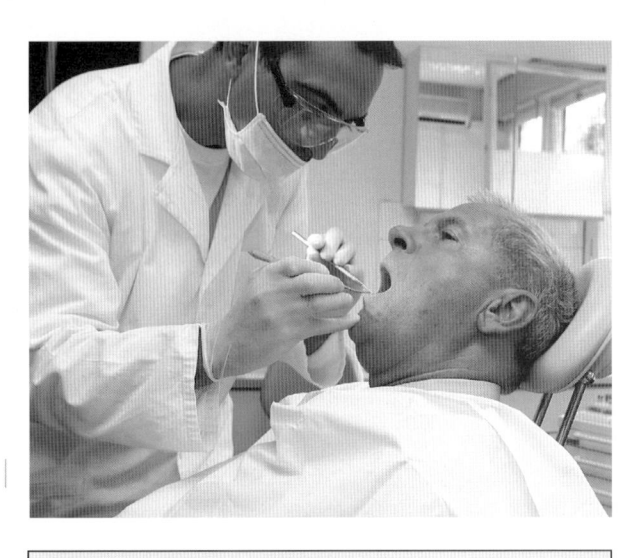

pour exprimer sa préférence :

Je préfère… plutôt que…
Il vaut mieux… que…
C'est mieux de… que de…
C'est plus drôle de… que de…
C'est plus agréable de… que de…

Attention :
Lorsque le sujet n'est pas le même dans les deux phrases, on utilise **que + subjonctif** :
Je préfère qu'il fasse ses devoirs plutôt que d'aller au cinéma.

B. Faut rigoler !

8 **Mon mari n'est pas marrant !**
Complétez le texte avec les mots manquants.

gaz hilarant | chatouilles | blagues | l'humour | nervosité | rigoler | fou rire

« C'est difficile de faire rire mon mari. Avec des ……………, même sous les pieds, il ne réagit pas. Une fois par contre, il est allé à l'hôpital et il n'arrêtait pas de …………… , j'ai appris qu'on lui avait fait respirer un …………… pour calmer la douleur. Ça a bien marché !
Il ne rit pas souvent mais c'est un homme qui a de …………… . Il raconte très bien les …………… , surtout à caractère politique. Quand on rit d'une situation dramatique, ça permet de relativiser les choses ! Un jour, on a eu un …………… ensemble, c'était dû à la …………… : on avait invité son patron à dîner à la maison et… il s'est cassé la jambe dans l'escalier que j'avais trop bien nettoyé ! C'est idiot, mais on ne pouvait plus s'arrêter de rire. »

LA VIE EN ROSE ! 10

9 a. C'est à cause de… !
Reconstituez les phrases suivantes.

Guy ne peut pas porter les courses		leurs économies.
Lise pourra élever son enfant seule		la pluie.
Mes voisins n'ont pas pu faire de pique-nique hier	à cause de	son mal de dos.
Cet été, ils ont pu partir en Thaïlande	grâce à	ton retard.
On n'a pas pu commencer à l'heure		l'aide de l'État.

b. Dites-le autrement. Transformez les phrases en utilisant toutes les conjonctions suivantes.

étant donné que | parce que | comme | vu que | puisque

10 a. Du nom à l'adjectif.
Trouvez les adjectifs qui correspondent aux noms. Associez-leur ensuite les adjectifs contraires de la liste suivante.

décontracté | triste | sérieux | malheureux | travailleur | calme

nom	adjectif	son contraire
le bonheur	heureux	malheureux
la joie		
la paresse		
la nervosité		
l'humour		
le stress		

b. De l'adjectif à l'adverbe.
Trouvez les adjectifs et les adverbes manquants.

1. spontané   ....
2. facile   ....
3. triste   ....
4. ....   calmement
5. ....   physiquement
6. ....   agréablement

c. Mon ami Thierry.
Élisa décrit son meilleur ami. Complétez ce qu'elle dit avec des adjectifs et des adverbes du tableau précédent (plusieurs possibilités).

« Thierry, je l'adore ! C'est une personne qui prend .... la parole en public. Il est très ...., donc pas stressant du tout. Et pourtant, il a beaucoup d'humour et les soirées avec lui ne sont jamais .... Il connaît beaucoup de blagues mais il en invente aussi très ....
À chaque fois qu'on le rencontre, on rit tellement qu'on rentre chez soi .... épuisé, avec des crampes au ventre. Mais c'est si .... ! »

10 LA VIE EN ROSE !

11 **Les Français et les blagues.**
Remplacez les participes passés du texte par une phrase relative.

La blague **racontée** entre amis, aux repas de famille et dans les dîners d'affaires est une spécialité bien « gauloise ». Pour beaucoup de Français, une histoire drôle, un bon jeu de mots **appris** par cœur et **sorti** au bon moment est l'ingrédient indispensable d'une conversation **réussie**. Le thème de la blague, **choisie** dans tous les registres, ne connaît souvent aucun tabou : les blagues politiques, **suivies** par les derniers bons mots sur les « people* », succèdent aux plaisanteries sur la religion et la sexualité : bref, la blague française ne respecte rien !
Mais attention : les bons conteurs de blagues, souvent **admirés** et **recherchés** en société, ne doivent pas être vulgaires !

* personnes célèbres

Rendez-vous d'affaires

12 **Marques et produits.**
Voici quelques slogans de publicités très connus en France.
À votre avis, à quelle marque correspond quel slogan ?

1. Faire du ciel le plus bel endroit de la terre !
2. Même mouillées, elles sont sèches !
3. Plus blanc que blanc !
4. Deux doigts coupe-faim !
5. C'est tellement mieux d'être une fille !
6. Déclarée source de jeunesse par votre corps !
7. C'est beau la vie pour les grands et les petits !

a. Evian
b. Twix
c. Persil
d. Air France
e. Haribo
f. Barbie
g. Pampers

13 **Les stratégies des PME (petites et moyennes entreprises).**
Lisez le texte suivant et dites à quel paragraphe correspond quel sous-titre.

1. Bien connaître ses clients
2. Adapter sa stratégie de vente
3. Bien connaître le marché
4. Savoir juger la concurrence.

☐ Priorité première : l'étude des besoins du marché pour pouvoir s'y installer en proposant des produits et des services différents et individualisés.

☐ Un des moyens les plus efficaces pour les PME ! Des sondages réguliers auprès des clients pour avoir leur opinion sur le produit, le prix, les services, leurs attentes, ce qui permet de créer des services personnalisés… les mêmes questions sont également posées aux clients potentiels.

☐ À partir d'une analyse critique et régulière des points forts et faibles de sa propre stratégie, il faut apprendre à reconnaître les opportunités et éviter les dangers.

☐ Il est fondamental de savoir ce que fait la concurrence et pour qui elle le fait : visiter ses centres et ses points de vente, interroger ses clients, lire ses publications…

VIVRE EN EUROPE 11

A. Unité et diversité

1 a. **Un drôle de citoyen.**
Décrivez cette personne.

b. **Et vous, que portez-vous aujourd'hui ?**
Décrivez vos vêtements.

2 Parlez-vous « européen » ? Complétez le tableau suivant et comparez avec votre voisin/e.

traduction de « bonjour »	pays	adjectif correspondant
dzień dobry	....	....
....	....	italien
goedemorgen	....	....
buenos días	Espagne	....
kalimera	....	....

3 a. **Des vacances européennes.**
Complétez cette carte postale avec les verbes au subjonctif.

apprendre | prendre | être | se perdre | pouvoir

Chers Colette et Daniel,
Nous passons une semaine magnifique en Slovaquie. Afin qu'on ne .... pas, notre guide, Stanja est venue nous chercher à l'aéroport (au fait, bien qu'elle ne .... pas française, elle parle un français parfait !). Elle est aussi très sportive et pour qu'on .... mieux découvrir sa ville, Bratislava, elle a décidé qu'il valait mieux marcher (heureusement qu'on avait des chaussures de randonnée !).
Pour qu'on .... un peu la langue, elle avait photocopié une chanson slovaque qu'on a chantée dans la voiture qui nous emmenait au « paradis slovaque », la grande réserve nationale. Avant qu'on .... l'avion pour rentrer, elle nous a conseillé d'acheter des liqueurs typiques du pays. On les goûtera ensemble quand on se verra.
Bises
Marie-Lise et Jacques

11 VIVRE EN EUROPE

b. Faites des phrases en choisissant la bonne conjonction (plusieurs possibilités).

Avant que/qu' | Pour que/qu' | Bien que/qu' | Afin que/qu'

mes parents ne partent en Slovaquie,	les audioguides sont en 5 langues.
il pleuve souvent en Bretagne,	sa femme l'avait cherché partout.
Lisa profite bien de son stage à Amsterdam,	ils ont le mal du pays.
elle retrouve Julien endormi sur un banc,	il y a beaucoup de touristes.
tous les visiteurs du Louvre profitent du musée,	ils ont acheté un guide touristique.
le voyage soit magnifique,	elle a appris le néerlandais.

Avant que mes parents ne partent en Slovaquie, ils ont acheté un guide touristique.

c. Quand c'est possible, transformez les phrases du tableau précédent en utilisant les formes infinitives *avant de*, *pour* et *afin de*.

Avant de partir en Slovaquie, mes parents ont acheté un guide touristique.

4 Avant et après l'Espagne.
Reconstituez l'histoire de Clément en choisissant la forme correcte.

1 **Après**…, Clément a décidé de partir en Espagne.
☐ voir un reportage sur Barcelone
☐ avoir vu un reportage sur Barcelone
☐ d'avoir vu un reportage sur Barcelone

2 Sa mère lui a demandé s'il avait bien réfléchi **avant**…
☐ partir.
☐ de partir.
☐ que partir.

3 **Avant**…, elle lui a conseillé de prendre des cours d'espagnol.
☐ qu'il part
☐ de partir
☐ qu'il parte

4 **Après**…, il a rencontré la femme de sa vie.
☐ de partir
☐ être parti
☐ d'être parti

5 Il avait pourtant décidé de rentrer en France quelques jours **avant**…
☐ de la rencontrer
☐ de se rencontrer
☐ s'être rencontrés

6 **Avant**…, il a trouvé un travail.
☐ que se marier
☐ se marier
☐ le mariage

7 Il pense demander la nationalité espagnole **après**…
☐ quelques années.
☐ de quelques années.
☐ que le temps passe.

8 On peut dire que sa vie a entièrement changé **après**…
☐ voir ce documentaire.
☐ ce documentaire.
☐ de voir ce documentaire.

- **avant** ou **après** + substantif :
  Avant son départ, on a mangé le gâteau.
- **avant de** + infinitif :
  Avant de partir, il a demandé à boire.
- **après** + avoir ou être + participe :
  Après avoir bu, il est parti.

VIVRE EN EUROPE 11

5 Indicatif ou subjonctif ?
Soulignez la bonne forme du verbe.

1. Dominique a peur que nous arrivons / arrivions en retard à l'aéroport à cause des grèves.
2. Je propose que tu vends / vendes tes disques de musique polonaise sur le marché aux puces.
3. Je pense que vous vous trompez / trompiez de pays. Là, c'est la Finlande, pas la Norvège.
4. Je ne crois pas que c'est / ce soit une personne qui apprenne facilement une langue étrangère.
5. C'est dommage qu'ils ont / aient encore perdu la demi-finale de la Coupe d'Europe.
6. Vous voudriez que nous prenons / prenions le train de 22h45 pour Rome ? Ça fait tard !
7. Je doute qu'elle est / soit capable de réussir cette recette danoise. C'est compliqué.
8. Je crois que tu es / sois tout simplement très fatiguée après ton tour d'Europe à pied.
9. Florence a téléphoné pour que tu fais / fasses les courses pour la soirée espagnole de demain.

MÉMO On trouve le subjonctif dans une phrase avec **que** après un verbe qui exprime un **souhait**, un **doute**, un **regret**, une **crainte**, une **proposition**. Mais aussi dans les formules impersonnelles : **il faut que, il est important que.**

6 a. Mon avis sur l'Europe 73-75
Écoutez trois personnes qui parlent de l'Europe et cochez les bonnes réponses (plusieurs possibilités).

1. Quelle est leur position sur l'Europe ?
   ☐ convaincues par l'Europe
   ☐ optimistes
   ☐ contre l'Europe
   ☐ sceptiques

2. Pour la première personne…
   ☐ l'Europe est trop bureaucratique.
   ☐ l'Europe est complexe, c'est normal.
   ☐ l'Europe gaspille de l'argent.
   ☐ l'euro, ça complique tout.

3. Pour la deuxième personne…
   ☐ l'Europe est une belle utopie.
   ☐ l'Europe est une force contre les États-Unis.
   ☐ la guerre ne doit plus avoir lieu.
   ☐ l'Europe, c'est la perte de notre identité culturelle.

4. Pour la troisième personne…
   ☐ il faut dire « non » à l'Europe.
   ☐ l'Europe n'est pas très démocratique.
   ☐ le chômage menace la démocratie.
   ☐ ensemble, on est plus forts.

b. Et vous, qu'est ce qui vous plaît / ne vous plaît pas dans l'Europe ?

Moi, ce que j'aime dans l'Europe, c'est que…
Ce qui ne me plaît pas, c'est…

11 VIVRE EN EUROPE

B. S'installer ailleurs

7 Aurore parle de sa grand-mère voyageuse.
Complétez avec les conjonctions de temps. Vous avez plusieurs possibilités.

alors que / qu' | maintenant que / qu' | depuis que / qu' | à l'époque où | lorsque / lorsqu' | dès que / qu'

« .... ma grand-mère était jeune, ce n'était vraiment pas simple de voyager. ...., toute petite déjà, son seul rêve était de partir de son village, elle n'est allée en ville pour la première fois qu'à l'âge de 21 ans, et à cheval ! Plus tard .... il y a eu le train dans la ville voisine, elle est partie voir ses enfants à Paris. .... elle a découvert les plaisirs du train, elle passe son temps à voyager dans toute l'Europe. Par contre, pendant des années, elle n'a jamais voulu prendre l'avion. Mais .... sa petite-fille s'est mariée au Pérou, tout a changé. Car, ... elle a reçu l'invitation, elle a acheté tout de suite un billet d'avion : elle ne voulait surtout pas rater cet événement ! »

8 *Quand* ou *si* ? En plus de la conjonction *lorsque*, vous connaissez aussi la conjonction de temps *quand*.
Complétez ces phrases avec *quand* ou *si* et continuez-les.

> quand = (jedesmal) wenn
> si = wenn, falls

1. .... je prends l'avion, je suis ....
2. .... je vivais en France, j'habiterais ....
3. .... on me demandait où j'aimerais vivre en Europe, je répondrais ....
4. .... je pars en vacances, j'emporte toujours ....
5. .... je pouvais visiter dès demain une capitale européenne, ce serait ....
6. .... on parle de l'Europe, je pense à ....

9 a. La vie à Londres.
D'après ces titres de journaux, quels sont les avantages et les inconvénients de la vie à Londres ?

Londres, septième ville française en terme d'habitants !

« Les Anglais sont optimistes et dynamiques, je reste ! »
Emma, 26 ans

Loyers et transports hors de prix ? Peu importe, la jeunesse française a choisi Londres !

Attirés pas des salaires confortables, plus de 200.000 Français ont quitté l'Hexagone pour la capitale britannique !

Politiques, réagissez ! Nos jeunes traversent la Manche pour trouver le travail que la France ne peut leur offrir !

British is beautiful ! La vie Outre-Manche séduit de plus en plus de Français !
Les avantages fiscaux y seraient-ils pour quelque chose ?

b. Deux personnes réagissent à ces titres.
Complétez le dialogue suivant avec les éléments qui correspondent.

ça fait trop longtemps | il suffit | il faudrait | il n'y a qu' | peut-être qu'on devrait | pourquoi ne pas | il n'est pas normal

- Vous avez lu les journaux ? .... que toute la jeunesse française quitte la France ! On a besoin de jeunes en France, non ?
- Oui, vous avez raison, ... que ça dure, je pense qu' .... que le gouvernement fasse quelque chose.
- C'est ça, ... à augmenter les salaires ici !
- Ou bien .... de baisser les impôts !
- Ou .... faire venir des jeunes britanniques en France !
- Bonne idée. On est en Europe ! .... travailler à l'étranger ?
- Je ne suis pas contre, mais après il faut revenir chez soi !

Rendez-vous d'affaires

10 a. Voyager en Europe : à l'aéroport.
Numérotez les phrases de 1 à 6 pour indiquer l'ordre dans lequel on fait ces activités.

- ☐ se rendre au guichet d'enregistrement
- ☐ dire quel siège vous désirez avoir
- ☐ monter dans l'avion
- ☐ présenter votre billet et votre carte d'identité ou votre passeport
- ☐ enregistrer vos bagages
- ☐ passer le contrôle de sécurité

b. À laquelle des situations précédentes correspondent ces phrases ?

- ☐ Alors merci, et voici votre carte d'identité. Pour l'embarquement, présentez-vous à 12h à la porte numéro 246.
- ☐ Pour enregistrer vos bagages, il faut vous présenter au plus tard à 11h45 au guichet B14.
- ☐ Veuillez enlever votre veste, s'il vous plaît, et mettre vos affaires et votre sac dans la panière.
- ☐ Je voudrais être assis à l'avant de la machine, si possible côté couloir.
- ☐ Bonjour, bienvenue à bord ! Vous avez quel numéro de siège ? Alors, c'est au fond à gauche.
- ☐ Vous n'avez pas le droit de prendre cette valise en cabine, il faut l'enregistrer.

12 TEST FINAL B1

Grâce à ce test vous avez maintenant la possibilité de contrôler vos connaissances et – si vous le désirez – de vous préparer aux examens TELC B1 et DELF B1. Vous obtiendrez votre résultat en additionnant les points. Pour réussir ce test, vous devez obtenir au moins 60 points.

1

a. Compréhension sélective de textes écrits.
Lisez les situations suivantes, puis cherchez une petite annonce adéquate.

1. Vous cherchez un cadeau pour l'anniversaire d'un ami. Il aime beaucoup rire.
2. Vous aimeriez aller au cinéma plus souvent.
3. Vous voulez aller au restaurant avec une amie végétarienne.
4. Vous aimeriez faire un grand voyage au mois de juillet.
5. Vous recherchez un partenaire de sport.

2 points par réponse
→ .... sur 10

---

a. « **La cuisine sans viande** »

De l'entrée au plat principal, 200 recettes succulentes à deux ou en famille.

Édition du Grain, 88 pages, 24,90 euros.

---

b. Le cinéma de quartier **ÇA TOURNE** ouvre de nouveau ses portes après rénovation.
Nouveau programme : tous les nouveaux films à l'affiche et, dès le 10 mai, rétrospective des grands classiques du cinéma tous les mardis.
Abonnements au mois ou à l'année.

---

c. **DÉCOUVREZ LE TOIT DU MONDE :** le Tibet en 3 semaines.

Départ Paris-CDG, via Pékin. Hôtels 3 étoiles. Demi-pension. Guide bilingue. 2290 euros. Encore 4 places disponibles pour juillet !

---

d. LE RIRE EST-IL LE PROPRE DE L'HOMME ?
Conférence en langue française de Michael Parmentier, professeur de philosophie à l'Université de Montréal, Québec.

Université de Toulouse-le-Mirail
Mercredi 8 mai
20 heures –
entrée gratuite

---

e. Homme, 24 ans, recherche homme ou femme pour jouer au squash au moins 2x / semaine. Débutants non souhaités !

Tél. 06 48 75 27 01
à partir de 19h.

---

f. **FITNESS, SQUASH, TENNIS, SAUNA**
sur 2000 m².
6 professeurs.
3 kinés. C'est La Halle aux Sports à 15 min. de Nice à peine.

www.allosports.fr

---

g. « La Grande Vadrouille » et trois autres comédies à succès
de Gérard Oury enfin réunies en coffret cadeau.
Du grand cinéma pour 29 euros seulement. Près de huit heures de rire assuré pour toute la famille !

---

h. **LE NÉPAL**

Restaurant asiatique végétarien.
Ouvert du mardi au dimanche, de midi à minuit.

30 rue Saurines
Marestaing-sur-Save
Tél. 05 62 07 00 00

b. Compréhension détaillée de textes écrits.
Lisez le texte suivant, puis cochez parmi les trois propositions la phrase correcte.

ENVIRONNEMENT
Vivre dans les arbres

Les arbres sont les plus grands êtres vivants de la planète, et les plus anciens. Aussi sommes-nous de plus en plus nombreux à les redécouvrir.

Il y a quelques années encore, une famille avec enfants aurait préféré passer un week-end chez elle, dans un parc de loisirs, ou peut-être chez les grands-parents à la campagne. Mais aujourd'hui, la tendance est de quitter la ville pour aller s'oxygéner en forêt. Dans un monde qui va de plus en plus vite et où chacun doit se faire une petite place, la forêt est devenue un symbole d'authenticité et de pureté. Là, on peut oublier le stress du travail, la pollution ou la mondialisation qui laisse peu de place à l'individualité. On peut même continuer à croire qu'il existe encore un endroit où la nature est restée saine et vierge.

Pour les enfants, les promenades en forêt sont un moment privilégié de rencontre avec une faune et une flore qu'ils ne connaissent que par images. En Allemagne, on a d'ailleurs créé des écoles maternelles en forêt ! Sous le soleil ou sous la pluie, dans la neige ou dans la boue, nos petits voisins y passent tous les jours des heures à marcher, jouer et étudier leur environnement. Et on dit qu'ils sont ensuite beaucoup plus calmes et équilibrés que leurs petits copains qui sont, eux, assis sur des bancs d'école…

Au Canada, on est allé un peu plus loin. Puisque les arbres font tellement de bien à l'homme, pourquoi ne pas y vivre ? C'est la question que s'est posé le canadien Tom Chudleigh. Lui-même vit sur l'île de Vancouver, au milieu de l'une des plus anciennes forêts du monde. Ingénieur de formation, ancien architecte naval, il fabrique des cabanes sphériques tout confort à pendre dans les arbres. Elles sont en bois avec un revêtement de fibres de verre. À l'intérieur, c'est le grand luxe : lit, réfrigérateur, cuisine équipée et même – en y mettant le prix – toilettes, douche ou sauna ! Le tout bien-sûr avec de l'eau toujours recyclée et donc propre.

Il suffit de trois jours de travail, à trois personnes, pour installer ce nouvel habitat. Ensuite, on peut y méditer et observer la nature avec un impact minimal sur l'environnement – l'impact sur le porte-monnaie, lui, est nettement plus important ! Alors Tarzan, fais attention à ta Jane… L'homme moderne arrive !

1. Aujourd'hui,
   - ☐ les familles préfèrent passer leurs week-ends dans des parcs de loisirs.
   - ☐ de nombreuses personnes aiment passer du temps en forêt pour se reposer.
   - ☐ les gens aiment se balader dans des forêts polluées.

2. Dans la forêt,
   - ☐ on peut travailler sans stress.
   - ☐ on peut rencontrer des individus sains.
   - ☐ on peut oublier les problèmes quotidiens.

3. Les enfants qui passent beaucoup de temps en forêt…
   - ☐ sont plus calmes.
   - ☐ seront plus tard écolos.
   - ☐ jouent moins que les autres enfants.

4. Tom Chudleigh…
   - ☐ fabrique des sphères en bois pas chères.
   - ☐ construit des cabanes dans les arbres.
   - ☐ est parti habiter loin du Canada.

5. Les cabanes de Tom Chudleigh…
   - ☐ sont écologiques.
   - ☐ sont fabriquées en trois jours.
   - ☐ ne sont pas très luxueuses.

2 points par réponse
➜ ………… sur 10

12 TEST

2 a. Vocabulaire et grammaire.
Lisez la lettre et cochez pour chaque numéro le mot correct.

1. ☐ cher
   ☐ chère

2. ☐ Notre
   ☐ Toutes nos

3. ☐ réussirais
   ☐ réussiras

4. ☐ avions
   ☐ avons eu

5. ☐ puisses
   ☐ pourras

6. ☐ de partir
   ☐ que tu partiras

7. ☐ une vingtaine
   ☐ environ vingt

8. ☐ fera
   ☐ fait

9. ☐ la dernière semaine
   ☐ la semaine dernière

10. ☐ Lequel
    ☐ Quel

Mon ...(1)... Daniel,

...(2)... félicitations ! Nous sommes vraiment très heureux pour toi ! Ton grand-père et moi étions sûrs que tu ...(3)... tes examens. Nous avons toujours su que nous ...(4)... un petit génie dans la famille ! Te voilà ingénieur diplômé de Polytechnique ! Tu auras fait le plus beau parcours de la famille, tu peux être fier de toi. Nous le sommes en tout cas.

À présent que tu as fini tes études, tu devrais avoir un peu plus de temps. Nous espérons que tu ...(5)... venir nous rendre une petite visite avant ...(6)... pour le Sénégal. Nous aimerions t'inviter pour le 20 août. Comme tu le sais, c'est l'anniversaire de ton grand-père et nous voulons inviter quelques amis, d'anciens collègues et tes parents : au total nous devrions être ...(7)... de personnes. S'il ...(8)... beau, nous pourrions même faire un barbecue dans le jardin, comme pour ton anniversaire l'an dernier.

Nous attendons de tes nouvelles avec impatience. Ta mère m'a dit au téléphone ...(9)... que tu avais eu une offre d'embauche pour un poste au Québec. Ça avait l'air très intéressant, mais je croyais que tu avais trouvé quelque chose à Londres ? ...(10)... de ces postes te plaît le plus ? Nous avons hâte de pouvoir en discuter avec toi.

Nous t'embrassons très fort. À très bientôt !

Papy et Mamie

1 point par réponse
→ .... sur 10

---

b. Éléments interactifs.
Lisez ce mail et complétez les phrases avec les expressions de droite.

Monsieur,
Je vous écris à propos de l'article sur l'Europe paru dans le Berry Républicain de mercredi dernier. Vous écrivez qu'il est ...(1)... de permettre à d'autres pays de devenir membres de l'Union Européenne. À mon ...(2)..., c'est une chance pour tous au contraire ! Si nous fermons nos frontières aux pays de l'est ou à la Turquie, les différences économiques et sociales qui existent déjà entre ces pays et le ...(3)... vont encore ...(4).... Je ne pense pas non plus que la religion chrétienne commune soit un critère de sélection important. Il faut que nous ouvrions nos portes à des cultures différentes, ...(5)... nous allons nous isoler du monde. Et puis n'oublions pas que l'esprit de l'Europe, c'est avant tout la paix, la démocratie ...(6)... aussi la solidarité.
Cordialement.
Guy Georges Berneau

a. nôtre
b. opinion
c. sinon
d. créer
e. dangereux
f. mien
g. bien que
h. avis
i. heureux
j. mais
k. s'aggraver
l. donc

1 point par réponse
→ .... sur 6

TEST **12**

3 a. **Compréhension détaillée de textes oraux.** ▶▶ 76
Lisez les questions, puis écoutez l'émission de radio et cochez la réponse correcte
ou écrivez l'information demandée. Ensuite, réécoutez le texte.

1. Notez deux raisons pour lesquelles les
   jeunes hommes veulent quitter le Sénégal.
   1. ....
   2. ....

2. Qu'est-ce que les femmes du collectif de
   Yaye Bayam Diouf ne font pas ?
   ☐ Discuter avec les jeunes pour qu'ils restent.
   ☐ Obliger les jeunes à rester au pays.
   ☐ Donner du travail aux jeunes sénégalais.

3. Combien de personnes y a-t-il maintenant
   dans le collectif de Yaye Bayam Diouf ?
   ....

4. L'action menée par Yaye Bayam Diouf
   est-elle
   ☐ positive ?
   ☐ négative ?

   2 points par réponse
   → .... sur 10

b. **Compréhension globale de textes oraux.** ▶▶ 77–81
Lisez les affirmations suivantes, puis écoutez les cinq interviews. Les personnes interrogées
racontent où et comment elles préfèrent faire leurs courses. Décidez si les affirmations
sont vraies (+) ou fausses (−). Ensuite, réécoutez les textes.

1. ☐ Alain Brecqueville fait ses courses à pied.
2. ☐ Jacques Truffier travaille au marché tous les matins.
3. ☐ Élise Djoufack fait les courses deux fois par semaine.
4. ☐ Aurélie Pagès va dans un supermarché où tout est
     moins cher qu'ailleurs.
5. ☐ Quand Jean Nicoli va dans un magasin, il achète toujours
     un appareil électrique.

2 points par réponse
→ .... sur 10

4 **Expression écrite.**
Une amie française vous a
envoyé la lettre suivante.
Répondez-lui en utilisant
les quatre points suivants
dans l'ordre de votre choix.

– Dites où vous allez passer
  vos prochaines vacances.
– Dites comment vous trouvez
  l'idée d'Élodie.
– Expliquez comment vous
  vous décontractez.
– Dites si vous aimeriez
  participer à une séance
  de yoga du rire.

> Cher / Chère...,
>
> Mes vacances à Genève sont bientôt terminées. Je n'aurais jamais cru que la Suisse était si belle... et si drôle ! Hier, j'ai participé à une séance de yoga du rire organisée par un ami de Bertrand. J'ai tellement ri que j'en pleurais. Après une heure de fou rire, j'étais épuisée mais complètement décontractée. C'est presque mieux que faire du sport. Sais-tu déjà où tu vas passer tes prochaines vacances ? En tous cas, j'ai une idée pour l'année prochaine : le club de sport de mon frère organise un voyage en Camargue. Cinq jours à cheval pour découvrir la région. On pourrait y aller ensemble, qu'en penses-tu ?
> Réponds-moi vite !
> Grosses bises
>
> Élodie

→ .... sur 16

12 TEST

5 **a. Expression orale : faire connaissance.**
À deux. Vous avez trois minutes pour faire connaissance.
Imaginez que vous vous rencontrez pour la première fois.

> nom ?   projets ?   travail ?   loisirs ?
> ville de résidence ?   langues parlées ?
> situation familiale ?   voyages dans des pays étrangers ?

→ .... sur 8

b. Échanger des informations : la répartition des tâches à la maison.
Vous observez le premier document et votre partenaire le second. Présentez d'abord à votre partenaire les informations contenues dans votre document, puis écoutez votre partenaire vous présenter les informations contenues dans le sien. Ensuite, échangez vos points de vue et discutez ensemble de ce sujet.

> « Je suis professeur d'anglais et mon mari est professeur de sport dans le même lycée. Chez nous, tout le monde s'occupe des tâches ménagères. Christophe fait presque toujours la cuisine et les enfants nous aident en rangeant leur chambre, en mettant la table ou en la débarrassant. »
> Béatrice Carrier, 41 ans, Lyon

> « Mon mari et moi, travaillons à plein-temps, lui à la SNCF et moi dans une agence de voyages. Tous les jours, je rentre à la maison vers 16h30. Ensuite, c'est le ménage, les courses, les devoirs des enfants, la cuisine. Le soir, je suis fatiguée. J'ai rarement envie de sortir ou de voir des amis. »
> Nathalie Murat, 36 ans, Rennes

→ .... sur 10

c. Trouver une solution.
À l'occasion de la journée de l'Europe, votre voisin/e et vous voulez organiser une fête de quartier internationale. Discutez-en à deux. Vous devez vous mettre d'accord sur les points suivants :

> – où ?
> – combien de personnes ?
> – publicité ?
> – spécialités culinaires des pays ?
> – musique ?
> – qui fait quoi ?
> – …

→ .... sur 10

TOTAL
→ .... sur 100

GRAMMATIK

1. **Das Substantiv**   S. 130
   1. Singular und Plural zusammengesetzter Substantive

2. **Das Adjektiv**   S. 130
   1. Farbadjektive
   2. Nationalitätsbezeichnungen
   3. Gegenteile

3. **Steigerung und Vergleich**   S. 131
   1. Der Komparativ bei Verschiedenheit
   2. Der Komparativ bei Gleichheit
   3. Der Superlativ
   4. Unregelmäßige Steigerungsformen

4. **Das Objektpronomen**   S. 133
   1. Das direkte Objektpronomen
   2. Das indirekte Objektpronomen
   3. Die Stellung der Pronomen im Satz

5. **Das Possessivpronomen**   S. 134

6. **Das Relativpronomen**   S. 135
   1. *Qui* und *que*
   2. *Lequel / laquelle*
   3. *Où*
   4. *Dont*
   5. *Ce qui* und *ce que*
   6. *Celui / celle qui* und *celui / celle que*

7. **Die Pronominaladverbien *y* und *en***   S. 136
   1. Das Pronominaladverb *y*
   2. Das Pronominaladverb *en*

8. **Das Verb**   S. 137
   1. Das *passé composé*
   2. Das *imparfait*
   3. Das Plusquamperfekt
   4. Das *passé simple*
   5. Der Gebrauch der Vergangenheitszeiten
   6. Das Konditional
   7. Das *conditionnel passé*
   8. Das Futur und das *futur proche*
      - Futurformen
      - Gebrauch von Futur und *futur proche*
   9. Das *futur antérieur*
   10. Das Partizip Präsens
   11. Das Gerundium
   12. Das Passiv
   13. Der *subjonctif*
       - Die Bildung des *subjonctif*
       - Der Gebrauch des *subjonctif*
       - Infinitiv oder *subjonctif*?
   14. Verbale Periphrasen
   15. Der Gebrauch des Partizip Perfekt

9. **Mengenangaben, Zahlen**   S. 145
   1. Ungefähre Mengenangaben
   2. Ordnungszahlen
   3. Bruchzahlen

10. **Ortsangaben**   S. 146

11. **Einige Konnektoren**   S. 147

12. **Der Satz**   S. 148
    1. Die Frage
       - Der Gebrauch von *qui*, *que* und *quoi*
       - *Qu'est-ce qui* und *Qu'est-ce que*
       - Der Fragebegleiter *quel / quelle*
       - Das Fragepronomen *lequel / laquelle*
    2. Der Relativsatz
    3. Der Bedingungssatz
       - Der reale Bedingungssatz
       - Der irreale Bedingungssatz der Gegenwart
       - Der irreale Bedingungssatz der Vergangenheit
    4. Die indirekte Rede
       - Gegenwart
       - Vergangenheit
    5. Kausale Konjunktionen
    6. Temporale Konjunktionen

13. **Grammatische Begriffe im Überblick**   S. 152

14. **Verben im Überblick**   S. 154
    1. Regelmäßige Verben
    2. Unregelmäßige Verben

Grammatik

1. Das Substantiv

1.1 Singular und Plural zusammengesetzter Substantive

Die Pluralbildung zusammengesetzter Substantive hängt von den Wortarten ab, die miteinander verbunden werden.

Substantiv + Substantiv im Sinne von „und"	Beide Substantive werden in den Plural gesetzt:	les canapés-lits les paquets-cadeaux les allers-retours les bars-épiceries
Substantiv + Substantiv zur näheren Bestimmung	Nur das näher bestimmte Substantiv wird in den Plural gesetzt:	les timbres-poste les stations-service les halte-garderies
Adjektiv + Substantiv	Beide Wörter stehen im Plural: Ausnahmen: **grand** + weibliches Substantiv: **demi** + Substantiv:	les beaux-parents les petits-déjeuners les grand-mères les demi-frères
Verb + Substantiv	Das Verb bleibt stets unverändert, das Substantiv erhält ein **-s**: Selten bleibt auch das Substantiv unverändert:	les tire-bouchons les ouvre-boîtes les lave-vaisselle les gratte-ciel
Substantiv + à + Verb	Das Substantiv erhält ein **-s**:	les salles à manger les machines à laver
Substantiv + de + Substantiv zur näheren Bestimmung	Nur das näher bestimmte Substantiv erhält ein -s:	les chaussures de marche
Zusammensetzungen anderer Wortarten	Beide Wörter bleiben unverändert:	les après-midi les rendez-vous

2. Das Adjektiv

2.1 Farbadjektive

männlich		weiblich		männlich und weiblich	
un pull	bleu noir gris vert blanc violet	une robe	bleue noire grise verte blanche violette	un pull / une robe	jaune rouge beige rose marron orange

- Für die Pluralbildung gelten die gleichen Regeln wie bei anderen Adjektiven: im Plural wird ein -s angehängt. Nur **orange** und **marron** sind auch im Plural unveränderlich, da die Farbbezeichnung von den entsprechenden Substantiven abstammt: **des pulls marron, des robes orange**. « Rose » bildet eine Ausnahme: **un pull / une robe rose, des pulls / robes roses.**

- zusammengesetzte Farbadjektive sind unveränderlich: des robes **vert-clair**, des pulls **vert bouteille**, des jupes **rouge foncé**.

2.2 Nationalitätsbezeichnungen

männlich		weiblich		männlich und weiblich	
un plat	portugais marocain vietnamien	une étudiante	portugaise marocaine vietnamienne	un film / une étudiante	suisse belge russe

- Nationalitätsbezeichnungen werden nur groß geschrieben, wenn es Personen sind:
  Dans mon cours il y a deux **Portugais**. *In meinem Kurs gibt es zwei Portugiesen.*
- Um die Nationalität einer Person anzugeben, verwendet man das Adjektiv:
  Mario est **italien**. *Mario ist Italiener (wörtlich: italienisch).*
- Nationalitätsadjektive stehen immer hinter dem Substantiv, auf das sie sich beziehen.

2.3 Gegenteile

Sie kennen unter den Adjektiven bereits viele Gegensatzpaare wie **grand – petit** oder **beau – laid**. Das Gegenteil einiger Adjektive lässt sich durch verschiedene Vorsilben bilden, ähnlich wie im Deutschen durch die Vorsilbe **un-**.

dé(s)-	agréable organisé	–	**dés**agréable **dés**organisé	angenehm organisiert	–	**un**angenehm **un**organisiert
in-	tolérant discipliné	–	**in**tolérant **in**discipliné	tolerant diszipliniert	–	**in**tolerant **un**diszipliniert
mal-	heureux voyant	–	**mal**heureux **mal**voyant	glücklich sehend	–	**un**glücklich sehbehindert

3. Steigerung und Vergleich

3.1 Der Komparativ bei Verschiedenheit

+	Adj. Adv.	L'épicerie est L'éducation est citée	plus	petite souvent	que	le supermarché. le bonheur.
–	Adj. Adv.	Ces deux catégories sont Il roule	moins	importantes vite	que	le respect. sa femme.

- Die Vergleichselemente **plus / aussi / moins** und **que** umschließen jeweils das Adjektiv bzw. Adverb.
- Das Adjektiv muss dem Bezugswort angeglichen werden, außer nach dem unpersönlichen **c'est**:
  Les vacances, c'est **plus beau que** le travail.
- Bei Zahlen drückt man *mehr als / weniger als* mit **plus de / moins de** aus:
  Plus de 2000 personnes ont participé à la manifestation. Il pèse **moins de** 50 kilos.

3.2 Der Komparativ bei Gleichheit

=	Adj.	Le bonheur est	**aussi**	cher aux Français	**que**	l'écologie.
	Adv.	Aucun Européen ne protège la laïcité	**autant**		**que**	les Français.

- Mit **aussi … que** drückt man den Komparativ für Adjektive aus, **autant que** wird für *so viel wie* und *so sehr wie* benutzt.
- In Verbindung mit Substantiven benutzt man **autant de**: Il a mangé **autant de** yaourts que sa sœur.

3.3 Der Superlativ

Sie kennen bereits die höchste Steigerungsform von Adjektiven und Adverbien, den Superlativ. Er setzt sich zusammen aus einem Begleiter (z. B. **le, mon**, etc.) und dem Komparativ (**plus / moins** + Adjektiv).

Adj.	C'est **le meilleur** sorbet que j'ai jamais mangé. C'est **le plus beau** souvenir de mon enfance.
Adv.	Le respect est la valeur que les Français estiment **le plus**. Quelles réponses reviennent **le plus souvent** ?

- Der Superlativ steht hinter dem Substantiv, wenn das Adjektiv in ungesteigerter Form ebenfalls hinter dem Substantiv stehen würde. Bei nachgestelltem Superlativ steht immer der bestimmte Artikel, auch wenn dem Superlativ schon ein Artikel oder Possessivpronomen vorausgegangen ist: Ce gâteau reste un des souvenirs **les plus forts** de mon enfance.
- Steht der Superlativ vor dem Substantiv, kann anstelle des bestimmten Artikels der Possessivbegleiter stehen: C'est **ma plus belle** robe.

3.4 Unregelmäßige Steigerungsformen

Adj.	bon/ne – meilleur/e mauvais/e – pire petite – moindre	Ce vin est **meilleur** que l'autre. Ces poires sont **les pires** de toutes. C'est **le moindre** de mes soucis
Adv.	bien – mieux beaucoup – plus peu – moins	Carole chante **mieux** que Marie. Dans la famille, c'est Pierre qui dépense **le plus**. Sylvie travaille **moins** que sa sœur mais gagne plus.

- **Mauvais** und **petit** werden meist regelmäßig gesteigert:
  Cette sauce est **moins mauvaise** que l'autre. J'ai reçu **le plus petit** morceau.
- **Pire** und **moindre** werden vorwiegend in festen Wendungen benutzt:
  C'est **la moindre** des choses *Es ist das Mindeste.*
  Attends-toi au **pire** ! *Mach dich auf das Schlimmste gefaßt!*

4. Das Objektpronomen

4.1. Das direkte Objektpronomen

Nach dem direkten Objekt fragt man mit *Wen?* oder *Was?*

je	**me**	*mich*
tu	**te**	*dich*
il	**le, l'**	*ihn, es*
elle	**la, l'**	*sie, es*
nous	**nous**	*uns*
vous	**vous**	*euch, Sie*
ils / elles	**les**	*sie*

- In verneinten Sätzen steht das Pronomen zwischen **ne** und dem Verb, bei Infinitivkonstruktionen steht es vor dem Infinitiv: Il ne l'a pas vue. Il n'a pas pu **la** voir.
- Steht ein direktes Objekt am Satzanfang, so muss es durch ein Pronomen wieder aufgenommen werden: Ce pull bleu, je **le** trouve très beau.
- Das Partizip Perfekt passt sich in Geschlecht und Zahl an das direkte Pronomen an: Mes devoirs, je **les** ai fait**s**.

4.2 Das indirekte Objektpronomen

Nach dem indirekten Objekt fragt man mit *Wem?*

je	**me**	*mir*
tu	**te**	*dir*
il	**lui**	*ihm*
elle	**lui**	*ihr*
nous	**nous**	*uns*
vous	**vous**	*euch, Ihnen*
ils / elles	**leur**	*ihnen*

- In verneinten Sätzen steht das Pronomen zwischen **ne** und dem Verb, bei Infinitivkonstruktionen steht es vor dem Infinitiv:
  Il ne **m'**aide jamais.
  Je ne peux pas **te** donner son adresse.
- Im Französischen steht das indirekte Objekt mit der Präposition **à**. Manchmal haben Verben, die im Deutschen ein indirektes Objekt haben, im Französischen ein direktes Objekt und umgekehrt: **téléphoner à quelqu'un** – *jemanden* anrufen, **aider quelqu'un** – *jemandem helfen*.
- In bejahten Imperativsätzen werden die unbetonten Pronomen **me** und **te** durch die betonten **moi** und **toi** ersetzt: Appelle-**moi** !

4.3 Die Stellung der Pronomen im Satz

Tauchen in einem Satz mehrere Pronomen auf, ist Ihre Reihenfolge wie folgt:

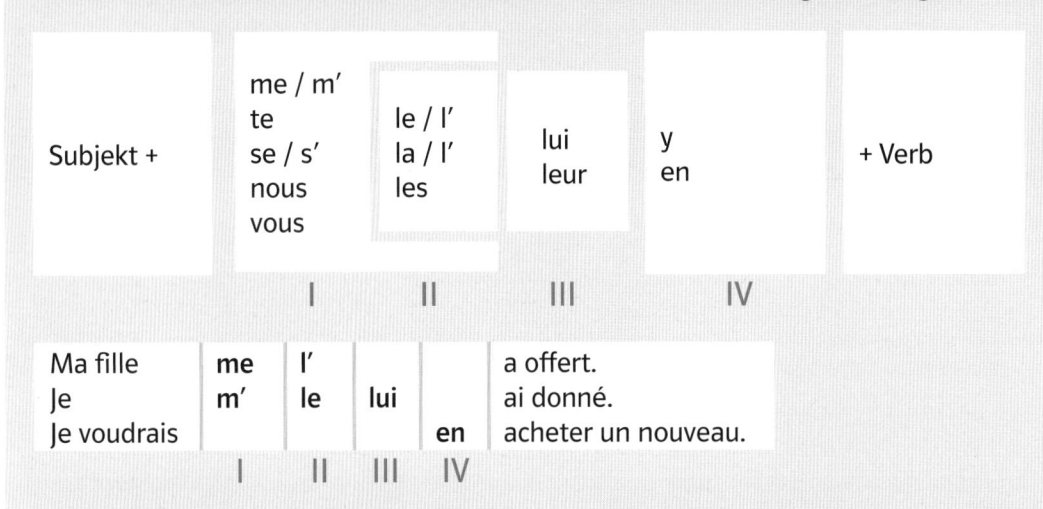

Subjekt +	me / m' te se / s' nous vous	le / l' la / l' les	lui leur	y en	+ Verb
	I	II	III	IV	

Ma fille	me	l'		a offert.
Je	m'	le	lui	ai donné.
Je voudrais			en	acheter un nouveau.
	I	II	III	IV

- In einem Satz mit zwei Objektpronomen stehen die indirekten Pronomen **me, te, se, nous, vous** (I) immer vor den direkten Pronomen (II). Nur die indirekten Pronomen **lui** und **leur** stehen dahinter.
- **Y** und **en** treten gemeinsam nur in dem Ausdruck auf:
  Il y en a… – *Davon gibt es … / welche …*
  Est-ce qu'il y a encore du pain ? Oui, il **y en** a encore.
- Beim bejahten Imperativ stehen die direkten Pronomen (II) vor den indirekten (III):
  Donne-**le moi** !

5. Das Possessivpronomen

Sie kennen bereits die Possessivbegleiter. Die Possessivpronomen ersetzen ein zuvor erwähntes Substantiv mit Possessivbegleiter.

Possessivbegleiter		Possessivpronomen	
mon père / **ma** mère	**mes** parents	le / la mien/ne	les miens / miennes
ton père / **ta** mère	**tes** parents	le / la tien/ne	les tiens / tiennes
son père / **sa** mère	**ses** parents	le / la sien/ne	les siens / siennes
notre père / mère	**nos** parents	le / la nôtre	les nôtres
votre père / mère	**vos** parents	le / la vôtre	les vôtres
leur père / mère	**leurs** parents	le / la leur	les leurs

- Die Possessivpronomen werden immer mit dem bestimmten Artikel benutzt:
  C'est ton livre ? Oui, c'est **le mien**.
- **Les miens** wird manchmal auch substantivisch in der Bedeutung von *meine Familie* gebraucht.

6. Das Relativpronomen

6.1 *Qui* und *que*

Die Relativpronomen **qui** *(der, die, das)* und **que** *(den, die, das)* stehen für Personen oder Sachen im Singular oder Plural. **Qui** wird nie apostrophiert. **Que** wird vor Vokal zu **qu'**.

Ce n'est pas le nombre d'ingrédients	qui	fait la valeur d'un parfum.
La tarte aux fraises	que	ma mère avait préparée pour mes quatre ans.

- **Qui** ist immer Subjekt des Relativsatzes.
- **Que / Qu'** ist direktes Objekt des Relativsatzes. Auf **que** folgt immer das Subjekt des Relativsatzes.

6.2 Lequel / laquelle

Nach Präpositionen benutzt man im Französischen zusammengesetzte Relativpronomen.

	männlich Singular	weiblich Singular	männlich Plural	weiblich Plural
pour, avec, sans, chez, par, sous …	lequel	laquelle	lesquels	lesquelles
à	auquel	à laquelle	auxquels	auxquelles
de	duquel	de laquelle	desquels	desquelles

- Bei den Präpositionen **à** und **de** verschmelzen **lequel** und **laquelle** wie bei à le = au und de le = du teilweise mit dem Relativpronomen: L'homme à côté **duquel** j'étais assis.
- Für Personen benutzt man trotzdem häufig **qui** anstelle des zusammengesetzten Relativpronomens: La France accueille aussi des étudiants **à qui / auxquels** elle offre des avantages.

6.3 *Où*

Das Relativpronom **où** steht nach Orts- und Zeitangaben.

Je vivais dans un milieu **où** on adorait ce qui était beau et bon.
Le jour **où** je suis né était un jeudi.

6.4 *Dont*

Das Relativpronomen **dont** ersetzt eine Ergänzung mit **de**:

Il a dirigé l'entreprise familiale. Il est resté le « nez » le plus fameux **de** cette entreprise.	Il a dirigé l'entreprise familiale **dont** il est resté le « nez » le plus fameux.
J'ai toujours composé un parfum en pensant à une femme. J'étais amoureux **de** cette femme.	J'ai toujours composé un parfum en pensant à la femme **dont** j'étais amoureux.
J'ai besoin **d'**un médicament très cher.	Le médicament **dont** j'ai besoin est très cher.

GRAMMATIK

6.5 Ce qui und ce que

- **Ce qui** und **ce que** bedeuten *(das,) was*. Beide dienen oft zur Hervorhebung, wobei dann **c'est** folgt.

Ce qui me manque, **c'est** le travail en équipe.	*Was mir fehlt, ist Teamarbeit.*
Ce que j'aime, **c'est** l'autonomie.	*Was ich mag, ist die Selbstständigkeit.*

- **Ce qui** ist immer Subjekt *(wer oder was?)* und wird nie apostrophiert.
- **Ce que** ist direktes Objekt *(wen oder was?)*, auf das das Subjekt folgt. Vor Vokal wird es zu **ce qu'**.

6.6 Celui / celle qui und celui / celle que

Auf die Demonstrativpronomen **celui** und **celle** kann ein Relativsatz folgen.

	männlich	weiblich
Singular	celui qui / que	celle qui / que
Plural	ceux qui / que	celles qui / que

- **Celui / celle / ceux / celles qui** bedeuten *derjenige / diejenige / diejenigen welche(r)*. Diese Relativpronomen sind immer Subjekt *(wer oder was?)* und werden nie apostrophiert.
- **Celui / celle / ceux / celles que** bedeuten *denjenigen / diejenige / diejenigen welche(n)*. Diese Relativpronomen sind direktes Objekt *(wen oder was?)*, auf das das Subjekt folgt; vor Vokal wird **que** zu **qu'** apostrophiert.

Le champion sera	**celui qui**	gagne le marathon.
Ce livre est	**celui qu'**	elle a acheté hier.
Ces chaussures sont	**celles que**	j'ai achet**ées** hier.

7. Die Pronominaladverbien *y* und *en*

7.1 Das Pronominaladverb *y*

Das Pronominaladverb **y** ersetzt eine Ergänzung mit **à, dans, en, sous, sur**.

Tu vas **dans un club de gym** ?	Oui, j'**y** vais souvent.	Ersetzt **y** eine Ortsangabe, so wird es oft mit *dort, dorthin* übersetzt.
Tu participes **à la réunion** ?	Non, je n'**y** participe pas.	Hat ein Verb eine präpositionale Ergänzung mit **à**, so kann diese ebenfalls durch **y** ersetzt werden.
Ça **y** est ! On **y** va ! Vas-**y** ! Allez-**y** !	*Geschafft! / Das hätten wir!* *Auf geht's! / Vorwärts!* *Na, los!*	Zudem taucht **y** in verschiedenen festen Wendungen auf.

7.2 Das Pronominaladverb *en*

Das Pronominaladverb **en** ersetzt Ergänzungen mit **de**, unbestimmte Mengen sowie den unbestimmten Artikel.

Paul est déjà rentré **de Paris** ?	Oui, il **en** est rentré hier soir.
Vous avez parlé **de politique** ?	Oui, on **en** a beaucoup parlé.
Vous avez **un vélo** ?	Oui, j'**en** ai un.
Tu manges **de la viande** ?	Non, je n'**en** mange pas.

En taucht auch in einigen festen Wendungen auf.

Je n'**en** peux plus.	*Ich kann nicht mehr.*
J'**en** ai assez.	*Mir reicht's.*
Ne t'**en** fais pas !	*Mach dir keine Sorgen!*
Tu ne m'**en** veux pas ?	*Bist du mir nicht böse?*

8. Das Verb

8.1 Das *passé composé*

Das **passé composé** dient dazu, Ereignisse der Vergangenheit zu beschreiben. Er wird gebildet mit **avoir** oder **être** und dem Partizip Perfekt.

j'	ai	
tu	as	
il, elle, on	a	dansé
nous	avons	
vous	avez	
ils, elles	ont	

Das **passé composé** der reflexiven Verben sowie der Verben, die eine Bewegungsrichtung bzw. die Veränderung eines Zustands ausdrücken, wird mit **être** gebildet, wobei das Partizip in Geschlecht und Zahl an das Subjekt angeglichen wird.

je	me	suis	amusé/e
tu	t'	es	amusé/e
il, elle, on	s'	est	amusé/e(s)
nous	nous	sommes	amusés/-ées
vous	vous	êtes	amusé(s)/-ée(s)
ils, elles	se	sont	amusés/-ées

- Wird **on** im Sinne von *wir* verwendet, steht das Partizip im Plural: On s'est bien amus**és**.

GRAMMATIK

8.2 Das *imparfait*

Man verwendet das **imparfait**, um Situationen oder Gewohnheiten der Vergangenheit zu beschreiben.
Man bildet es ausgehend von der 1. Person Plural des Präsens:
nous **aimons** → j'**aimais**, nous **finissons** → je **finissais**, nous **buvons** → je **buvais**.
Diese Regel gilt für alle Verben außer **être**.

	aimer	manger	commencer	être
je / j'	aimais	mangeais	commençais	étais
tu	aimais	mangeais	commençais	étais
il / elle / on	aimait	mangeait	commençait	était
nous	aimions	mangions	commencions	étions
vous	aimiez	mangiez	commenciez	étiez
ils /elles	aimaient	mangeaient	commençaient	étaient

- Zur Erhaltung der Aussprache wird bei Verben auf **-ger** im Singular und in der 3. Person Plural zwischen Stamm und Endung ein **e** eingefügt.
- Bei Verben auf **-cer** wird das **c** im Singular und in der 3. Person Plural zu **ç**.

8.3 Das Plusquamperfekt

Das **Plusquamperfekt** beschreibt Vorgänge der Vergangenheit, die sich noch vor anderen vergangenen Vorgängen abgespielt haben.
Es wird mit dem Imperfekt von **avoir** bzw. **être** und dem Partizip Perfekt gebildet.

j'	avais		j'	étais	allé/e
tu	avais		tu	étais	allé/e
il / elle / on	avait	choisi	il / elle / on	était	allé/e(s)
nous	avions		nous	étions	allés/-ées
vous	aviez		vous	étiez	allé(s)/-ée(s)
ils / elles	avaient		ils / elles	étaient	allés/-ées

8.4 Das *passé simple*

Das **passé simple** hat dieselbe Funktion wie das **passé composé**, wird jedoch hauptsächlich in der Literatur und in geschichtlichen Abhandlungen verwendet. Sie müssen das **passé simple** nicht aktiv beherrschen, sondern nur verstehen können. Dazu ist es nützlich zu wissen, wie es gebildet wird.

	parler	dormir	attendre	être	avoir
je / j'	parlai	dormis	attendis	fus	eus
tu	parlas	dormis	attendis	fus	eus
il / elle / on	parla	dormit	attendit	fut	eut
nous	parlâmes	dormîmes	attendîmes	fûmes	eûmes
vous	parlâtes	dormîtes	attendîtes	fûtes	eûtes
ils / elles	parlèrent	dormirent	attendirent	furent	eurent

- Das **passé simple** bildet man ausgehend von der 1. Person Plural des Präsens. Die Formen des **passé simple** für die unregelmäßigen Verben von Voyages 1–3 finden Sie auf Seite 155–167.

8.5 Der Gebrauch der Vergangenheitszeiten

- Das **imparfait** beschreibt Situationen oder Zustände bzw. gleichzeitig ablaufende oder sich regelmäßig wiederholende Handlungen:

    Je repense à la tarte au chocolat que ma tante nous **faisait** quand nous **allions** lui rendre visite.
    C'**était** agréable de marcher sans chaussures, mais ma sœur et moi, on n'**avait** pas l'habitude.

- Das **passé composé** beschreibt eine Abfolge von Ereignissen bzw. einmalige, abgeschlossene Handlungen oder neu einsetzende Handlungen in der Vergangenheit:

    J'**ai pris** beaucoup d'autres métros dans d'autres villes d'Europe, mais je n'**ai** jamais **retrouvé** la même sensation.
    J'**ai oublié** beaucoup de choses de cette époque-là, mais ça, ça m'**est resté** en mémoire.

- Durch den Gebrauch der Zeiten grenzt man innerhalb einer Erzählung den Vordergrund (im **passé composé**) gegenüber dem Hintergrund (im **imparfait**) ab. Das **imparfait** antwortet auf die Frage „Was war schon?", das **passé composé** auf die Frage „Was geschah dann? ... und dann?"

    Pierre **regardait** la télévision quand quelqu'un **a frappé** à la porte.
    Michelle **dormait** depuis deux heures quand son mari **est rentré** du travail.

- Im **Plusquamperfekt** werden Vorgänge der Vergangenheit beschrieben, die sich noch vor anderen Vorgängen in der Vergangenheit abgespielt haben. Man verwendet es für Geschehnisse, die noch weiter zurückliegen als die, die im **passé composé** oder im **imparfait** erzählt werden:

    Avant mes études, je n'**étais** jamais **venue** à Paris. En descendant du train, j'**ai** tout de suite **remarqué** l'ambiance qui y **régnait**.
    Quand je **suis arrivée** chez nous, mon mari et les enfants **étaient** déjà **sortis**.

- Das **passé simple** ersetzt das passé composé in Romanen und historischen Abhandlungen. Es beschreibt Geschehnisse, die keinerlei Bezug zur Gegenwart haben. Aus diesem Grund kommt es auch am häufigsten in der 3. Person (Singular oder Plural) vor.

    Lorsqu'il **sortit**, il pleuvait toujours.

    Sobald eine Äußerung einen Bezug zur Gegenwart impliziert, verwendet man das **passé composé**.

GRAMMATIK

8.6 Das Konditional

Das Konditional dient dazu, Wünsche, höfliche Bitten oder Möglichkeiten auszudrücken.

regelmäßige Formen		unregelmäßige Formen	
j'	aim**erais**	avoir : j'aurais	aller : j'irais
tu	aim**erais**	être : je serais	savoir : je saurais
il / elle / on	aim**erait**	faire : je ferais	venir : je viendrais
nous	aim**erions**	devoir : je devrais	tenir : je tiendrais
vous	aim**eriez**	pouvoir : je pourrais	envoyer : j'enverrais
ils / elles	aim**eraient**	vouloir : je voudrais	voir : je verrais

- Zur Bildung des Konditionals hängt man die Endungen des **imparfait** an den **Infinitiv**.
- Bei den Verben auf **-re** entfällt das **e**: **prendre** → je **prendrais**.
- Achtung: acheter → j'achèterais; appeler → j'appellerais
- Verben, die im Konditional unregelmäßig sind, weisen dieselbe Unregelmäßigkeit im Futur auf.

8.7 Das *conditionnel passé*

- Das **conditionnel passé** setzt sich zusammen aus dem Konditional von **avoir** oder **être** und dem Partizip Perfekt.
- Das **conditionnel passé** dient dazu:

… einen Rat zu erteilen	
À votre place, je **serais allé** au théâtre.	*An Ihrer Stelle wäre ich ins Theater gegangen.*
… Bedauern auszudrücken	
Tu **aurais dû** venir.	*Du hättest kommen sollen.*
… eine inoffizielle Information weiterzugeben	
Sophie se **serait mariée** cinq fois !	*Sophie soll fünf Mal geheiratet haben!*

- Außerdem wird das **conditionnel passé** im Hauptsatz eines irrealen Bedingungssatzes der Vergangenheit verwendet:

> Si j'avais su ça avant, j'**aurais réagi** de manière différente.
> J'**aurais aimé** prolonger mon congé maternité mais c'était impossible.
> S'il était resté à la maison, est-ce qu'il **aurait eu** toutes ces maladies ?

8.8 Das Futur und das *futur proche*

8.8.1 Das Futur

Das Futur dient dazu, Vorgänge oder Zustände zu beschreiben, die sich in der Zukunft abspielen werden.

	aimer	einige unregelmäßige Formen	
j'	aimerai	avoir : j'aurai	aller : j'irai
tu	aimeras	être : je serai	savoir : je saurai
il / elle / on	aimera	faire : je ferai	venir : je viendrai
nous	aimerons	devoir : je devrai	tenir : je tiendrai
vous	aimerez	pouvoir : je pourrai	envoyer : j'enverrai
ils / elles	aimeront	vouloir : je voudrai	voir : je verrai

- Die Futurformen kann man vom Infinitiv ableiten: **aimer** → **j'aimerai**, **finir** → **je finirai**.
- Bei Verben auf **-re** entfällt das e: **prendre** → **je prendrai**.
- Verben, die im Futur unregelmäßig sind, weisen dieselbe Unregelmäßigkeit auch im Konditional auf.
- Ereignisse in der Zukunft können zudem ausgedrückt werden durch:
  Präsens: Demain, je **joue** au tennis.
  Futur proche (**aller** + Infinitiv) : Demain, je **vais jouer** au tennis.

8.8.2 Gebrauch von Futur und *futur proche*

- Häufig verwendet man das **futur proche** für Veränderungen und das normale Futur für die sich daraus ergebenden Folgen:

  On **va recevoir** de nouvelles machines : on **gagnera** du temps et on **sera** plus compétitifs.

- Nach **quand, pendant que, si, j'espère que** benutzt man im Allgemeinen das normale Futur:

  S'il ne pleut pas, nous **irons** à la piscine.
  J'espère qu'il **fera** beau demain.

- Das **futur proche** wird im Vergleich zum normalen Futur etwas häufiger in der gesprochenen Sprache benutzt.

- Bei einigen Ausdrücken, Einschränkungen und der Verneinung muss das Futur verwendet werden:

  Je **serai toujours** ton ami.
  Pierre **viendra peut-être** un peu plus tard.
  Je **ne quitterai jamais** Paris.

- Wenn man über zukünftige Ereignisse spricht ist der Gebrauch des Futurs nicht notwendig, wenn klare Zeitangaben stehen:

  Demain, **nous allons** au théâtre.

8.9 Das *futur antérieur*

Das **futur antérieur** drückt aus, dass ein Vorgang in der Zukunft abgeschlossen sein wird.

Quand	j'aurai fait tu auras fait il / elle aura fait nous aurons fait vous aurez fait ils / elles auront fait	fortune…
	je me serai installé/e…	

- Das **futur antérieur** setzt sich zusammen aus dem Futur von **avoir** bzw. **être** und dem Partizip Perfekt.
  Diese Zeitenfolge ist im Französischen obligatorisch im Gegensatz zum Deutschen:
  Wenn ich mit dem Bügeln fertig bin, rufe ich meinen Freund / meine Freundin an.
- Das **futur antérieur** dient auch dazu, eine Vermutung in Bezug auf die Vergangenheit auszudrücken: Il **aura** mal **compris**.
  Dies wird im Deutschen oft mit *wohl* oder mit dem Futur wiedergegeben:
  Er hat es wohl falsch verstanden. Er wird es falsch verstanden haben.
- In einem Satz mit **quand** + **futur antérieur** steht der Hauptsatz im **Futur**:
  Quand **j'aurai fait** le repassage, je **téléfonerai** à mon amie.

8.10 Das Partizip Präsens

Das Partizip Präsens wird ausgehend von der 1. Person Plural des Präsens gebildet. Anstelle von **-ons** hängt man **-ant** an den Stamm. Das Partizip Präsens von **avoir**, **être** und **savoir** ist unregelmäßig.

nous allons – **allant**
avoir – **ayant**
être – **étant**
savoir – **sachant**

- Das Partizip Präsens dient dazu, das Relativpronomen **qui** zu ersetzen:
  Près de la pompe à essence se trouve une affiche **proclamant**: « Vive la liberté ! ».
  In der Nähe der Zapfsäule steht ein Plakat, das propagiert: „Es lebe die Freiheit!".
- Es kann aber auch einen kausalen oder temporalen Nebensatz ersetzen:
  Sachant qu'il est toujours en retard, on ferait mieux de lui téléphoner.
  Da wir wissen, dass er stets zu spät kommt, sollten wir ihn anrufen.
  Regardant par la fenêtre, il a aperçu deux policiers.
  Als er aus dem Fenster schaute, sah er zwei Polizisten.

8.11 Das Gerundium

Das Gerundium wird verwendet, um Gleichzeitigkeit *(während)* oder die Art und Weise *(indem)* einer Handlung auszudrücken.

regelmäßige Formen	unregelmäßige Formen
nous allons – **en** all**ant**	avoir – **en** ay**ant**
nous partons – **en** part**ant**	être – **en** ét**ant**
nous suivons – **en** suiv**ant**	savoir – **en** sach**ant**

- Man bildet das Gerundium ausgehend von der 1. Person Plural des Präsens.
- Es ist unveränderlich und bezieht sich immer auf das Subjekt des Satzes. Das Gerundium kann ganze Nebensätze ersetzen:

En prenant le métro, nous irons plus vite.	wenn, indem
Je conduis **en écoutant** la musique.	während
Il est venu **en prenant** le train.	indem

8.12 Das Passiv

Nur transitive Verben (solche, die von einem direkten Objekt begleitet werden können), können ein Passiv bilden. Das direkte Objekt des Aktivsatzes wird zum Subjekt des Passivsatzes. Im Französischen wird das Passiv mit einer Form von **être** und dem Partizip Perfekt gebildet, wobei das Partizip an das Subjekt angeglichen wird. Das Passiv kann in allen Zeiten stehen. Der Urheber, d.h. das Subjekt des Aktivsatzes, muss nicht immer erwähnt werden, kann aber mit der Präposition **par** angeschlossen werden.

Aktiv	Passiv	
L'effigie d'un chanteur remplace celle de Marianne.	L'effigie de Marianne **est remplacée** *par* celle d'un chanteur.	Das Partizip wird in Geschlecht und Zahl dem Subjekt angeglichen.
On enseigne l'hymne national dans les écoles primaires.	L'hymne national **est enseigné** dans les écoles primaires.	Ist im Passivsatz keine handelnde Person angegeben, so wird **on** zum Subjekt des Aktivsatzes.
La Marseillaise **se chante** dans les matchs de foot.	La Marseillaise **est chantée** dans les matchs de foot.	Manchmal ersetzt eine Reflexivkonstruktion mit **se** einen Passivsatz, wenn keine handelnde Person als Subjekt angegeben ist.

GRAMMATIK

8.13 Der *subjonctif*

8.13.1 Die Bildung des *subjonctif*

Der **subjonctif** leitet sich von der 3. Person Plural des Präsens ab. An diesen Stamm werden die entsprechenden Endungen gehängt, wobei die Endungen der 1. und 2. Person Plural mit dem **imparfait** übereinstimmen.

	aimer	finir	dormir	attendre	unregelmäßige Formen
que je / j'	aime	finisse	dorme	attende	être – que je sois
que tu	aimes	finisses	dormes	attendes	avoir – que j'aie
qu'il / elle / on	aime	finisse	dorme	attende	aller – que j'aille
que nous	aimions	finissions	dormions	attendions	faire – que je fasse
que vous	aimiez	finissiez	dormiez	attendiez	pouvoir – que je puisse
qu'ils / elles	aiment	finissent	dorment	attendent	savoir – que je sache

8.13.2 Der Gebrauch des *subjonctif*

- Der subjonctif steht nach Ausdrücken der Willensäußerung, der Unsicherheit, des persönlichen Empfindens, des Bedauerns, der Sorge und nach den meisten unpersönlichen Ausdrücken.
- Wird **penser** und **croire** in bejahter Form benutzt, folgt darauf der Indikativ, in verneinter Form der **subjonctif**:
  Je pense que les Français **sont** un peu naïfs.
  Je ne crois pas qu'ils **soient** si différents des Québécois.
- Nach **il faut que** folgt immer der **subjonctif**:
  Il faut que **j'aille** au supermarché pour acheter du beurre.
- Nach unpersönlichen Ausdrücken wie z. B. **il vaut mieux, il est important, il est dommage, il est possible** steht der **subjonctif**:
  Il vaut mieux que **vous fassiez** des efforts.
  Il est possible qu'**il soit** là demain.
- Der **subjonctif** wird verwendet, um einen persönlichen Standpunkt oder ein Gefühl mittels des Ausdrucks **(ne pas) trouver + Adjektiv** auszudrücken:
  Je (ne) trouve (pas) normal / génial / bizarre / absurde que des hommes **soient** sage-femmes.
- Bestimmte Konjunktionen, wie z. B. **afin que, bien que, pour que, avant que** erfordern ebenfalls den **subjonctif**:
  Je l'accepte pour une fois, bien que **je ne sois** pas d'accord.
  Je vais lui parler avant qu'**elle parte** !
- Beachten Sie: Nach dem Verb **espérer** – *hoffen* steht der Indikativ:
  J'espère que **tu vas** bien.

8.13.3 Infinitiv oder *subjonctif*?

- Haben Haupt- und Nebensatz dasselbe Subjekt, so wird der **subjonctif** durch eine Infinitivkonstruktion ersetzt.

Avant de partir, faisons une photo.	**Avant que tu partes**, faisons une photo.
Il a dépensé une fortune **pour aller** au concert.	Il a dépensé une fortune **pour que nous allions** au concert.
Prends ton portable **afin de** m'appeler.	Prends ton portable **afin qu'il puisse** t'appeler.

8.14 Verbale Periphrasen

Im Französischen gibt es eine Reihe von Verben, die angeben, in welcher Phase einer Handlung man sich befindet.

aller faire	Je **vais acheter** un nouveau portable.	tun werden
se mettre à faire	Tout le monde **s'est mis à** courir.	anfangen zu tun
être en train de faire	Nous **sommes en train de rénover** notre maison.	dabei sein zu tun
continuer à faire	Je **continue à écrire** des lettres à la main.	weiterhin tun
arrêter de faire	La semaine dernière mon mari **a arrêté de fumer**.	aufhören zu tun
finir de faire	Il **a fini de** pleuvoir	gerade getan haben

- Mit dem **futur proche** (**aller** + Infinitiv) werden Absichten ausgedrückt oder bevorstehende Ereignisse angekündigt: Elle **va arriver** tout de suite.
- Das **passé immédiat** (**venir de** + Infinitiv) beschreibt ein Ereignis, das in der unmittelbaren Vergangenheit stattgefunden hat: Il **vient de déménager** à Paris.

8.15 Der Gebrauch des Partizip Perfekt

Im Französischen kann das Partizip Perfekt zur Verkürzung von Nebensätzen benutzt werden.

Verkürzung eines Relativsatzes	On a construit de grands immeubles **destinés** à accueillir des immigrés. *Man baute große Wohnblöcke, **die** dazu gedacht waren, Einwanderer aufzunehmen.*
Verkürzung eines Adverbialsatzes	**Arrivée** à Paris, Jacqueline a pris le métro. ***Als** Jacqueline in Paris ankam, nahm sie die U-Bahn.* À peine **rentré**, il alluma la télévision. ***Kaum** war er zu Hause, schaltete er den Fernseher ein.*
Verkürzung eines Kausalsatzes	**Intimidé** par ses camarades, il ne pouvait dire un mot. ***Da** er von seinen Kameraden eingeschüchtert worden war, konnte er nichts sagen.*
Verkürzung eines Konditionalsatzes	**Traduit** en allemand, ce poème ne serait pas si beau. ***Wenn** man dieses Gedicht ins Deutsche übersetzen würde, wäre es nicht mehr so schön.*

9. Mengenangaben, Zahlen

9.1 Ungefähre Mengenangaben

une **dizaine** de voitures	etwa zehn Autos
une **douzaine** de personnes	ein Dutzend Leute
une **vingtaine** de livres	etwa zwanzig Bücher
une **centaine** d'enfants	etwa hundert Kinder
des **centaines** de feuilles	Hunderte von Blättern
des **milliers** de pages	Tausende von Seiten

GRAMMATIK

9.2 Ordnungszahlen

1er le premier / la première	5e le / la cinquième	19e le / la dix-neuvième
2e le / la deuxième	6e le / la sixième	21e le / la vingt-et-unième
2$^{nd(e)}$ le second / la seconde	7e le / la septième	71e le / la soixante-et-onzième
3e le / la troisième	8e le / la huitième	90e le / la quatre-vingt-dixième
4e le / la quatrième	9e le / la neuvième	100e le / la centième
	10e le / la dixième	1000e le / la millième

- Neben der Schreibweise 3e findet man auch 3ème.
- **Deuxième** und **second/e** sind fast immer austauschbar, außer in einigen feststehenden Begriffen wie **Second Empire**.

9.3 Bruchzahlen

½ un demi	⅐ un septième
⅓ un tiers	⅛ un huitième
¼ un quart	⅑ un neuvième
⅕ un cinquième	⅒ un dixième
⅙ un sixième	

- Die Bruchzahlen entsprechen ab ⅕ **un cinquième** den Ordnungszahlen.

10. Ortsangaben

- Zur Angabe des Ortes, zu dem man sich begibt oder an dem man sich befindet, benutzt man **à, au, aux, dans, en**.

à	bei geografischen Namen ohne Artikel bzw. wenn der Artikel Teil des Namens ist	**à** Malte, **à** Cuba, **à** Paris **à** la Réunion
au	bei männlichen Ländernamen	**au** Canada
aux	bei geografischen Namen im Plural	**aux** Antilles, **aux** Pays-Bas
dans	bei männlichen Regionennamen	**dans** le Poitou, **dans** le Midi
en	bei weiblichen geografischen Namen	**en** Europe, **en** Corse, **en** France

- Die geografische Herkunft wird mit **de, du, des** wiedergegeben.

de	bei weiblichen geografischen Namen und Städten	**d'**Australie, **de** France, **de** Marseille
du	bei männlichen geografischen Namen	**du** Mexique, **du** Honduras
des	bei geografischen Namen im Plural	**des** Antilles, **des** États-Unis

- Weitere geografische Angaben

Himmelsrichtungen	**au** nord, **au** sud, **à** l'est, **à** l'ouest
sonstige Ortsangaben	**au** centre, **au bord de** la mer, **sur** la côte, **à la** montagne, **à la** campagne, **en** ville

11. Einige Konnektoren

Konnektoren sind Verbindungswörter, die eine inhaltliche Beziehung zwischen den Satzteilen zum Ausdruck bringen. Es können Konjunktion, Relativpronomen, Adverbien oder Partikel sein. Die Konnektoren für kausale und temporale Beziehungen werden gesondert auf S. 151 behandelt.

au contraire	*im Gegenteil, hingegen*	Pour d'autres, **au contraire**, il est impossible de toucher à ce symbole national.
au lieu de	*anstatt*	**Au lieu d**'aller à l'école, il a retrouvé ses amis.
aussi	*auch*	Je pense **aussi** que les Français sont un peu naïfs.
bien que	*obwohl*	Elle est allée à l'école **bien qu**'elle soit malade.
car	*denn*	Il est en retard **car** il a raté son train.
cependant	*jedoch*	Il l'aime, **cependant** il ne peut vivre avec elle.
d'une part ... d'autre part	*einerseits ... andererseits*	**D'une part** il veut maigrir, mais **d'autre part** il n'arrête pas de manger des glaces.
en plus	*außerdem*	Il sait jouer de la guitare. **En plus**, il chante très bien.
ensuite	*dann, danach*	Elle est allée à la boulangerie. **Ensuite**, elle est rentrée.
et	*und*	Ils ne ramassent pas les crottes de leur chien **et** cherchent toujours à gagner une place dans la queue.
finalement	*schließlich*	**Finalement** il s'est rendu compte qu'il avait perdu son portefeuille.
jusqu'à ce que + subj	*bis*	Ne partez pas **jusqu'à ce qu**'il soit revenu.
mais	*aber*	Les citoyens parlent beaucoup de fraternité **mais** ne sont pas très civiques.
malgré	*trotz*	Ils ont une espérance de vie très longue **malgré** des repas interminables arrosés de vin rouge.
même si	*selbst wenn*	C'est le centre de la France, **même si** le centre géographique, lui, se trouve en province.
ne... ni... ni	*weder ... noch*	Il n'avait **ni** faim **ni** soif.
par conséquent	*folglich*	Elle était malade. **Par conséquent**, elle ne pouvait pas aller travailler.
par contre	*jedoch, trotzdem*	Les Français respectent la vie privée, **par contre** ils parlent très fort et discutent de tout sans être discrets.
pourtant	*jedoch, trotzdem*	Les supermarchés sont immenses, **pourtant** le petit commerce traditionnel réussit à survivre.
que	*dass*	Il savait **que** je viendrais.
si	*wenn, falls*	**S'il** pleut, je reste à la maison.
tout d'abord	*zunächst*	**Tout d'abord**, voilà un pays fascinant où les habitants prennent des pauses déjeuner d'une heure et demie.

12. Der Satz

12.1 Die Frage

12.1.1 Der Gebrauch von *qui*, *que* und *quoi*

Subjekt	Qui est-ce ?
Objekt	Que fais-tu ?
qui mit Pronomen	À qui penses-tu ?
que mit Pronomen	À quoi penses-tu ?

- Die Inversionsfrage mit **qui / que** wird häufiger in der geschriebenen Sprache verwendet, während die **qu'est-ce que**-Frage meist in der Umgangssprache benutzt wird:
  Que fais-tu?
  Qu'est-ce que tu fais?
- In Begleitung einer Präposition wird das Fragewort **que** zu **quoi**.

12.1.2 *Qu'est-ce qui* und *Qu'est-ce que*

Subjekt	Qu'est-ce qui s'est passé ?	*Was ist passiert?*
Objekt	Qu'est-ce qu'on fait ce soir ?	*Was machen wir heute abend?*

- **Qu'est-ce qui** und **qu'est-ce que** beziehen sich immer auf eine Sache (*was?*).
- **Qu'est-ce qui** fragt nach dem Subjekt, **qu'est-ce que/qu'** fragt nach dem direkten Objekt.
- **Qu'est-ce qui** wird nicht apostrophiert: **Qu'est-ce qui** est arrivé à ton père ?

12.1.3 Der Fragebegleiter *quel / quelle*

	männlich	weiblich		
Singular	quel	quelle	**Quel** genre de film aimez-vous ? **Quelle** voiture est-ce que tu préfères?	*welche/r/s*
Plural	quels	quelles	**Quels** livres as-tu achetés hier ? **Quelles** chaussures mets-tu ?	*welche*

- **Quel** richtet sich in Geschlecht und Zahl nach dem Substantiv, vor dem es steht.
- In Sätzen mit **être** kann **quel** auch vom Bezugswort getrennt werden: **Quel** est votre nom ?
- Außerdem wird es oft in Ausrufen gebraucht: **Quelle** chance !

12.1.4 Das Fragepronomen *lequel / laquelle*

Si tu devais me dire tes deux principales qualités, **lesquelles** choisirais-tu ?	Mit **lequel / laquelle** wählt man eine Person oder Sache aus einer bereits erwähnten Gruppe von Personen oder Sachen aus.

- Das Fragepronomen **lequel** besteht aus dem bestimmten Artikel und dem Fragepronomen **quel**. Die beiden Bestandteile passen sich in Geschlecht und Zahl an die genannten Personen oder Dinge an.

12.2 Der Relativsatz

Relativsätze können im Französischen durch andere Konstruktionen wiedergegeben werden.

Mit Partizip Perfekt	On habitait dans un quartier **appelé** « Gadoueville » par les Français. On habitait dans un quartier **que** les Français appelaient « Gadoueville ».
Mit Partizip Präsens	Un homme **portant** un chapeau est entré dans la librairie. Un homme **qui** portait un chapeau est entré dans la librairie
Ein Adjektiv mit Präpositionalergänzung	C'est une personne **étrangère** à cette affaire. C'est une personne **qui** est étrangère à cette affaire.

12.3 Der Bedingungssatz

12.3.1 Der reale Bedingungssatz
(Die Möglichkeit der Realisierung ist gegeben.)

Im realen Bedingungssatz steht der Wenn-Satz im **Präsens** und der Hauptsatz im **Präsens** oder **Futur**.

Si Laure m'**appelle**, je l'**inviterai** à dîner.
Wenn Laure mich anruft, werde ich sie zum Essen einladen.

12.3.2 Der irreale Bedingungssatz der Gegenwart
(Die Realisierung ist möglich, aber unwahrscheinlich.)

Im irrealen Bedingungssatz der Gegenwart steht der Wenn-Satz im **Imperfekt** und der Hauptsatz im **Konditional**.

Si Laure m'**appelait**, je l'**inviterais** à dîner.
Wenn Laure mich anriefe, würde ich sie zum Essen einladen.

12.3.3 Der irreale Bedingungssatz der Vergangenheit
(Die Realisierung ist nicht (mehr) möglich.)

Im irrealen Bedingungssatz der Vergangenheit steht der Wenn-Satz im **Plusquamperfekt** und der Hauptsatz im **conditionnel passé**:

Si Laure m'**avait appelé**, je l'**aurais invitée** à dîner.
Wenn Laure mich angerufen hätte, hätte ich sie zum Essen eingeladen.

GRAMMATIK

12.4 Die indirekte Rede

12.4.1 Die indirekte Rede im Präsens

- Die indirekte Rede gibt wieder, was eine andere Person gesagt hat. Im Französischen bleibt in der indirekten Rede die Wortstellung der direkten Rede erhalten:
  « **Je cherche** un interprète. »   „*Ich suche* einen Dolmetscher."
  Il dit qu'**il cherche** un interprète.   *Er sagt, dass er einen Dolmetscher sucht.*
- Wenn das Verb, das die indirekte Rede einleitet, im Präsens steht, bleiben die Zeiten der direkten Rede erhalten.
- Pronomen werden in der indirekten Rede an die Situation des Sprechers angepasst:
  « J'ai téléphoné à **ma** mère. »   Elle dit qu'**elle** a téléphoné à **sa** mère.

	Direkte Rede	Indirekte Rede
Aussage	« Je veux parler à Aziz. » « Le train est arrivé en retard. »	Elle **dit qu'**elle veut parler à Aziz. Il **explique que** le train est arrivé en retard.
Frage	« Vous voulez laisser un message ? » « Pourquoi vous n'avez pas appelé ? »	Elle **demande s'**il veut laisser un message. Il **veut savoir pourquoi** il n'a pas appelé.
Aufforderung	« Tu rentres avant minuit ! »	Il lui **rappelle de** rentrer avant minuit.

- Der indirekte Aussagesatz wird mit einem Verb des Sagens, z. B. **dire, expliquer, penser, ajouter, espérer, prétendre, répéter, répondre, affirmer, demander, déclarer + que** eingeleitet.
- Die indirekte Frage wird von einem Verb des Fragens, z. B. **demander, vouloir savoir + si** eingeleitet. Wurde die Frage in der direkten Rede durch ein Fragewort (**pourquoi, quand, comment**...) eingeleitet, bleibt dieses auch in der indirekten Rede erhalten.
- Bei Aufforderungen wird der Imperativ der direkten Rede in der indirekten Rede durch **de + Infinitiv** ersetzt. Im Deutschen steht in diesen Fällen oft *sollen*.

12.4.2 Die indirekte Rede in der Vergangenheit

Steht das Verb, das die indirekte Rede einleitet, in der Vergangenheit, werden einige Zeiten in der indirekten Rede „um einen Schritt nach hinten" versetzt.

Direkte Rede	Indirekte Rede	Zeitenfolge
	Il a dit / Il disait / Il avait dit...	
« Je **fais**. » « J'ai **fait**. » « Je **ferai**. »	... qu'il **faisait**. ... qu'il **avait fait**. ... qu'il **ferait**.	Präsens → Imparfait Passé composé → Plusquamperfekt Futur → Konditional

- Die Verben im imparfait, Plusquamperfekt, Konditional oder subjonctif verändern sich in der indirekten Rede nicht.
- Vorsicht beim **futur proche**:
  « Je vais partir à 3h. » → Il a dit qu'il **allait partir** à 3h.

12.5 Kausale Konjunktionen

Comme Steht immer am Satzanfang.	**Comme** il n'était pas sage, il a dû rester à la maison.	*da; weil; angesichts der Tatsache, dass*
Étant donné que Kann am Satzanfang und in der Satzmitte stehen.	**Étant donné qu'**il était trop âgé pour faire ce long voyage, il a décidé de faire venir sa famille à ses frais.	*da; weil; angesichts der Tatsache, dass*
Vu que Kann am Satzanfang und in der Satzmitte stehen.	Il n'a rien dit, par peur du scandale, **vu qu'**il est maire.	*da; weil; angesichts der Tatsache, dass*
Parce que Steht am Satzanfang als Antwort auf **pourquoi**. In allen anderen Fällen steht **parce que** in der Mitte des Satzes.	Pourquoi n'es-tu pas venu ? **Parce que** j'étais malade. Si leur image dans la société n'est pas bonne, c'est peut-être **parce que** les mariés d'aujourd'hui ont oublié qu'ils seront peut-être les solos de demain.	*weil*
Puisque Kann am Satzanfang und in der Satzmitte stehen.	Un travail difficile **puisque** plus d'un millier de mots nouveaux ont été publiés au Journal Officiel depuis 2004.	*da*

12.6 Temporale Konjunktionen

avant de + Inf.	Prévenez-moi **avant de** me rendre visite.	*bevor*
avant que + Subj.	Préviens-moi **avant qu'**ils partent !	*bevor*
après que + Ind.	**Après qu'**il est parti, tout le monde s'est mis à danser.	*nachdem*
après + Inf.	**Après être** partis, ils ont fait encore quatre heures de route.	*nachdem*
depuis que	**Depuis qu'**il est à l'école, il est plus responsable.	*seit*
dès que	Je t'appelle **dès que** je serai arrivé à la maison.	*sobald*
aussitôt que	Il est sorti **aussitôt qu'**il s'est arrêté de pleuvoir.	*sobald*
à partir du moment où	**À partir du moment où** il a habité chez moi, il a arrêté de fumer.	*sobald*
tandis que	**Tandis que** tu rêvais, ils ont fait leurs exercices.	*während*
alors que	**Alors qu'**elle faisait du jogging, on lui a volé sa voiture.	*während*
pendant que	**Pendant que** le mari regarde la télé, sa femme fait le ménage.	*während*
à l'époque où	**À l'époque où** j'ai acheté ces chaussures, elles coûtaient une fortune.	*als*
quand	Mon premier souvenir, c'est la sensation du sable chaud sous les pieds **quand** j'étais petit.	*als*
lorsque	**Lorsque** je suis descendue du train à la gare Montparnasse, j'ai immédiatement distingué les Parisiens des provinciaux.	*als*
à présent que	**À présent qu'**il est marié, il ne sort plus le soir.	*jetzt da*
maintenant que	**Maintenant qu'**il est handicapé il voit la vie de manière différente.	*jetzt da*

- **Après que** wird in der gesprochenen Sprache z.T. mit subjonctif benutzt.
- **Avant que** wird häufig mit **ne** verwendet. Dieses **ne** hat jedoch keine verneinende Funktion, sondern dient lediglich als Stilelement:
  Je le lui ai dit **avant qu'**il parte = Je le lui ai dit **avant qu'il ne** parte.

13. Grammatische Begriffe im Überblick

Adjektiv	Eigenschaftswort: *schön, nervös*	adjectif *m*
Adverb	Umstandswort: *oft, normalerweise*	adverbe *m*
Akkusativpronomen	Fürwort als direktes Objekt: *mich, dich, ihn, sie…*	pronom complément d'objet direct *m*
Aktiv	Tätigkeitsform: Ich *schreibe* den Brief.	actif *m*
Artikel, bestimmter	Geschlechtswort: *der, die, das*	article défini *m*
Artikel, unbestimmter	Geschlechtswort: *ein, eine, einer*	article indéfini *m*
Dativpronomen	Fürwort als indirektes Objekt: *mir, dir, ihm, ihr …*	pronom complément d'objet indirect *m*
Demonstrativbegleiter	hinweisendes Fürwort: *dieser*	adjectif démonstratif *m*
feminin	weiblich	féminin
Futur	Zukunft: *Wirst* du nach Paris *fahren*?	futur *m*
Futur II	vollendete Zukunft: Wenn ich zurückkomme, *wirst* du bereits zur Arbeit *gefahren sein*.	futur antérieur *m*
Genus	Geschlecht: männlich, weiblich, sächlich	genre *m*
Gerundium	Verlaufsform: Wir *essen gerade*.	gérondif *m*
Hilfsverb	Hilfszeitwort: Ich *habe* gegessen. Ich *bin* gekommen.	auxiliaire *m*
Imperativ	Befehlsform: *Sieh* mal! *Setzen Sie sich*!	impératif *m*
Imperfekt	einfache Vergangenheit: Ich *ging*.	imparfait *m*
Indirekte Rede	*Er sagte, er fliege morgen nach Spanien.*	discours indirect *m*
Infinitiv	Grundform des Zeitwortes: *machen, gehen*	infinitif *m*
Interrogativ	Fragewort: *welcher, wer, was*	pronom interrogatif *m*
Inversion	Umkehrung der Reihenfolge von Subjekt und Prädikat in der Frage: *Kommst du*?	inversion *f*
Komparativ	erste Steigerungsform bei Adjektiven und Adverben: *größer, besser*	comparatif *m*
Konditional	Bedingungsform: Ich *würde kommen*.	conditionnel *m*
Konditional II	Bedingungsform der Vergangenheit: Er *wäre gekommen*. Sie *hätte gearbeitet*.	conditionnel passé *m*
Konjugation	Beugung des Verbs: ich *gehe*, du *gehst*, …	conjugaison *f*
Konjunktion	Bindewort: *und, als, jedoch, wenn, aber*	conjonction *f*
Konsonant	Mitlaut: *b, c, d, f, g…*	consonne *f*
maskulin	männlich	masculin
Mengenangabe	*zahlreiche, wenige, manche*	quantificateur *m*
Modalverb	Wir *können* nicht kommen. Ich *muss* arbeiten.	semi-auxiliaire *m*
Negation	Er isst *keinen* Kuchen. Sie kommt heute *nicht*.	négation *f*
Nomen	Hauptwort / Substantiv: das *Haus*	nom commun *m*
Objekt, direktes	direkte Satzergänzung: Ich schreibe *den Brief*.	complément d'object direct *m*
Objekt, indirektes	indirekte Satzergänzung: Ich lege *dem Brief* ein Foto bei.	complément d'objet indirect *m*

GRAMMATIK

Objektpronomen, direktes	Stellvertreter einer Satzergänzung im 4. Fall: Ich suche *sie*. Ich weiß *es* nicht.	pronom complément d'objet direct *m*
Objektpronomen, indirektes	Stellvertreter einer Satzergänzung im 3. Fall: Wir glauben *ihr*. Ich schenke *ihm* ein Buch.	pronom complément d'objet indirect *m*
Partizip Perfekt	Mittelwort der Vergangenheit: Ich habe *gearbeitet*.	participe passé *m*
Partizip Präsens	Mittelwort der Gegenwart: *tanzend*, *singend*	participe présent *m*
Passiv	Leideform: Der Brief *wird* von mir *geschrieben*.	passif *m*
Perfekt	vollendete Gegenwart: Er *hat* lange *geschlafen*.	passé composé *m*
Personalpronomen	persönliches Fürwort: *ich*, *du*, *wir*	pronom personnel *m*
Phonetik	Lehre von der Aussprache	phonétique *f*
Plural	Mehrzahl: *Kinder*, *Blumen*	pluriel *m*
Plusquamperfekt	vollendete Vergangenheit: Er *war gegangen*.	plus-que-parfait *m*
Possessivbegleiter	besitzanzeigender Begleiter: *mein* Haus, *eure* Eltern	adjectif possessif *m*
Possessivpronomen	besitzanzeigendes Fürwort: *meins*, *deiner*	pronom possessif *m*
Präposition	Verhältniswort: *in*, *nach*, *mit*	préposition *f*
Präsens	Gegenwart: Ich *fahre* ans Meer.	présent *m*
Pronomen	Fürwort: Ich habe zwei *davon*.	pronom *m*
Reflexivpronomen	rückbezügliches Fürwort: Ich wasche *mich*.	pronom réfléchi *m*
reflexives Verb	Verb mit einem rückbezüglichen Fürwort: *sich kämmen*	verbe pronominal *m*
Relativpronomen	bezügliches Fürwort: Der Mann, *der* mich angerufen hat, war mein Nachbar.	pronom relatif *m*
Singular	Einzahl: *Kind*, *Blume*	singulier *m*
Subjekt	Satzgegenstand: *Michael* ist Arzt.	sujet *m*
Subjektpronomen	Stellvertreter des Satzgegenstandes: *Er* ist Arzt.	pronom personnel *m*
Substantiv	Hauptwort / Nomen: *Haus*, *Problem*	substantif *m*
Superlativ	höchste Steigerungsform bei Adjektiven und Adverben: *der größte*, *am meisten*	superlatif *m*
Verb	Tätigkeitswort: Er *kommt*. Er *ist gekommen*.	verbe *m*
verbale Periphrase	Verben, die angeben, in welcher Phase einer Handlung man sich befindet: Elle *vient de* sortir.	périphrase verbale *f*
Vokal	Selbstlaut: *a*, *e*, *i*, *o*, *u*	voyelle *f*

14. Verben im Überblick

14.1 Regelmäßige Verben

	aimer	finir	dormir	attendre
présent				
je / j'	aime	finis	dors	attends
tu	aimes	finis	dors	attends
il / elle / on	aime	finit	dort	attend
nous	aimons	finissons	dormons	attendons
vous	aimez	finissez	dormez	attendez
ils / elles	aiment	finissent	dorment	attendent
impératif				
tu	aime !	finis !	dors !	attends !
nous	aimons !	finissons !	dormons !	attendons !
vous	aimez !	finissez !	dormez !	attendez !
imparfait				
je / j'	aimais	finissais	dormais	attendais
tu	aimais	finissais	dormais	attendais
il / elle / on	aimait	finissait	dormait	attendait
nous	aimions	finissions	dormions	attendions
vous	aimiez	finissiez	dormiez	attendiez
ils / elles	aimaient	finissaient	dormaient	attendaient
futur				
je / j'	aimerai	finirai	dormirai	attendrai
tu	aimeras	finiras	dormiras	attendras
il / elle / on	aimera	finira	dormira	attendra
nous	aimerons	finirons	dormirons	attendrons
vous	aimerez	finirez	dormirez	attendrez
ils / elles	aimeront	finiront	dormiront	attendront
conditionnel				
je / j'	aimerais	finirais	dormirais	attendrais
tu	aimerais	finirais	dormirais	attendrais
il / elle / on	aimerait	finirait	dormirait	attendrait
nous	aimerions	finirions	dormirions	attendrions
vous	aimeriez	finiriez	dormiriez	attendriez
ils / elles	aimeraient	finiraient	dormiraient	attendraient
subjonctif				
que je / j'	aime	finisse	dorme	attende
que tu	aimes	finisses	dormes	attendes
qu'il / elle / on	aime	finisse	dorme	attende
que nous	aimions	finissions	dormions	attendions
que vous	aimiez	finissiez	dormiez	attendiez
qu'ils / elles	aiment	finissent	dorment	attendent
gérondif	en aimant	en finissant	en dormant	en attendant
passé composé	j'ai aimé	j'ai fini	j'ai dormi	j'ai attendu
plus-que-parfait	j'avais aimé	j'avais fini	j'avais dormi	j'avais attendu
futur antérieur	j'aurai aimé	j'aurai fini	j'aurai dormi	j'aurai attendu
conditionnel passé	j'aurais aimé	j'aurais fini	j'aurais dormi	j'aurais attendu
passé simple	il aima	il finit	il dormit	il attendit
	ils aimèrent	ils finirent	ils dormirent	ils attendirent

14.2 Unregelmäßige Verben

In dieser Übersicht finden Sie alle unregelmäßigen Verben aus Voyages 1–3. Aus Platzgründen werden in der Konjugationstabelle nur einige Modellverben aufgeführt. Andere unregelmäßige Verben, die genauso konjugiert werden, finden Sie in der anschließenden Liste.
Alle anderen Verben werden konjugiert wie **aimer**, **finir**, **dormir** oder **attendre**.

	acheter	aller	appeler
présent			
je / j'	achète	vais	appelle
tu	achètes	vas	appelles
il / elle / on	achète	va	appelle
nous	achetons	allons	appelons
vous	achetez	allez	appelez
ils / elles	achètent	vont	appellent
impératif			
tu	achète !	vas !	appelle !
nous	achetons !	allons !	appelons !
vous	achetez	allez !	appelez !
imparfait			
je / j'	achetais	allais	appelais
tu	achetais	allais	appelais
il / elle / on	achetait	allait	appelait
nous	achetions	allions	appelions
vous	achetiez	alliez	appeliez
ils / elles	achetaient	allaient	appelaient
futur			
je / j'	achèterai	irai	appellerai
tu	achèteras	iras	appelleras
il / elle / on	achètera	ira	appellera
nous	achèterons	irons	appellerons
vous	achèterez	irez	appellerez
ils / elles	achèteront	iront	appelleront
conditionnel			
je / j'	achèterais	irais	appellerais
tu	achèterais	irais	appellerais
il / elle / on	achèterait	irait	appellerait
nous	achèterions	irions	appellerions
vous	achèteriez	iriez	appelleriez
ils / elles	achèteraient	iraient	appelleraient
subjonctif			
que je / j'	achète	aille	appelle
que tu	achètes	ailles	appelles
qu'il / elle / on	achète	aille	appelle
que nous	achetions	allions	appelions
que vous	achetiez	alliez	appeliez
qu'ils / elles	achètent	aillent	appellent
gérondif	en achetant	en allant	en appelant
passé composé	j'ai acheté	je suis allé/e	j'ai appelé
plus-que-parfait	j'avais acheté	j'étais allé/e	j'avais appelé
futur antérieur	j'aurai acheté	je serai allé/e	j'aurai appelé
conditionnel passé	j'aurais acheté	je serais allé/e	j'aurais appelé
passé simple	il acheta	il alla	il appela
	ils achetèrent	ils allèrent	ils appelèrent

GRAMMATIK

	s'asseoir		atteindre	avoir
présent				
je / j'	m'**assieds**	m'ass**ois**	attei**ns**	**ai**
tu	t'**assieds**	t'ass**ois**	attei**ns**	**as**
il / elle / on	s'**assied**	s'ass**oit**	attei**nt**	**a**
nous	nous ass**eyons**	nous ass**oyons**	attei**gnons**	**avons**
vous	vous ass**eyez**	vous ass**oyez**	attei**gnez**	**avez**
ils / elles	s'ass**eyent**	s'ass**oient**	attei**gnent**	**ont**
impératif				
tu	**assieds**-toi !		attei**ns** !	**aie** !
nous	ass**eyons**-nous !		attei**gnons** !	**ayons** !
vous	ass**eyez**-vous !		attei**gnez** !	**ayez** !
imparfait				
je / j'	m'ass**eyais**	m'ass**oyais**	attei**gnais**	**avais**
tu	t'ass**eyais**	t'ass**oyais**	attei**gnais**	**avais**
il / elle / on	s'ass**eyait**	s'ass**oyait**	attei**gnait**	**avait**
nous	nous ass**eyions**	nous ass**oyions**	attei**gnions**	**avions**
vous	vous ass**eyiez**	vous ass**oyiez**	attei**gniez**	**aviez**
ils / elles	s'ass**eyaient**	s'ass**oyaient**	attei**gnaient**	**avaient**
futur				
je / j'	m'ass**iérai**	m'ass**oirai**	attei**ndrai**	**aurai**
tu	t'ass**iéras**	t'ass**oiras**	attei**ndras**	**auras**
il / elle / on	s'ass**iéra**	s'ass**oira**	attei**ndra**	**aura**
nous	nous ass**iérons**	nous ass**oirons**	attei**ndrons**	**aurons**
vous	vous ass**iérez**	vous ass**oirez**	attei**ndrez**	**aurez**
ils / elles	s'ass**iéront**	s'ass**oiront**	attei**ndront**	**auront**
conditionnel				
je / j'	m'ass**iérais**	m'ass**oirais**	attei**ndrais**	**aurais**
tu	t'ass**iérais**	t'ass**oirais**	attei**ndrais**	**aurais**
il / elle / on	s'ass**iérait**	s'ass**oirait**	attei**ndrait**	**aurait**
nous	nous ass**iérions**	nous ass**oirions**	attei**ndrions**	**aurions**
vous	vous ass**iériez**	vous ass**oiriez**	attei**ndriez**	**auriez**
ils / elles	s'ass**iéraient**	s'ass**oiraient**	attei**ndraient**	**auraient**
subjonctif				
que je / j'	m'ass**eye**	m'ass**oie**	attei**gne**	**aie**
que tu	t'ass**eyes**	t'ass**oies**	attei**gnes**	**aies**
qu'il / elle / on	s'ass**eye**	s'ass**oie**	attei**gne**	**ait**
que nous	nous ass**eyions**	nous ass**oyions**	attei**gnions**	**ayons**
que vous	vous ass**eyiez**	vous ass**oyiez**	attei**gniez**	**ayez**
qu'ils / elles	s'ass**eyent**	s'ass**oient**	attei**gnaient**	**aient**
gérondif	en s'ass**eyant**	en s'ass**oyant**	en attei**gnant**	en **ayant**
passé composé	je me suis **assis/e**		j'ai **atteint**	j'ai **eu**
plus-que-parfait	je m'étais **assis/e**		j'avais **atteint**	j'avais **eu**
futur antérieur	je me serai **assis/e**		j'aurai **atteint**	j'aurai **eu**
conditionnel passé	je me serais **assis/e**		j'aurais **atteint**	j'aurais **eu**
passé simple	il s'ass**it**		il attei**gnit**	il **eut**
	ils s'ass**irent**		ils attei**gnirent**	ils **eurent**

GRAMMATIK

	battre	boire	clore	commencer	conduire
présent					
je	bats	bois	clos	commence	conduis
tu	bats	bois	clos	commences	conduis
il / elle / on	bat	boit	clôt	commence	conduit
nous	battons	buvons		commençons	conduisons
vous	battez	buvez		commencez	conduisez
ils / elles	battent	boivent		commencent	conduisent
impératif					
tu	bats !	bois !	clos !	commence !	conduis !
nous	battons !	buvons !		commençons !	conduisons !
vous	battez !	buvez !		commencez !	conduisez !
imparfait					
je	battais	buvais		commençais	conduisais
tu	battais	buvais		commençais	conduisais
il / elle / on	battait	buvait		commençait	conduisait
nous	battions	buvions		commencions	conduisions
vous	battiez	buviez		commenciez	conduisiez
ils / elles	battaient	buvaient		commençaient	conduisaient
futur					
je	battrai	boirai	clorai	commencerai	conduirai
tu	battras	boiras	cloras	commencera	conduiras
il / elle / on	battra	boira	clora	commencera	conduira
nous	battrons	boirons	clorons	commencerons	conduirons
vous	battrez	boirez	clorez	commencerez	conduirez
ils / elles	battront	boiront	cloront	commenceront	conduiront
conditionnel					
je	battrais	boirais	clorais	commencerais	conduirais
tu	battrais	boirais	clorais	commencerais	conduirais
il / elle / on	battrait	boirait	clorait	commencerait	conduirait
nous	battrions	boirions	clorions	commencerions	conduirions
vous	battriez	boiriez	cloriez	commenceriez	conduiriez
ils / elles	battraient	boiraient	cloraient	commenceraient	conduiraient
subjonctif					
que je	batte	boive	close	commence	conduise
que tu	battes	boives	closes	commences	conduises
qu'il / elle / on	batte	boive	close	commence	conduise
que nous	battions	buvions	closions	commencions	conduisions
que vous	battiez	buviez	closiez	commenciez	conduisiez
qu'ils / elles	battent	boivent	closent	commencent	conduisent
gérondif	en battant	en buvant	en closant	en commençant	en conduisant
passé composé	j'ai battu	j'ai bu	j'ai clos	j'ai commencé	j'ai conduit
plus-que-parfait	j'avais battu	j'avais bu	j'avais clos	j'avais commencé	j'avais conduit
futur antérieur	j'aurai battu	j'aurai bu	j'aurai clos	j'aurai commencé	j'aurai conduit
conditionnel passé	j'aurais battu	j'aurais bu	j'aurais clos	j'aurais commencé	j'aurais conduit
passé simple	il battit	il but		il commença	il conduisit
	ils battirent	ils burent		ils commencèrent	ils conduisirent

GRAMMATIK

	connaître	croire	cueillir	devoir	dire
présent					
je	**connais**	crois	cueille	**dois**	dis
tu	**connais**	crois	cueilles	**dois**	dis
il / elle / on	**connaît**	croit	cueille	**doit**	dit
nous	connaissons	croyons	cueillons	devons	**disons**
vous	connaissez	croyez	cueillez	devez	**dites**
ils / elles	connaissent	croient	cueillent	**doivent**	**disent**
impératif					
tu	**connais** !	crois !	cueille !	**dois** !	dis !
nous	connaissons !	croyons !	cueillons !	devons !	**disons** !
vous	connaissez !	croyez !	cueillez !	devez !	**dites** !
imparfait					
je	connaissais	croyais	cueillais	devais	disais
tu	connaissais	croyais	cueillais	devais	disais
il / elle / on	connaissait	croyait	cueillait	devait	disait
nous	connaissions	croyions	cueillions	devions	disions
vous	connaissiez	croyiez	cueilliez	deviez	disiez
ils / elles	connaissaient	croyaient	cueillaient	devaient	disaient
futur					
je	connaîtrai	croirai	cueillerai	**devrai**	dirai
tu	connaîtras	croiras	cueilleras	**devras**	diras
il / elle / on	connaîtra	croira	cueillera	**devra**	dira
nous	connaîtrons	croirons	cueillerons	**devrons**	dirons
vous	connaîtrez	croirez	cueillerez	**devrez**	direz
ils / elles	connaîtront	croiront	cueilleront	**devront**	diront
conditionnel					
je	connaîtrais	croirais	cueillerais	**devrais**	dirais
tu	connaîtrais	croirais	cueillerais	**devrais**	dirais
il / elle / on	connaîtrait	croirait	cueillerait	**devrait**	dirait
nous	connaîtrions	croirions	cueillerions	**devrions**	dirions
vous	connaîtriez	croiriez	cueilleriez	**devriez**	diriez
ils / elles	connaîtraient	croiraient	cueilleraient	**devraient**	diraient
subjonctif					
que je	connaisse	croie	cueille	**doive**	dise
que tu	connaisses	croies	cueilles	**doives**	dises
qu'il / elle / on	connaisse	croie	cueille	**doive**	dise
que nous	connaissions	croyions	cueillions	devions	disions
que vous	connaissiez	croyiez	cueilliez	deviez	disiez
qu'ils / elles	connaissent	croient	cueillent	**doivent**	disent
gérondif	en connaissant	en croyant	en cueillant	en devant	en disant
passé composé	j'ai connu	j'ai cru	j'ai cueilli	j'ai dû	j'ai dit
plus-que-parfait	j'avais connu	j'avais cru	j'avais cueilli	j'avais dû	j'avais dit
futur antérieur	j'aurai connu	j'aurai cru	j'aurai cueilli	j'aurai dû	j'aurai dit
conditionnel passé	j'aurais connu	j'aurais cru	j'aurais cueilli	j'aurais dû	j'aurais dit
passé simple	il connut	il crut	il cueillit	il dut	il dit
	ils connurent	ils crurent	ils cueillirent	ils durent	ils dirent

GRAMMATIK

	écrire	s'ennuyer[*]	envoyer	être
présent				
je / j'	écris	m'ennuie	envoie	suis
tu	écris	t'ennuies	envoies	es
il / elle / on	écrit	s'ennuie	envoie	est
nous	écrivons	nous ennuyons	envoyons	sommes
vous	écrivez	vous ennuyez	envoyez	êtes
ils / elles	écrivent	s'ennuient	envoient	sont
impératif				
tu	écris !	ennuie-toi !	envoie !	sois !
nous	écrivons !	ennuyons-nous !	envoyons !	soyons !
vous	écrivez !	ennuyez-vous !	envoyez !	soyez !
imparfait				
je / j'	écrivais	m'ennuyais	envoyais	étais
tu	écrivais	t'ennuyais	envoyais	étais
il / elle / on	écrivait	s'ennuyait	envoyait	était
nous	écrivions	nous ennuyions	envoyions	étions
vous	écriviez	vous ennuyiez	envoyiez	étiez
ils / elles	écrivaient	m'ennuyaient	envoyaient	étaient
futur				
je / j'	écrirai	m'ennuierai	enverrai	serai
tu	écriras	t'ennuieras	enverras	seras
il / elle / on	écrira	s'ennuiera	enverra	sera
nous	écrirons	nous ennuierons	enverrons	serons
vous	écrirez	vous ennuierez	enverrez	serez
ils / elles	écriront	s'ennuieront	enverront	seront
conditionnel				
je / j'	écrirais	m'ennuierais	enverrais	serais
tu	écrirais	t'ennuierais	enverrais	serais
il / elle / on	écrirait	s'ennuierait	enverrait	serait
nous	écririons	nous ennuierions	enverrions	serions
vous	écririez	vous ennuieriez	enverriez	seriez
ils / elles	écriraient	s'ennuieraient	enverraient	seraient
subjonctif				
que je / j'	écrive	m'ennuie	envoie	sois
que tu	écrives	t'ennuies	envoies	sois
qu'il / elle / on	écrive	s'ennuie	envoie	soit
que nous	écrivions	nous ennuyions	envoyions	soyons
que vous	écriviez	vous ennuyiez	envoyiez	soyez
qu'ils / elles	écrivent	s'ennuient	envoient	soient
gérondif	en écrivant	en s'ennuyant	en envoyant	en étant
passé composé	j'ai écrit	je me suis ennuyé/e	j'ai envoyé	j'ai été
plus-que-parfait	j'avais écrit	je m'étais ennuyé/e	j'avais envoyé	j'avais été
futur antérieur	j'aurai écrit	je me serai ennuyé/e	j'aurai envoyé	j'aurai été
conditionnel passé	j'aurais écrit	je me serais ennuyé/e	j'aurais envoyé	j'aurais été
passé simple	il écrivit	il s'ennuya	il envoya	il fut
	ils écrivirent	ils ennuyèrent	ils envoyèrent	ils furent

[*] Die Formen des **présent**, **futur**, **subjonctif** und **impératif** können auch mit **y** geschrieben werden.

GRAMMATIK

	faire	falloir	fuir	lire	manger
présent					
je	fais		fuis	lis	mange
tu	fais		fuis	lis	manges
il / elle / on	fait	il **faut**	fuit	lit	mange
nous	**fais**ons		**fuy**ons	**lis**ons	mang**eons**
vous	**faites**		**fuy**ez	**lis**ez	mang**ez**
ils / elles	**font**		**fui**ent	**lis**ent	mang**ent**
impératif					
tu	fais !	*pas*	fuis	lis !	mange !
nous	**fais**ons !	*d'impératif*	**fuy**ons	**lis**ons !	mang**eons** !
vous	**faites** !		**fuy**ez	**lis**ez !	mang**ez** !
imparfait					
je	fai**s**ais		**fuy**ais	**lis**ais	mang**eais**
tu	fai**s**ais		**fuy**ais	**lis**ais	mang**eais**
il / elle / on	fai**s**ait	il **fallait**	**fuy**ait	**lis**ait	mang**eais**
nous	fai**s**ions		**fuy**ions	**lis**ions	mangions
vous	fai**s**iez		**fuy**iez	**lis**iez	mangiez
ils / elles	fai**s**aient		**fuy**aient	**lis**aient	mang**eaient**
futur					
je	**fer**ai		fuirai	lirai	mangerai
tu	**fer**as		fuiras	liras	mangeras
il / elle / on	**fer**a	il **faudra**	fuira	lira	mangera
nous	**fer**ons		fuirons	lirons	mangerons
vous	**fer**ez		fuirez	lirez	mangerez
ils / elles	**fer**ont		fuiront	liront	mangeront
conditionnel					
je	**fer**ais		fuirais	lirais	mangerais
tu	**fer**ais		fuirais	lirais	mangerais
il / elle / on	**fer**ait	il **faudrait**	fuirait	lirait	mangerait
nous	**fer**ions		fuirions	lirions	mangerions
vous	**fer**iez		fuiriez	liriez	mangeriez
ils / elles	**fer**aient		fuiraient	liraient	mangeraient
subjonctif					
que je	**fass**e		fuie	lise	mange
que tu	**fass**es		fuies	lises	manges
qu'il / elle / on	**fass**e	il **faille**	fuie	lise	mange
que nous	**fass**ions		**fuy**ions	**lis**ions	mangions
que vous	**fass**iez		**fuy**iez	**lis**iez	mangiez
qu'ils / elles	**fass**ent		**fui**ent	**lis**ent	mangent
gérondif	en fai**s**ant		en **fuy**ant	en **lis**ant	en mang**eant**
passé composé	j'ai **fait**	il a **fallu**	j'ai fui	j'ai **lu**	j'ai mangé
plus-que-parfait	j'avais **fait**	il avait **fallu**	j'avais fui	j'avais **lu**	j'avais mangé
futur antérieur	j'aurai **fait**	il aura **fallu**	j'aurai fui	j'aurai **lu**	j'aurai mangé
conditionnel passé	j'aurais **fait**	il aurait **fallu**	j'aurait fui	j'aurais **lu**	j'aurais mangé
passé simple	il **fit**	il **fallut**	il fuit	il **lut**	il mangea
	ils **firent**		ils fuirent	ils **lurent**	ils mangèrent

	mettre	naître	ouvrir	payer*
présent				
je / j'	**mets**	**nais**	ouv**re**	paie
tu	**mets**	**nais**	ouv**res**	paies
il / elle / on	**met**	naît	ouv**re**	paie
nous	mettons	naissons	ouvrons	payons
vous	mettez	naissez	ouvrez	payez
ils / elles	mettent	naissent	ouvrent	paient
impératif				
tu	**mets** !	**nais** !	ouv**re** !	paie !
nous	mettons !	naissons !	ouvrons !	payons !
vous	mettez !	naissez !	ouvrez !	payez !
imparfait				
je / j'	mettais	naissais	ouvrais	payais
tu	mettais	naissais	ouvrais	payais
il / elle / on	mettait	naissait	ouvrait	payait
nous	mettions	naissions	ouvrions	payions
vous	mettiez	naissiez	ouvriez	payiez
ils / elles	mettaient	naissaient	ouvraient	payaient
futur				
je / j'	je mettrai	naîtrai	ouvrirai	paierai
tu	je mettras	naîtras	ouvriras	paieras
il / elle / on	je mettra	naîtra	ouvrira	paiera
nous	je mettrons	naîtrons	ouvrirons	paierons
vous	je mettrez	naîtrez	ouvrirez	paierez
ils / elles	je mettront	naîtront	ouvriront	paieraient
conditionnel				
je / j'	je mettrais	naîtrais	ouvrirais	paierais
tu	je mettrais	naîtrais	ouvrirais	paierais
il / elle / on	je mettrait	naîtrait	ouvrirait	paierait
nous	je mettrions	naîtrions	ouvririons	paierions
vous	je mettriez	naîtriez	ouvririez	paieriez
ils / elles	je mettraient	naîtraient	ouvriraient	paieraient
subjonctif				
que je / j'	mette	naisse	ouvre	paie
que tu	mettes	naisses	ouvres	paies
qu'il / elle / on	mette	naisse	ouvre	paie
que nous	mettions	naissions	ouvrions	payions
que vous	mettiez	naissiez	ouvriez	payiez
qu'ils / elles	mettent	naissent	ouvrent	paient
gérondif	en mettant	en naissant	en ouvrant	en payant
passé composé	j'ai **mis**	je suis **né/e**	j'ai **ouvert**	j'ai payé
plus-que-parfait	j'avais **mis**	j'étais **né/e**	j'avais **ouvert**	j'avais payé
futur antérieur	j'aurai **mis**	je serai **né/e**	j'aurai **ouvert**	j'aurai payé
conditionnel passé	j'aurais **mis**	je serais **né/e**	j'aurais **ouvert**	j'aurais payé
passé simple	il **mit**	il **naquit**	il ouvrit	il paya
	ils **mirent**	ils **naquirent**	ils ouvrirent	ils payèrent

*Die Formen von **présent**, **futur**, **subjonctif** und **impératif** kann man auch mit **y** schreiben.

GRAMMATIK

	plaire	pleuvoir	pouvoir	préférer
présent				
je	plais		peux*	préfère
tu	plais		peux	préfères
il / elle / on	plaît	il pleut	peut	préfère
nous	plaisons		pouvons	préférons
vous	plaisez		pouvez	préférez
ils / elles	plaisent		peuvent	préfèrent
impératif				
tu	plais !	*pas d'impératif*	*pas d'impératif*	préfère !
nous	plaisons !			préférons !
vous	plaisez !			préférez !
imparfait				
je	plaisais		pouvais	préférais
tu	plaisais		pouvais	préférais
il / elle / on	plaisait	il pleuvait	pouvait	préférait
nous	plaisions		pouvions	préférions
vous	plaisiez		pouviez	préfériez
ils / elles	plaisaient		pouvaient	préféraient
futur				
je	plairai		pourrai	préférerai
tu	plairas		pourras	préféreras
il / elle / on	plaira	il pleuvra	pourra	préférera
nous	plairons		pourrons	préférerons
vous	plairez		pourrez	préférerez
ils / elles	plairont		pourront	préféreront
conditionnel				
je	plairais		pourrais	préférerais
tu	plairais		pourrais	préférerais
il / elle / on	plairait	il pleuvrait	pourrait	préférerait
nous	plairions		pourrions	préférerions
vous	plairiez		pourriez	préféreriez
ils / elles	plairaient		pourraient	préféreraient
subjonctif				
que je	plaise		puisse	préfère
que tu	plaises		puisses	préfères
qu'il / elle / on	plaise	il pleuve	puisse	préfère
que nous	plaisions		puissions	préférions
que vous	plaisiez		puissiez	préfériez
qu'ils / elles	plaisent		puissent	préfèrent
gérondif	en plaisant	en pleuvant	en pouvant	en préférant
passé composé	j'ai plu	il a plu	j'ai pu	j'ai préféré
plus-que-parfait	j'avais plu	il avait plu	j'avais pu	j'avais préféré
futur antérieur	j'aurai plu	il aura plu	j'aurai pu	j'aurai préféré
conditionnel passé	j'aurais plu	il aurait plu	j'aurais pu	j'aurais préféré
passé simple	il plut	il plut	il put	il préféra
	ils plurent		ils purent	ils préférèrent

*In der Frage wird statt **peux** auch **puis** verwendet: **Puis-je ?** *Kann ich?*

GRAMMATIK

	prendre	publier	recevoir	résoudre	rire
présent					
je	prends	publie	**reçois**	résous	ris
tu	prends	publies	**reçois**	résous	ris
il / elle / on	prend	publie	**reçoit**	résout	rit
nous	**prenons**	publions	recevons	**résolvons**	rions
vous	**prenez**	publiez	recevez	**résolvez**	riez
ils / elles	**prennent**	publient	**reçoivent**	résolvent	rient
impératif					
tu	prends !	publie !	**reçois** !	résous !	ris !
nous	**prenons** !	publions !	recevons !	**résolvons** !	rions !
vous	**prenez** !	publiez !	recevez !	**résolvez** !	riez !
imparfait					
je	prenais	publiais	recevais	**résolvais**	riais
tu	prenais	publiais	recevais	**résolvais**	riais
il / elle / on	prenait	publiait	recevait	**résolvait**	riait
nous	prenions	publiions	recevions	**résolvions**	riions
vous	preniez	publiiez	receviez	**résolviez**	riiez
ils / elles	prenaient	publiaient	recevaient	**résolvaient**	riaient
futur					
je	prendrai	publierai	**recevrai**	résoudrai	rirai
tu	prendras	publieras	**recevras**	résoudras	riras
il / elle / on	prendra	publiera	**recevra**	résoudra	rira
nous	prendrons	publierons	**recevrons**	résoudrons	rirons
vous	prendrez	publierez	**recevrez**	résoudrez	rirez
ils / elles	prendront	publieront	**recevraient**	résoudront	riront
conditionnel					
je	prendrais	publierais	**recevrais**	résoudrais	rirais
tu	prendrais	publierais	**recevrais**	résoudrais	rirais
il / elle / on	prendrait	publierait	**recevrait**	résoudrait	rirait
nous	prendrions	publierions	**recevrions**	résoudrions	ririons
vous	prendriez	publieriez	**recevriez**	résoudriez	ririez
ils / elles	prendraient	publieraient	**recevraient**	résoudraient	riraient
subjonctif					
que je	**prenne**	publie	**reçoive**	résolve	rie
que tu	**prennes**	publies	**reçoives**	résolves	ries
qu'il / elle / on	**prenne**	publie	**reçoive**	résolve	rie
que nous	prenions	publiions	recevions	**résolvions**	riions
que vous	preniez	publiiez	receviez	**résolviez**	riiez
qu'ils / elles	**prennent**	publient	**reçoivent**	résolvent	rient
gérondif	en prenant	en publiant	en recevant	en **résolvant**	en riant
passé composé	j'ai **pris**	j'ai publié	j'ai **reçu**	j'ai **résolu**	j'ai **ri**
plus-que-parfait	j'avais **pris**	j'avais publié	j'avais **reçu**	j'avais **résolu**	j'avais **ri**
futur antérieur	j'aurai **pris**	j'aurai publié	j'aurai **reçu**	j'aurai **résolu**	j'aurai **ri**
conditionnel passé	j'aurais **pris**	j'aurais publié	j'aurais **reçu**	j'aurais **résolu**	j'aurais **ri**
passé simple	il **prit**	il publia	il **reçut**	il **résolut**	il rit
	ils **prirent**	ils publièrent	ils **reçurent**	ils **résolurent**	ils rirent

	rompre	savoir	servir	suivre	tenir
présent					
je	romps	**sais**	**sers**	**suis**	**tiens**
tu	romps	**sais**	**sers**	**suis**	**tiens**
il / elle / on	rompt	**sait**	**sert**	**suit**	**tient**
nous	rompons	savons	servons	suivons	tenons
vous	rompez	savez	servez	suivez	tenez
ils / elles	rompent	savent	servent	suivent	**tiennent**
impératif					
tu	romps !	**sache** !	**sers** !	**suis** !	**tiens** !
nous	rompons !	**sachons** !	servons !	suivons !	tenons !
vous	rompez !	**sachez** !	servez !	suivez !	tenez !
imparfait					
je	rompais	savais	servais	suivais	tenais
tu	rompais	savais	servais	suivais	tenais
il / elle / on	rompais	savait	servait	suivait	tenait
nous	rompions	savions	servions	suivions	tenions
vous	rompiez	saviez	serviez	suiviez	teniez
ils / elles	rompaient	savaient	servaient	suivaient	tenaient
futur					
je	romprai	**saurai**	servirai	suivrai	**tiendrai**
tu	rompras	**sauras**	serviras	suivras	**tiendras**
il / elle / on	rompra	**saura**	servira	suivra	**tiendra**
nous	romprons	**saurons**	servirons	suivrons	**tiendrons**
vous	romprez	**saurez**	servirez	suivrez	**tiendrez**
ils / elles	rompront	**sauront**	serviront	suivront	**tiendront**
conditionnel					
je	romprais	**saurais**	servirais	suivrais	**tiendrais**
tu	romprais	**saurais**	servirais	suivrais	**tiendrais**
il / elle / on	romprait	**saurait**	servirait	suivrait	**tiendrait**
nous	romprions	**saurions**	servirions	suivrions	**tiendrions**
vous	rompriez	**sauriez**	serviriez	suivriez	**tiendriez**
ils / elles	rompraient	**sauraient**	serviraient	suivraient	**tiendraient**
subjonctif					
que je	rompe	**sache**	serve	suive	**tienne**
que tu	rompes	**saches**	serves	suives	**tiennes**
qu'il / elle / on	rompe	**sache**	serve	suive	**tienne**
que nous	rompions	**sachions**	servions	suivions	tenions
que vous	rompiez	**sachiez**	serviez	suiviez	teniez
qu'ils / elles	rompent	**sachent**	servent	suivent	**tiennent**
gérondif	en rompant	en **sachant**	en servant	en suivant	en tenant
passé composé	j'ai rompu	j'ai **su**	j'ai servi	j'ai suivi	j'ai **tenu**
plus-que-parfait	j'avais rompu	j'avais **su**	j'avais servi	j'avais suivi	j'avais **tenu**
futur antérieur	j'aurai rompu	j'aurai **su**	j'aurai servi	j'aurai suivi	j'aurai **tenu**
conditionnel passé	j'aurais rompu	j'aurais **su**	j'aurais servi	j'aurais suivi	j'aurais **tenu**
passé simple	il rompit	il **sut**	il servit	il suivit	il **tint**
	ils rompirent	ils **surent**	ils servirent	ils suivirent	ils **tinrent**

	vaincre	valoir	venir	vivre
présent				
je	vaincs	vaux	viens	vis
tu	vaincs	vaux	viens	vis
il / elle / on	vainc	vaut	vient	vit
nous	vainquons	valons	venons	vivons
vous	vainquez	valez	venez	vivez
ils / elles	vainquent	valent	viennent	vivent
impératif				
tu	vaincs !	vaux !	viens !	vis !
nous	vainquons !	valons !	venons !	vivons !
vous	vainquez !	valez !	venez !	vivez !
imparfait				
je	vainquais	valais	venais	vivais
tu	vainquais	valais	venais	vivais
il / elle / on	vainquait	valait	venait	vivait
nous	vainquions	valions	venions	vivions
vous	vainquiez	valiez	veniez	viviez
ils / elles	vainquaient	valaient	venaient	vivaient
futur				
je	vaincrai	vaudrai	viendrai	vivrai
tu	vaincras	vaudras	viendras	vivras
il / elle / on	vaincra	vaudra	viendra	vivra
nous	vaincrons	vaudrons	viendrons	vivrons
vous	vaincrez	vaudrez	viendrez	vivrez
ils / elles	vaincront	vaudront	viendront	vivront
conditionnel				
je	vaincrais	vaudrais	viendrais	vivrais
tu	vaincrais	vaudrais	viendrais	vivrais
il / elle / on	vaincrait	vaudrait	viendrait	vivrait
nous	vaincrions	vaudrions	viendrions	vivrions
vous	vaincriez	vaudriez	viendriez	vivriez
ils / elles	vaincraient	vaudraient	viendraient	vivraient
subjonctif				
que je	vainque	vaille	vienne	vive
que tu	vainques	vailles	viennes	vives
qu'il / elle / on	vainque	vaille	vienne	vive
que nous	vainquions	valions	venions	vivions
que vous	vainquiez	valiez	veniez	viviez
qu'ils / elles	vainquent	vaillent	viennent	vivent
gérondif	en vainquant	en valant	en venant	en vivant
passé composé	j'ai vaincu	j'ai valu	je suis venu/e	j'ai vécu
plus-que-parfait	j'avais vaincu	j'avais valu	j'étais venu/e	j'avais vécu
futur antérieur	j'aurai vaincu	j'aurai valu	je serai venu/e	j'aurai vécu
conditionnel passé	j'aurais vaincu	j'aurais valu	je serais venu/e	j'aurais vécu
passé simple	il vainquit	il valut	il vint	il vécut
	ils vainquirent	ils valurent	ils vinrent	ils vécurent

	voir	vouloir
présent		
je	vois	veux
tu	vois	veux
il / elle / on	voit	veut
nous	voyons	voulons
vous	voyez	voulez
ils / elles	voient	veulent
impératif		
tu	vois !	veuille !
nous	voyons !	voulons
vous	voyez !	veuillez !
imparfait		
je	voyais	voulais
tu	voyais	voulais
il / elle / on	voyait	voulait
nous	voyions	voulions
vous	voyiez	vouliez
ils / elles	voyaient	voulaient
futur		
je	verrai	voudrai
tu	verras	voudras
il / elle / on	verra	voudra
nous	verrons	voudrons
vous	verrez	voudrez
ils / elles	verront	voudront
conditionnel		
je	verrais	voudrais
tu	verrais	voudrais
il / elle / on	verrait	voudrait
nous	verrions	voudrions
vous	verriez	voudriez
ils / elles	verraient	voudraient
subjonctif		
que je	voie	veuille
que tu	voies	veuilles
qu'il / elle / on	voie	veuille
que nous	voyions	voulions
que vous	voyiez	vouliez
qu'ils / elles	voient	veuillent
gérondif	en voyant	en voulant
passé composé	j'ai vu	j'ai voulu
plus-que-parfait	j'avais vu	j'avais voulu
futur antérieur	j'aurai vu	j'aurai voulu
conditionnel passé	j'aurais vu	j'aurais voulu
passé simple	il vit	il voulut
	ils virent	ils voulurent

GRAMMATIK

Liste der unregelmäßigen Verben, die in Voyages 1–3 vorkommen.
In der Klammer sind die entsprechenden Modellverben angegeben, die Sie in der Konjugationstabelle finden.

accueillir (wie cueillir)	employer (wie s'ennuyer)	prolonger (wie manger)
achever (wie acheter)	s'endormir (wie dormir)	se promener (wie achever)
agacer (wie commencer)	enlever (wie acheter)	prononcer (wie commencer)
allonger (wie manger)	envahir (wie finir)	qualifier (wie publier)
annoncer (wie commencer)	essayer (wie payer)	raccourcir (wie finir)
apercevoir (wie recevoir)	espérer (wie préférer)	rafraîchir (wie finir)
apparaître (wie connaître)	éteindre (wie atteindre)	ramener (wie achever)
appartenir (wie venir)	fournir (wie finir)	ranger (wie manger)
apprendre (wie prendre)	garantir (wie finir)	rappeler (wie appeler)
avancer (wie commencer)	gérer (wie considérer)	reconnaître (wie connaître)
bâtir (wie finir)	guérir (wie finir)	réduire (wie conduire)
se blottir (wie finir)	influencer (wie commencer)	réfugier (wie publier)
changer (wie manger)	s'inscrire (wie écrire)	régner (wie préférer)
choisir (wie finir)	s'insérer (wie préférer)	rejoindre (wie atteindre)
compléter (wie préférer)	s'intégrer (wie préférer)	se relever (wie achever)
comprendre (wie prendre)	interdire (wie dire)	relier (wie publier)
considérer (wie préférer)	s'interroger (wie manger)	remplir (wie finir)
contenir (wie tenir)	intervenir (wie venir)	renoncer (wie commencer)
convaincre (wie vaincre)	introduire (wie conduire)	répéter (wie préférer)
convenir (wie venir)	jeter (wie appeler)	replacer (wie commencer)
corriger (wie manger)	juger (wie manger)	reprendre (wie prendre)
cuire (wie conduire)	lancer (wie commencer)	ressortir (wie partir)
débattre (wie battre)	se lever (wie acheter)	revivre (wie vivre)
décevoir (wie recevoir)	libérer (wie préférer)	reprendre (wie prendre)
découvrir (wie ouvrir)	se marier (wie publier)	réunir (wie finir)
décrire (wie écrire)	menacer (wie commencer)	révéler (wie préférer)
définir (wie finir)	mener (wie acheter)	revenir (wie venir)
déménager (wie manger)	nuire (wie conduire)	sentir (wie partir)
descendre[1] (wie attendre)	offrir[2] (wie ouvrir)	sortir[3] (wie partir)
détruire (wie conduire)	opérer (wie préférer)	se souvenir (wie venir)
devenir (wie venir)	parvenir (wie venir)	succéder (wie préférer)
différer (wie préférer)	perdre (wie atteindre)	se surprendre (wie prendre)
divorcer (wie commencer)	permettre (wie mettre)	survenir (wie venir)
échanger (wie manger)	placer (wie commencer)	se taire (wie plaire)
effrayer (wie payer)	précéder (wie préférer)	tenir (wie venir)
s'élargir (wie finir)	se plaindre (wie atteindre)	transmettre (wie mettre)
emmener (wie acheter)	prier (wie publier)	voyager (wie manger)

[1] **descendre** bildet das **passé composé** entweder mit **avoir** oder **être**:
j'ai descendu – *ich habe hinuntergetragen* und je suis descendu – *ich bin hinuntergegangen*

[2] j'ai offert

[3] **sortir** bildet das **passé composé** entweder mit **avoir** oder **être**:
j'ai sorti/e – *ich habe herausgeholt* und je suis sorti/e – *ich bin hinausgegangen*

Lektionsteil

Unité 1

Unité 1 B

3 a.

1. Je m'appelle ainsi parce que je suis né à l'île Maurice. Enfin, j'ai eu de la chance, parce que si j'étais une fille, peut-être que je m'appellerais Mauricette !

2. À cette époque, c'était la mode des prénoms composés. Et en plus, je viens d'une famille très catholique, alors…

3. Mon père est allemand et ma mère française. Ils ont cherché un nom très court et facile à dire dans les deux langues.

4. C'est un prénom breton, mais on n'a aucune famille en Bretagne. Chez nous, en Belgique, il y a une BD qui s'appelle Tanguy et Laverdure. Et comme Tanguy est un héros beau et courageux, ma mère m'a donné son nom.

5. Mon prénom ? Ma mère est française, mais comme mon père est marocain, je porte le nom de sa grand-mère.

6. Pourquoi mes parents m'ont appelé comme ça ? Mais aucune idée. Tout simplement parce qu'ils trouvaient que c'était un beau prénom.

Unité 2

Unité 2 B

3 a.

1. Je n'habite pas à Paris mais je trouve Vélib' génial ! D'ailleurs, si j'habitais une grande ville, moi, j'achèterais jamais de voiture : j'en louerais une pour les vacances. Je ne comprends vraiment pas les gens qui utilisent la voiture dans la capitale : c'est difficile de circuler, impossible de se garer et en plus, c'est tellement cher ! Les voitures à Paris roulent en moyenne à 11 km/h, elles polluent et elles compliquent la circulation !

2. Je n'ai rien contre le vélo en libre-service mais je pense que ça ne sert à rien. Sauf peut-être aux touristes qui veulent faire 2 km. Et puis, qui va faire du vélo en hiver ? Moi, je préférerais plutôt avoir des métros toute la nuit et des transports de banlieue à banlieue.

3. Et bien moi, je dis : Bravo à Vélib' ! Enfin les choses bougent pour les cyclistes. Bon, c'est vrai que 280 vélos détruits ou volés par des voyous en un seul mois, c'est vraiment beaucoup. Si ça continue, ce vandalisme imbécile va porter tort au projet et ce serait vraiment dommage !

4. Je trouve que beaucoup de cyclistes ne respectent pas les règles de la circulation en ville. Ils roulent sur les trottoirs et ils ne font pas attention aux bus ni aux taxis. Ils passent même entre les voitures ! Vous imaginez ? C'est d'un dangereux !

5. Je suis un ancien parisien qui faisait déjà du vélo dans la capitale avant la venue de Vélib'. Je trouvais ça formidable pendant l'été, mais beaucoup moins bien pendant le reste de l'année. Maintenant, j'habite en Hollande. Là-bas, il y a des pistes cyclables partout et de nombreux parcs à vélos. C'est le rêve !

Unité 3

Unité 3 A

4 a.

- Carole !? Oh Carole !
- Mmhh ?
- Tu veux encore un peu de café ou une tartine ?
- Hein ? Euh… non, merci.
- Tu me passes le journal ?
- Attends, j'ai pas fini. C'est super intéressant. Il paraîtrait que les Australiens pensent que tous les Français portent la moustache.
- Ça, ça doit être à cause d'Astérix. Mais qu'est-ce que tu lis ?
- Un article sur les stéréotypes. Dis-moi, tu savais que ce sont des généralisations qui ne sont pas toujours négatives ?
- Ah bon ? Eh bien là, par contre, ça m'étonne… Les stéréotypes sur les Africains ou les Arabes ne sont jamais très positifs… D'un autre côté, si tu dis par exemple que tous les Français sont des séducteurs, c'est positif, et en plus, c'est vrai ! Nous, les Français, on est tous comme ça ! N'est-ce pas, ma chérie ?
- Arrête, Mathieu, t'es bête, c'est pas ça qu'ils veulent dire.
- Ah bon ?
- Non, il paraît que, attends, c'était où… ah oui, là. Je te le lis : « Les stéréotypes sont un code reconnu par tous, qui aide à comprendre les autres dans un monde de plus en plus complexe ». Attend, je continue… Autre stéréotype qui nous vient d'Australie : « Tous les Français sont romantiques ». Ah, si les pauvres étrangers savaient combien tu es romantique… Jamais de fleurs, jamais de petit resto à deux, jamais…
- Et le sandwich que je te fais tous les matins pour le bureau ? C'est pas mieux qu'un dîner aux chandelles deux fois par an ?
- Tu peux me faire des sandwiches tous les jours et m'inviter en plus au restaurant, non ? Ah ça, c'est bien une réflexion d'homme… un sandwich… Qu'est ce que vous êtes romantiques, effectivement !
- Ah là, attention, pas de clichés !

Eh bien, romantique ou pas, il faut que j'aille au boulot. Alors, au revoir ma chérie, à ce soir.
◦ Dis, tu n'oublies rien ?
• Ouh, ah si…j'ai failli oublier la poubelle… Mais tu sais, c'est pas très romantique ça, alors… comme j'ai décidé de le devenir…

Unité 3 B

1 a.

1. On dit que les vaches se font mal au cou quand elles me regardent passer. Quand je suis arrivé sur le marché, j'ai tout de suite eu un grand succès. Je suis très international et je relie Paris à Londres et à New-York. Mais je roule également en Corée du Sud, et je serai bientôt au Maroc et en Argentine. Il faut dire que je peux atteindre les 500 km/h.

2. Parmi mes plus de 350 concurrents, je suis sans aucun doute le plus connu, en France comme à l'étranger. Je suis né en 1791 en Normandie où une fermière du nom de Marcel Harel a eu la bonne idée de fabriquer un fromage qui portera le nom de son village.

3. Mes parents sont René Goscinny et Albert Uderzo. Je corresponds plutôt au stéréotype du Français tel qu'il se voit lui-même : plutôt sympa, fidèle en amitié et courageux. Quand je dois me battre, je bois de la potion magique. Avec mes compagnons, le gros Obélix et le petit chat Idéfix, j'ai également un grand succès au cinéma.

4. Mon origine remonte à la Révolution française et malgré mon grand âge, je dois dire que je reste une belle femme. Il faut dire que des Françaises célèbres comme Brigitte Bardot, Catherine Deneuve et Jean Reno m'ont prêté leur visage. Vous voulez faire ma connaissance ? C'est simple : on trouve mon buste dans toutes les mairies de France et on peut aussi m'admirer sur les timbres-poste.

Unité 5

b.

1. Savez-vous où se trouve la dune la plus haute d'Europe ? Ici, près d'Arcachon, dans le sud-ouest de la France. Elle mesure à peu près 110 mètres de hauteur et on peut la voir de très loin. C'est comme un petit désert au milieu de la forêt et au bord de la mer. Elle s'appelle la dune du Pilat.

2. Nos montagnes sont d'anciens volcans au centre de la France. En été, j'y amène les brebis, puis nous redescendons dans la vallée à l'automne. Dans la plaine, on fait ensuite des fromages avec leur lait. Le plus connu d'entre-eux, c'est le Bleu d'Auvergne. Mais ce n'est pas le seul fromage du Massif Central, nous avons aussi le Cantal, le Bleu des Causses, la Fourme d'Ambert, le Saint Nectaire, le Rocamadour…

3. Sur notre île, il n'y a que deux saisons : la saison humide de mai à novembre, et la saison sèche de février à avril. Mais il y fait chaud toute l'année, entre 20 et 30 degrés au bord de la mer ! Et la mer, parlons-en ! Bleue turquoise et des plages de sable blanc et fin ! Ça, ça attire chaque année énormément de touristes. La Martinique, vraiment, c'est le paradis sur terre !

4. Ça, c'est une photo de ma rue avec ma maison. Elle est belle, hein ? Elle date du XVIIIème siècle, mais notre ville, elle, est bien plus ancienne : elle a plus de 2000 ans ! Elle se situe au nord-ouest de la France, en Bretagne plus exactement. Alors ici, à Rennes, vous trouverez des panneaux de signalisation bilingues : en français et en breton !

5. De chez moi, je peux voir le plus haut sommet des Alpes : le Mont Blanc. Au pied de nos montagnes, il y a de grandes forêts, de nombreux lacs et rivières. Mais en haut, les températures chutent rapidement et les sommets des montagnes de plus de 3000 mètres sont souvent recouverts de glace et de neige, même en été.

Unité 5 A

2 a.

1. Mon tout premier souvenir ? Vous n'allez pas me croire : c'est le parfum d'une liqueur ! Mes parents étaient allés voir un oncle à Fécamp, en Normandie, et nous avions visité un Palais. On y fabriquait une liqueur, la Bénédictine. Je crois que j'avais deux ou trois ans, et rassurez-vous, je ne l'ai pas goûtée, mais je me souviens encore parfaitement de cette odeur… fantastique !

2. Moi, j'habite depuis plus de vingt ans en Norvège. Quand je pense à la France de mon enfance, je repense tout de suite à la tarte au chocolat que ma tante nous faisait quand on allait lui rendre visite. Waouh ! Elle était vraiment excellente ! Je ne sais pas pourquoi, mais ce gâteau, ça reste un des souvenirs les plus forts de mon enfance.

3. C'est difficile à dire. Mmh… Je pense à plusieurs choses… Mmh… Je dirais peut-être, euh… le métro parisien ? Mais pas le bruit du métro, non, plutôt son odeur caractéristique. Je le prenais tous les jours pour aller à l'école et dans les couloirs, dans la station, là, quand le métro arrivait, il y avait cette odeur… typique. Je ne pourrais pas la décrire. Et, c'est drôle, mais depuis, j'ai pris beaucoup d'autres métros dans d'autres villes du monde, mais je n'ai jamais retrouvé la même sensation, la même odeur !

4. Ce dont je me souviens le mieux ? Euh…, je dirais que c'est la sensation du sable chaud sous les pieds, quand j'étais petit. Avec ma famille, on passait les

vacances d'été sur l'île de Ré. C'était agréable de marcher sans chaussures, mais ma sœur et moi, on n'avait pas l'habitude, et le sable chaud nous brûlait les pieds. Alors, on courait à toute vitesse pour arriver à l'eau. C'est bizarre : j'ai oublié beaucoup de choses de cette époque-là, mais ça, ça m'est resté en mémoire.

Unité 5 B

1 b.

- Pardon, messieursdames, c'est pour le journal d'Europe 5. On fait un micro-trottoir sur le thème : La France et les Français. Vous auriez quelques secondes à nous consacrer ?
- Euh, oui, oui.
- Alors Monsieur, lorsque je vous dis Paris / province, à quoi pensez-vous ?
- Eh bien, moi, je suis prof d'histoire-géo en province. Je peux donc vous dire que, contrairement à ce que pensent beaucoup d'étrangers, la France, ce n'est pas que Paris. En fait, la France, ce sont 22 régions et la région de l'Île de France où se trouve Paris, eh bien, c'est une région parmi les autres. Bon, c'est vrai, la France a par tradition un système centraliste, mais depuis quelques temps, les politiques tentent de « décentraliser » et les régions prennent un rôle de plus en plus important dans les décisions. Enfin, euh, pour les programmes scolaires, c'est encore le ministère parisien qui décide pour toute la France… Et ça, croyez-moi, ça va pas changer si vite.
- Et vous Mademoiselle, votre avis sur le sujet ?
- La situation est simple. Paris c'est le roi, la province, les sujets. Non, c'est exagéré, mais à peine. C'est à Paris que tout se décide. Regardez : le gouvernement, les institutions, tout s'y trouve. C'est le centre de la France, même si le centre géographique lui, il se trouve en province. Regardez d'ailleurs une carte de France : 8800 kilomètres d'autoroutes et presque toutes passent par Paris !
- Merci. Et vous, Monsieur, Paris, la province, qu'est-ce que c'est pour vous ?
- La province, ben, c'est toute la France, sauf Paris. Et quand on parle de province, c'est plutôt négatif : ça veut un peu dire les paysans quoi, ceux qui ne connaissent pas la vraie vie, le contraire des Parisiens. Si on veut en parler de manière positive, on dira : c'est un Breton, un Basque. Autrement, c'est un provincial. On oublie un peu que la province, c'est quand même 53 millions de Français ! D'ailleurs, il y a toujours une rivalité entre Paris et la province : « Tiens, un Parisien ! », en province, ça veut souvent dire : « Tiens, un arrogant ! ».
- Merci Monsieur. Et Madame, qu'en pense-t-elle ?
- La province, ben c'est de là que viennent tous les Parisiens mais de toutes façons, des Parisiens qui habitent la ville de Paris, il n'y en a que 2 millions. Un Français sur six vit autour de Paris, dans ce qu'on appelle la région parisienne. Quand on est né en province, on y va à l'école et après, on part pour Paris faire carrière. Des fois, on a vraiment l'impression que la France, pour la culture, pour l'art, c'est uniquement Paris. Mais heureusement, il y a de plus en plus de grandes premières dans des opéras de province et puis plein de festivals de musique, de théâtre. Et en ce qui concerne l'économie, on oublie souvent que 70% des entreprises françaises ont leur siège en province, eh oui…

4 a.

- Bonjour !
- Bonjour Mademoiselle.
- Vous désirez ?
- Je voudrais deux chocolatines, s'il vous plaît.
- Voilà. Euh… Excusez-moi de vous demander ça, mais vous venez d'arriver ?
- Ah non. Ça fait deux ans que j'habite à Paris. Pourquoi ?
- Ben, ici, tout le monde dit des pains au chocolat. Ça m'étonne que vous ne l'ayez jamais remarqué !
- Ah si, je le sais bien. Mais je ne vois pas pourquoi je ne pourrai pas continuer à dire « chocolatine » comme dans le Sud-Ouest. D'abord, c'est plus beau, vous ne trouvez pas ? Et ensuite ça ne me fait rien de montrer que je viens de province. J'en suis fière. D'ailleurs, quand dans un magasin, je veux un sac en plastique, je continue à demander une poche, comme chez nous.
- Et tout le monde comprend ?
- Pas toujours, c'est vrai que souvent on me regarde bizarrement… Mais pourquoi est-ce que je devrais parler comme les Parisiens ?

5 b.

1. Imaginez que vous tenez une balle de tennis dans chaque main et que vous les portez à votre cou. En faisant ce geste, le Français veut dire qu'il est énervé ou qu'il y a quelque chose qu'il ne supporte pas.

2. Levez votre bras et passez votre main à plat au dessus de votre tête. Ce geste sert à dire : « J'en ai marre ! », « Ça suffit ! », et à signaler que vous en avez assez.

3. Fermez la main. Ouvrez le pouce et le petit doigt et portez-les à l'oreille et à la bouche. Avec ce geste, vous signalez à quelqu'un : « On se téléphone bientôt ! ».

4. Cette mimique est difficile à faire : ressortez votre lèvre inférieure et haussez vos sourcils en même temps que vos épaules. Ce geste signifie « J'en sais rien ».

Unité 6

Unité 6 A

1 a.

J'm'appelle Kamini,
J'viens pas de la Téci,
J'viens d'un p'tit village qui s'appelle Marly-Gomont, (…)
À Marly-Gomont, y'a pas d'béton,
65 ans la moyenne d'âge dans les environs,
1 terrain d'tennis, 1 terrain de basket,
3 jeunes, dans l'village donc pour jouer c'est pas chouette,
J'viens d'un village paumé dans l'Aisne, en Picardie,
Facilement, 95 % de vaches, 7 % d'habitants,
Et parmi eux, une seule famille de noirs,
Fallait qu'ce soit la mienne, putain un vrai cauchemar !

6

1. Ma famille est arrivée dans le Nord-Pas-de-Calais en 1930. Moi, j'avais trois ans. Mon père, il venait d'un village pauvre du sud de la Pologne. Il pensait toujours revenir un jour au pays et puis, il est mort en France. Au départ, on voulait aller en Amérique mais ça n'a pas marché, alors on a travaillé dans les mines françaises. On nous a mis dans un quartier que les Français appelaient « gadoueville ». Il n'y avait pas de routes, on marchait dans la boue toute la journée. L'intégration, à l'époque, c'était pas un problème : dans les corons, il y avait que des Polonais.
La France, on en voyait pas grand-chose. Dans ma classe, à l'école, sur 30 élèves, il y avait 8 Français. Eux, ils ont réussi dans la vie. Nous, les Polonais, on est restés à la mine. J'ai commencé à y travailler à 13 ans, avec mon père. Moi, j'ai jamais pris la nationalité française mais je me sens comme un Français et un Polonais en même temps. Mes enfants ils sont nés en France alors, ils sont Français. Et c'est comme ça qu'ils se sentent, Français, pas Polonais. Ils sauraient même pas mener une conversation en polonais. Et pourtant, j'ai bien essayé de leur apprendre.

2. En 1975, j'avais 10 ans et c'était la chute de Saigon. J'ai l'impression qu'on est partis en 30 secondes. Mon père est venu nous chercher à l'école et on n'est même pas rentrés à la maison. On a fui. On était les premiers boat people. Quand on est arrivés en France, on est restés quelques mois à Paris, puis on s'est installés dans le sud. Mon père, il était coiffeur. Il a ouvert son salon dans un petit village. À l'époque, dans la commune, il y avait beaucoup d'immigrés algériens. Nous, on nous appelait « les chinetoques ». Mais autrement, on n'avait pas trop de problèmes, on était bien intégrés dans la vie du village. Au Vietnam, j'avais été à l'école des bonnes sœurs françaises, mais mon français n'était pas encore parfait. Alors, j'ai tout fait pour l'améliorer. Je voulais être comme les autres. Aujourd'hui, je suis championne d'orthographe ! J'ai fait des études supérieures et je suis devenue ingénieure. J'ai la nationalité française mais bon, disons que c'est un mariage de raison. Ma langue affective, ça reste le vietnamien.

Unité 7

c.

- Bonsoir Mesdames et Messieurs. Nous voici de nouveau ensemble pour votre émission favorite « Les champions, c'est … Nous !»
- Je vous présente nos trois candidats d'aujourd'hui : Tanguy, Diane et Annie. Je vais commencer par Diane. D'où venez-vous, Diane ?
- Bonsoir. Je viens de Montréal. Je suis une vraie Québecoise – d'ailleurs vous l'entendez à l'accent !
- Et vous, Tanguy ?
- De Belgique, de Durbuy pour être plus précis. Pour ceux qui ne le savent pas, c'est la plus petite ville du monde et c'est dans la province du Luxembourg, mais en Belgique.
- Merci Tanguy. Et je finis par Annie qui vient de… ?
- Marseille.
- Une vraie de vrai ?
- Comme Diane pour le Québec, ça s'entend un peu, non ? 100%, juste à côté du vieux port.
- Alors tout le monde connaît le principe de l'émission : le plus rapide - avec la bonne réponse bien sûr - marque le point. Si la réponse est fausse, on retire un point. Le sujet de ce soir : la francophonie et tout ce qui est en rapport avec la langue française. Vous êtes prêts ?
- Prêts !
- Voici donc la première question. Une question facile pour débuter. Quelle est ici la bonne forme du participe passé ?
- Oui, Annie ?
- La dernière ?
- Effectivement avec « es ». Annie marque un point ! Deuxième question : Lequel de ces nombres est mal écrit ?
- Diane.
- Quatre-vingts-trois. Vingt ne prend pas de « s » s'il est suivi d'un nombre.
- Très bien. Un point pour notre grammairienne-mathématicienne ! Question suivante : Quelle est la traduction de la phrase créole « kommyen fòt ou fé andikté-la ? »
- Annie ?
- Combien de fautes as-tu fait en dictée ?
- Très bien. Annie est donc en tête avec deux points ! Tanguy, je suis sûr que vous allez bientôt remonter ! Quatrième question : Le français n'est pas la langue officielle…
- Diane ?
- De la coupe du monde de foot ! Bien sûr !
- Cinquième question : En France, quel terme est officiellement recommandé pour remplacer le mot anglais « email » ?
- Tanguy ?
- Un courriel ?
- Très bien, Tanguy. Sixième question : En québécois, que veut dire « frencher » ?
- De nouveau Tanguy.
- Embrasser sur la bouche.
- Très bien Tanguy. Mais sur cette question, on attendait Diane. C'était une question pour vous, non ?

- Tanguy a été plus rapide d'une fraction de seconde. Tant pis.
- Vous êtes donc maintenant tous les trois à égalité. Alors, que le meilleur gagne ! Si un belge dit que son grand-père a « la nonantaine », qu'est-ce que cela signifie ?
- Diane ?
- Qu'il a environ 90 ans !
- Ah, là, Diane a pris sa revanche ! C'est quand même amusant de voir qu'on ne répond pas forcément plus rapidement à une question qui concerne son propre pays. Alors, ça nous fait donc trois points pour Diane et deux Annie et Tanguy. On continue. Huitième question : Quel pays d'Afrique n'a pas le français comme langue officielle ?
- Diane ?
- Le Burkina Faso ?
- Non, Diane. Tanguy ?
- L'Angola ?
- Eh bien, c'est Tanguy qui mène maintenant. Et voici la neuvième question : Le français est langue officielle ou co-officielle dans combien de pays ?
- Annie ?
- 62 pays ?
- Formidable ! C'est donc Annie et Tanguy qui mènent. Alors faites bien attention. Quel est le nombre de francophones dans le monde ?
- C'est Annie qui a été la plus rapide et si vous avez la bonne réponse, ça voudra dire que vous avez gagné. Alors Annie ?
- Plus de 200 millions ?
- Eh oui, difficile de donner un nombre exact, mais plus de 200 millions, c'est sûr. On trouve même des statistiques qui donnent 275 millions ! Eh bien Annie, on vous félicite, vous êtes notre championne du jour ! Et bravo aussi à Diane et Tanguy ! Rendez-vous demain pour un nouveau « les champions c'est… Nous ! »

Unité 7 A

5

1. L'orthographe française ? Vous comprenez comment ça marche, le cricket ?
Eh bien, pour nous, l'orthographe française, c'est pareil que le cricket pour vous : on n'y comprend rien. Pourtant l'orthographe anglaise, c'est déjà pas facile ! Heureusement qu'on n'a pas besoin d'orthographe pour parler. D'ailleurs, je trouve vraiment que le plus important quand on parle une langue étrangère, c'est une bonne intonation et une bonne prononciation.

2. L'orthographe ? Le grammaire ? J'ai rien à en faire . Vous me comprends et je comprends toi, euh vous. C'est bon. Le reste, c'est de la luxe. Et j'ai pas besoin de luxe ! En voyage, c'est pareil, je jamais prends des hôtels 4 ou 5 étoiles, toujours 2 étoiles. Ça suffit !

3. Ah non, je ne suis pas d'accord ! Je n'aime pas faire des fautes quand je parle français. Je préfère dire moins, mais que ce soit, euh, correct. D'ailleurs j'ai souvent une grammaire avec moi. Ainsi, je peux vérifier que ce que je dis est bien. Et pendant le cours, je regarde dans mon dictionnaire dès que je ne comprends pas un mot. Il m'arrive même quelquefois de vérifier ce que dit le professeur – parce qu'un professeur ça fait aussi des fautes !

4. Ah, moi, je suis comme tout le monde. Je préfère pas faire trop de fautes, mais si j'en fais, ce n'est pas grave. Le principal, c'est de parler, alors je parle. Mais attention, j'aime bien qu'on me corrige. C'est pratique : comme ça, j'apprends et euh… je ne nécessite pas d'ouvrir mon livre.

Unité 7 B

1 a.

- Dis, maman, pour l'école on doit écrire un truc sur le français parlé et le français écrit. Tu peux m'aider ?
- Mais bien sûr. Alors, vas-y, quelle est la première question ?
- Qu'est-ce que le verlan ? Et quelle est son origine ?
- Ah, mais ça, tu connais, c'est quand on échange les syllabes.
- Ah ouais, le tromé pour le métro et zarbi pour bizarre. Fastoche ! Euh, je voulais dire facile. Je savais pas que c'était du verlan. Et pourquoi ça s'appelle comme ça ?
- Mais, ma chérie, réfléchis ! Verlan c'est le mot « l'envers » écrit dans l'autre sens, donc à l'envers !
- Ah oui, pas bête. Attends j'écris : verlan vient du mot l'envers : L'A.
- E.
- Euh oui, c'est vrai ! L'E-N-V-E-R.
- S.
- J'allais le dire.
- Bon, alors, deuxième question ?
- Dans le langage soutenu, on ne dit pas « ça me gonfle » ni « je me suis planté/e », mais on dit… Ah, ça, je l'sais : « Ça m'ennuie » et « je me suis trompée ».
- Très bien ! Allez, question suivante parce qu'il faut encore que je prépare le dîner.
- Que veut dire l'expression familière « Tu m'étonnes ! » ? Ben, « tu m'étonnes ! », non ?
- Mais non, réfléchis. Quand tu dis à quelqu'un « Tu m'étonnes ! », qu'est-ce que ça veut dire ?
- Ah oui, qu'est-ce que je suis bête ! C'est le contraire, ça veut dire « Ça ne m'étonne pas ». On a tellement l'habitude de le dire !
- Alors ? Il y a encore beaucoup de questions ?
- Plus que deux. On n'écrit pas « appart » ou « p'tit-déj », mais… Ah ben ça alors, qu'est-ce que c'est facile. Petit-déjeuner et appartement – euh,… un ou deux p ?
- Mais deux, voyons.
- Ben, c'était juste pour voir si tu le savais !
- Et la dernière ?
- Citez des noms de dictionnaire. Ben, on a l'Albert…
- Le Robert, ma chérie.
- Euh oui, le Robert et le Larousse.
- Et celui de l'Académie française. Et si tu veux savoir ce que c'est que l'Académie française, tu regardes dans le dictionnaire pendant que je vais préparer le dîner.

- Mais Maman, pourquoi est-ce que tu parles pas comme tout le monde ? D'abord tout le monde dit « dico » et ensuite tout le monde regarde dans l'ordi, et pas dans le dico.

Unité 8

5 b.

Lo jorn va lèu s'acabar
Es la fin de la dimenchada,
Auvi lo bruch dau TGV
Es lo radier de la serada,
Auvi lo grand trin que s'en va
Devèrs París es a viatjar.
Triste es lo trin que passa aquí,
Emportant totei meis amics.

Tant de temps que nos an parlat
D'aquela granda capitala,
Viure ailamont es pas parier
Es lo tòp de la capitada,
Si dedins lo trin montas pas
La granda vida l'auràs pas.

Moi pauvre train j'ai rien fait de mal
Je vais de Marseille à la capitale,
Toute l'année des gens je trimbale
Pour un TGV c'est plutôt normal.

À la course je n'ai jamais eu de rival,
D'ailleurs c'est prouvé
j'ai le record mondial.
Ieu parli en francés et en provençal
D'abord siáu pas triste
je suis même jovial.

Unité 9

Unité 9 A

1 b.

1. Marie, Florence et Juliette sont trois amies d'enfance. Marie est médecin dans un hôpital. Elle est mariée depuis 8 ans à Pierre, un artiste peintre. Elle essaie d'être une femme parfaite à la maison, au travail et avec ses amis, mais un jour, elle commence à trouver fatigant d'être responsable de tout.
Florence est timide. Elle est mariée à Julien, chef d'entreprise très sûr de lui, dont elle a un fils, Ludovic. Elle travaille dans une agence de publicité pour un patron difficile, surnommé Caligula.
Juliette, elle, est avocate et célibataire. Elle a des problèmes au travail et n'arrive pas à trouver un homme qui l'aime.
Toutes trois, prises entre travail et vie privée dans une vie urbaine stressante, se retrouvent souvent pour discuter de leur problème : à 35 ans, leurs rêves ont fait place à la réalité. Ceci dit, mieux vaut en rire…

2. « Au secours, j'ai 30 ans et je suis toute seule ! » Comme beaucoup de femmes, Fanny complexe, Fanny a peur, Fanny déteste son corps et son miroir. La trentaine, un job sans ambition, une vie sans surprise et un cœur plein d'amour qu'elle refuse de donner, voilà en quoi se résume la vie de cette fille toujours perdue. Un jour, elle décide de ne plus vouloir l'amour véritable et de ne chercher que des aventures d'un soir. Elle choisit un de ses collègues comme première victime…

3. Ben a 35 ans et Karine fête ses 30 ans. Le cadeau d'anniversaire de Ben : il lui fait ce qu'elle n'attendait plus : sa déclaration d'amour. Il lui promet mariage, vie à deux, appartement, enfants et chien. Une décision importante, une petite révolution pour Ben, accroché jusque-là à son indépendance. Oui, mais il est trop tard, car Karine profite de ce dîner anniversaire pour lui annoncer que tout est fini, qu'il a trop attendu ! Pour Ben, c'est la panique totale. Il trouve refuge dans sa bande d'amis fidèles.

4 a.

- Je n'en reviens pas ! Tu avais oublié les alliances ! Mais à quoi tu pensais ?
- Mais à toi, mon amour !
- Non, mais écoute ! On a attendu trente minutes que ton frère aille les chercher ! Moi, je te faisais confiance pour organiser ça.
- Bon, d'accord. Excuse-moi… Mais finalement, tout s'est bien passé, non ?
- Oui, c'était super ! À part bien sûr ce portable, qui a sonné en pleine cérémonie.
- Euh, c'est… c'était Jean, un copain, qui a envoyé un texto.
- Mais, à qui ?
- Ben… euh… à moi.
- À toi ?
- Ben, tu comprends, il y avait un match hier entre Marseille et le Paris Saint-Germain, et j'avais demandé à Jean de m'envoyer les résultats, alors…
- Quoi ?! Le jour de notre mariage ?
- Non, mais tu comprends, Marseille jouait, alors … euh…
- Et puis, qui était cette femme au premier rang ?
- Une femme ? Laquelle ?
- La femme en rouge.
- Tu veux parler de ma mère ?
- Non, ça va, écoute, ne me prends pas pour une idiote ! Je te parle du monstre de silicone qui n'a pas arrêté de te regarder pendant toute la cérémonie.
- Ah ? Euh… non. Je sais pas. J' m'en souviens pas …
- Tu te moques de moi, là ?
- Mais non, je t'assure ! Et puis Sylvie n'a rien d'un monstre, hein !
- Ah ! Et c'est qui, Sylvie ?

Unité 9 B

3 a.

Quand j'ai su que j'aurais une place à la crèche pour Nathan, j'étais vraiment soulagée. Cela faisait longtemps qu'on était sur liste d'attente … En fait, j'aurais aimé prolonger mon congé maternité, mais c'était impossible. Et puis si je n'avais pas eu la crèche, je n'aurais pas retrouvé mon poste et mes responsabilités. Pour l'organisation, c'est simple : mon mari dépose Nathan le matin et moi, je le récupère le soir. Évidemment, ça fait des longues journées pour tout le monde, mais Nathan est content d'y aller et il me fait la fête quand il me voit le soir. En tout cas, il a l'air vraiment heureux à la crèche !
Par contre, au niveau des microbes, c'est vrai que ce n'est pas facile. Depuis qu'il va à la crèche, il a été malade cinq fois en six mois ! S'il était resté à la maison, est-ce qu'il aurait eu toutes ces maladies ? Je ne sais pas. Mais en tout cas, à la crèche, il fait des nouvelles choses qu'il n'aurait pas apprises à la maison. Bref, pour nous tous, c'est la solution idéale !

Unité 10

Unité 10 A

6 a.

- Bonjour et bienvenu sur Radio Détente ! Alors, pour tous ceux qui ne sont pas encore bien réveillés ce matin, précisons qu'on est le 24 mars, qu'il est 6h moins le quart, que le ciel est bleu et qu'il fait déjà 20°.
- Euh, comment ??
- Enfin, euh, pas tout à fait ! On est bien le 24 et il est bien 6h moins le quart, mais il fait gris et il pleut, et malheureusement, il ne fait que 10°.
- Ah, mon cher Nicolas, vous m'avez fait peur, j'ai cru que vous aviez des hallucinations.
- Non, non, mais nous allons oublier nos 10° en nous transportant tous à Vanuatu où il fait déjà 20° et où le ciel est bleu et sans nuages.
- Où ça ?
- Mais à Vanuatu, tout simplement.
- Et pourquoi justement là-bas et pas sur la côte adriatique ou au bord de la Méditerranée ?
- Eh bien, Juliette, figurez-vous que Vanuatu, là où je vous emmène, c'est le pays du bonheur.
- Le pays du bonheur ? Et comment a-t-on décidé que c'était Vanuatu ?
- Eh bien, apparemment, une équipe de chercheurs aurait choisi des critères d'évaluation comme, entre autres, la satisfaction des individus par rapport à leur niveau de vie ou la durée de vie des habitants. On a aussi pris en considération des paramètres écologiques.
- Et on peut savoir où se trouve ce pays merveilleux ? On aimerait bien pouvoir y aller.
- Alors sur la carte du monde, Vanuatu se trouve à mi-chemin entre…

Unité 11

Unité 11 A

2 b.

- Bonjour à tous et bienvenue sur Radio Jeunes ! Inutile de le rappeler, aujourd'hui, c'est mercredi, alors voici notre émission pour vous qui ne devez pas aller à l'école. Aujourd'hui, on est le 9 mai et le 9 mai, c'est la Journée de l'Europe. Nous avons donc invité Mme Lecomte, députée au Parlement européen, à venir répondre à nos questions. Madame Lecomte, bonjour et merci d'avoir répondu à notre invitation.
- Bonjour.
- Mme Lecomte, vous connaissez le principe de notre émission : nous donnons la parole à nos jeunes auditeurs. Alors, avant de répondre au premier appel, racontez-nous pourquoi on a créé l'Union européenne.
- Oh là là ! J'ai combien de temps pour répondre ? Non, non, c'est une blague. Avant que l'Europe ne se fasse, nous étions souvent en guerre les uns avec les autres. Il fallait donc créer une identité commune afin que nous puissions enfin vivre en paix.
- Ça n'a pas dû être facile…
- C'est vrai ! Pour faire l'Europe d'aujourd'hui, il a fallu beaucoup de travail et il a fallu aussi l'engagement de nombreuses personnes pour que ce rêve devienne enfin réalité.
- Mais qui a eu l'idée de l'Europe ?
- Oh, à l'origine, on pourrait dire que c'est Charlemagne, bien que ce soit de l'histoire ancienne.
- Ah ! Notre premier appel… Allô, qui est à l'appareil ?
- Allô, c'est Justine.
- Bonjour Justine ! Que voudrais-tu demander à Mme Lecomte ?
- Pourquoi il y a 12 étoiles sur le drapeau s'il y a plus de 12 pays dans l'Europe ?
- Ah oui ! Le drapeau ! Très bonne question !
- Bonjour Justine. Eh bien, tout le monde pense que les étoiles représentent les pays, un peu comme sur le drapeau américain. Mais ce n'est pas du tout ça. En fait, le nombre 12 et le cercle sont des symboles de perfection et d'unité. Et la couleur bleue représente le ciel.
- Tu as une autre question, Justine ?
- Oui. Pourquoi…

Unité 11 B

1 a.

- Bonjour Wided.
- Bonjour.
- Je sais que vous vous appelez Wided, mais voulez-vous nous en dire plus sur vos origines ?
- Avec plaisir. Je m'appelle donc Wided, je suis française, même si j'ai un père d'origine tunisienne (de là mon prénom) et une mère néerlandaise. J'ai trois frères et je suis venue m'installer aux Pays-Bas dès que j'ai eu 18 ans.
- D'accord, et pourquoi avez-vous voulu vous installer ici ?

○ Pour perfectionner mon néerlandais qui n'était pas très bon à l'époque et pour vraiment connaître la vie des gens d'ici. Je suis donc venue comme fille au pair et, un an plus tard, je commençais des études ici pour devenir prof de français…
● Mhm, et vous vous êtes vite sentie chez vous ?
○ Oui, car je me sens partout chez moi. Ça doit venir du fait qu'avec mes parents, on a habité un peu partout. Mais pour moi, il y a une différence entre se sentir chez soi et vraiment faire partie d'une autre culture. Je dirais qu'il m'a fallu près de trois ans pour vraiment assimiler la culture néerlandaise et avoir l'impression d'en faire partie.
● Qu'est-ce que c'est pour vous, l'Europe ?
○ Un drapeau avec des étoiles. Vous savez, je ne me sens pas spécialement européenne, je suis une habitante de la planète Terre.
● Au fait, qu'est-ce que vous faites comme métier ?
○ Je suis agent marketing dans l'édition, ici à Amsterdam, et c'est depuis que je travaille que j'ai vraiment l'impression de faire partie de cette société. J'adore Amsterdam, d'abord parce que la vie culturelle y est très riche et ensuite parce que ses habitants sont très ouverts…
● Eh bien, Wided, je vous remercie pour cette interview… et nous vous souhaitons encore de longues années dans votre ville préférée.
○ Merci à vous.

● Bonjour Jenny.
○ Bonjour.
● Jenny, comment vous êtes-vous retrouvée en Allemagne ?
○ Eh bien, c'était à la fois pour l'amour et le travail, mais ce n'est pas venu tout seul. En fait, je travaillais à l'orchestre de la Suisse Romande, à Genève (je suis altiste) et à 25 ans, j'avais envie de changer de décor, de voir le monde avant de savoir où je passerais ma retraite.
● Mais vous êtes Française ?
○ De la région parisienne.
● Et vous parliez allemand ?
○ Ah non, j'ai commencé à zéro. Dès que j'ai commencé à apprendre l'allemand, j'ai arrêté de voir des Français pour être sûre de faire des progrès rapides.
● Et vous vous êtes vite sentie chez vous ?
○ Ah oui, je me sens vraiment chez moi à Hanovre, mais bien sûr, il a fallu un certain temps d'adaptation.
● Et l'Europe, c'est quoi pour vous ?
○ C'est une belle idée à laquelle des tas de gens travaillent depuis une bonne cinquantaine d'années. Ce que je trouve super, c'est cette diversité. Le rapport à l'environnement, à l'Histoire, et même à l'argent, la façon d'élever les enfants… que de différences ! Regardez les Français qui élèvent leurs enfants de façon très stricte et les Allemands qui les laissent beaucoup plus libres ! Ça me plaît bien qu'on soit aussi différents d'un pays à l'autre…
● Jenny, merci pour cette interview.

Übungsteil

Unité 1

7 a.

Ah, quelle soirée ! Mon mari, les enfants et moi étions invités hier chez mon frère. J'aime bien sa femme, Annie, je la trouve sympathique, mais elle veut toujours que tout soit parfait et on se sent mal à l'aise dès qu'on entre chez elle. On a toujours peur de déplacer ou de salir quelque chose. Et avec mon frère, la pauvre, elle a vraiment du travail ! Christophe a toujours été désordonné. Je me souviens que petit, quand il rentrait de l'école, il jetait ses affaires par terre. Comme ça. Qu'est ce que ça énervait ma mère !

Hier, donc, Annie nous avait invités à dîner, René et moi, avec les enfants, et elle avait aussi demandé à mes parents de venir. Laurent et Thomas ont joué avec leur cousine Valérie pendant que nous prenions l'apéritif. Puis nous sommes tous passés à table. En entrée : soupe de poisson, puis huîtres, saumon avec petits légumes, salade, fromages, trois desserts différents, café et digestif. Et pendant le repas, les catastrophes : René a d'abord renversé son verre de vin sur la table. Ensuite, Thomas a fait tomber de la mousse au chocolat sur la moquette beige du salon. Et comme toujours, mon père a mangé comme quatre. « Jeannette, tu ne finis pas tes huîtres ? Jeannette, tu me repasses le saumon ? Jeanette, il reste des légumes ? », et maman qui lui répétait tout le temps : « Mais arrête de manger, Henri, tu vas être malade ! » Mais quand il aime, il ne sait plus s'arrêter. Et effectivement, après son deuxième morceau de gâteau, il est tombé malade, comme d'habitude. Il était vert et avait envie de vomir. Ça m'étonnerait qu'Annie nous invite à nouveau tous ensemble !

Rendez-vous d'affaires

13 a.

1.
- Ah, bonjour Monsieur Delmas ! Je suis Alain Robert, le directeur des ressources humaines de notre entreprise.
- Bonjour Monsieur.
- Je vous en prie, asseyez-vous.
- Merci.
- Je suis heureux de faire votre connaissance car votre dossier de candidature nous a beaucoup impressionnés. Si, si, je vous assure ! Ce n'est pas tous les jours que nous avons affaire à quelqu'un avec vos compétences. Avez-vous trouvé l'entreprise facilement ?

2.
- Bonjour, vous permettez que je m'installe à côté de vous ?
- Mais oui, je vous en prie.
- Veuillez excuser mon indiscrétion, mais n'êtes-vous pas Madame Nadal, la responsable du service informatique ?
- Si, c'est bien moi.
- Alors nous sommes voisins. Je suis en effet le nouveau comptable, Marc Pagès, et je crois que nos bureaux sont juste l'un à côté de l'autre.
- Ah oui ! J'ai entendu dire que Christophe Leblanc, notre comptable, était en congé maladie pour quelques semaines. Enchantée de faire votre connaissance.
- Moi de même. Vous travaillez ici depuis longtemps ?
- Oh oui, ça fait au moins…

3.
- Mesdames et messieurs, je vous en prie, prenez place.
- Tu viens ici pour la première fois ?
- Non, c'est la troisième. Mais c'est toujours la même chose. On est censé apprendre à maîtriser l'informatique mais leurs méthodes sont dépassées. Moi, c'est Ludovic, et toi ?
- Guillaume.
- Tu travailles à l'export avec Marie-Christine ?
- Oui, c'est ça. Et toi ?
- Oh moi, je suis là depuis…

4.
- Nous voici au cinquième étage, au service du marketing. Et voici Madame Lagarde et Madame Maurel. Mesdames, je vous présente Monsieur Calmel, notre nouveau collègue.
- Bonjour.
- Bonjour
- Bonjour, bienvenue chez nous.
- Venez, je vais vous montrer votre bureau. Alors le voici…

Unité 4

2

1. Trop, c'est trop ! Toute la journée, j'entends passer les bus et les voitures. Ici, il est impossible d'avoir une heure de silence absolu ! Cette ville est bien trop grande. Mon rêve serait de vivre dans une petite ville avec une meilleure qualité de vie. Mais mon travail m'oblige à rester ici…

2. Ça fait dix ans que j'habite dans la région parisienne et je m'y plais beaucoup. Cependant, mon rêve, c'est de vivre plus près de la nature. J'adorerais me réveiller le matin au chant du coq !

3. Ici, l'air est pur et il n'y a pas de pollution. Le problème, c'est que tout est loin. Si nous voulions sortir le soir pour voir un film ou assister à un spectacle par exemple, il nous faudrait faire au moins 25 kilomètres !

4. Notre ville a à peu près 27.000 habitants. Il y a quelques restaurants, un cinéma, un petit théâtre d'amateurs et c'est tout. Je m'y ennuie un peu. Moi, j'aimerais vivre dans une grande ville avec beaucoup de vie et d'animation, jour et nuit !

5. Moi, je suis très heureux ici. Dans la banlieue, nous n'avons que des avantages : nous sommes un peu à la ville et un peu à la campagne en même temps. Si nous voulons nous reposer, pas de problème : la nature est à deux pas. Et pour sortir le soir en ville, il suffit de prendre le bus : il y en a un toutes les 30 minutes, même le week-end !

Unité 6

8 a.

1. C'est difficile d'arriver à tout avoir, il faut savoir faire des choix. Moi, j'ai dû travailler à l'étranger et c'était une excellente expérience. Ensuite, je suis rentré en France et j'ai travaillé à 350 km de là où j'ai grandi. Finalement c'est là que j'ai décidé de faire construire une maison. Mais je crois que quand je serai à la retraite, je retournerai vivre là où sont mes racines.

2. Je ne peux pas imaginer quitter la ville où je suis né. C'est là que vit toute ma famille ! Évidemment, si on me propose un travail ailleurs, je vais réfléchir, mais partir à l'étranger, par exemple, c'est impensable ! Il faut au moins que je puisse revenir le weekend ! Je suis très attaché à ma ville. Tous mes amis sont ici et ma maison appartenait à mon arrière-grand-père.

10 a.

- Bonjour Monsieur, la machine de votre banque a mangé ma carte bancaire !
- Mangé ? Vous voulez dire que le distributeur automatique a gardé votre carte bancaire parce que vous avez fait un faux code, c'est ça ?
- Pas du tout, j'ai mis ma carte italienne, j'ai fait mon code et elle a disparu !
- Ah d'accord. Vous avez mis votre carte dans quel distributeur ?
- Celui là, là-bas, dehors.
- Ah oui, ce distributeur a beaucoup d'humour, il avale les cartes des jolies femmes étrangères !
- Monsieur, je n'ai pas du tout envie de rire ! J'ai besoin de cette carte.
- Je suis désolé, je vais la chercher tout de suite.

Unité 8

2

1. Bonjour ! Vous êtes branchés sur le répondeur automatique du cinéma de quartier. Et voici notre programme : « Bienvenue chez les Bretons », la nouvelle comédie de Dany Boon qui compte déjà plus de 30 millions d'entrées en France, passe tous les jours à 18h avec une séance de nuit le samedi à 21h30. « Le tout dernier retour d'Indiana Jones », le film de Steven Spielberg qui retrace les dernières aventures du fameux professeur, passe du lundi au vendredi à 20h15, et le samedi et le dimanche à 20h15 et 22h30.

2. Votre attention, s'il vous plaît ! Le TGV 227 en provenance de Paris et à destination de Marseille ne partira pas voie B, comme cela a été affiché, mais voie C. Attention, ce train va bientôt entrer en gare. Voie E, le train à destination de Bordeaux va être mis en place. Éloignez-vous de la bordure du quai, s'il vous plaît.

3. Et voici les prévisions météorologiques pour demain, jeudi 26 avril. Dans le sud de la France, pluie et orages tôt le matin, puis un beau soleil toute la journée. Au nord, un ciel nuageux avec vent souvent violent. Attention lors des promenades en forêt ! Il faudra attendre le week-end pour profiter du retour du soleil.

4. Mesdames et messieurs, s'il vous plaît, un petit moment d'attention !
Il est 21h50 et nous vous informons que notre magasin ferme dans 10 minutes. Nous vous demandons donc de bien vouloir vous diriger vers les caisses. Merci !

5. Vous êtes bien au cabinet du Docteur Saint-Martin. Le docteur est en vacances jusqu'au vendredi 19 août inclus. Nous vous demandons de nous contacter à partir du lundi 22 août. En cas d'urgence, veuillez appeler le docteur Barthès qui assure la permanence au 05 62 47 51 45.

Unité 9

2 a.

- Allô ?
- Allô Julie ? Salut ! C'est Fabien.
- Ah bonjour Fabien ! Ça va ?
- Oui, très bien. Dis, j'ai envie d'aller au ciné ce soir. Le mardi, les billets sont à demi-tarif. Tu viens avec moi ?
- Bonne idée. Tu vas voir quel film ?
- J'sais pas encore. Attends… Euh, voilà ! Alors, ce soir il y a « J'me sens pas belle ». C'est l'histoire d'une trentenaire qui a décidé à tout prix de trouver l'âme sœur.
- Tiens, ça me rappelle quelqu'un. Et c'est drôle ?
- En tout cas, c'est une comédie et la critique est bonne.
- Bon, alors pourquoi pas ? J'ai bien envie de m'amuser ce soir.
- Bon, alors je passe te prendre en voiture à 8 heures et demi ?
- La séance commence à quelle heure ?
- À 9h.
- Bon d'accord. Tu veux que je téléphone pour réserver deux places ?
- Ah oui, ce serait bien.
- Très bien ! Alors, à plus !
- À plus !

Unité 10

2 a.

1.
Un dimanche réussi commence pour moi forcément par une grasse matinée jusqu'à 11h ou midi. Il faut dire que le samedi soir, c'est toujours la fête. Malgré l'heure, je vais chercher mes croissants et le journal et je m'installe à la terrasse du café du coin où j'ai mes habitudes. Un vrai bonheur ! Le soir, je suis souvent invité chez mes parents et là c'est quand même pas mal, je n'ai qu'à mettre les pieds sous la table et je suis servi. J'adore les dimanches !

2.
Pour bien profiter de mon dimanche, je me lève très tôt. Quand je suis particulièrement en forme, je vais faire un saut dans la piscine. Vers 7h, il n'y a personne, c'est super ! L'après-midi, j'organise une balade en famille. Ce que je préfère c'est la forêt, on respire à pleins poumons et on fait le plein d'énergie pour la semaine.

3.
Beaucoup de gens s'ennuient le dimanche, incroyable, non ? Moi j'adore ne rien faire, je suis paresseux de nature, mais attention, la paresse, ça se travaille ! Choisir un bon bouquin et se faire couler un bain, c'est exigeant ! Un petit zapping à la télé, c'est pas mal non plus, surtout les jours de pluie. Mais ce que j'adore, c'est appeler les copains pour savoir ce qu'on pourrait faire ensemble et comme personne n'a d'idées ça dure des heures. On finit souvent par se faire une petite bouffe entre nous et c'est vraiment chouette de finir le week-end comme ça.

Unité 11

6 a.

1.
L'Europe, c'est une grosse machine. Pour moi, tout cela semble très loin et surtout très bureaucratique. Vous avez vu le salaire des députés européens ? Si c'est pas du gaspillage d'argent, ça ! Et puis, le fonctionnement est beaucoup trop complexe, c'est dommage. Qui est à Bruxelles, qui est à Strasbourg ? Vous croyez que beaucoup de gens sont capables de répondre ? Mais je vois le bon côté des choses : on a l'euro partout et comme j'habite à la frontière italienne, c'est bien pratique quand même.

2.
Mais l'Europe, c'est un projet qui n'est pas utopique du tout, au contraire ! Bien sûr, c'est difficile à mettre en place, ça prend du temps. Mais maintenant, on existe face aux États-Unis, non ? Et c'est la première fois que l'Europe est unie dans la paix, je trouve que c'est merveilleux ! J'espère que ça va durer longtemps. Et puis, l'Europe, c'est la possibilité de voyager librement, d'étudier ou de travailler où on veut. Je ne crois pas qu'on perde notre identité culturelle, au contraire, chacun est fier d'être ce qu'il est et d'être en plus Européen !

3.
Un pas en avant, un pas en arrière, enfin, je ne suis pas toujours sûre que l'Europe fasse les bons choix. L'Europe n'existe qu'avec la démocratie et quand un peuple dit « non » à la constitution européenne, qu'est-ce qu'on peut faire ? Il y a la peur du chômage, la peur de l'immigration… Et malgré tout, je suis une citoyenne plutôt optimiste car, comme dit, l'union fait la force !

Unité 12

3 a.

Vous écoutez Europe 12. Il est 15h15, c'est donc l'heure de notre émission : Portraits du monde.
Nous habitons en Europe où, c'est vrai, tout n'est pas parfait, mais nous oublions souvent que de nombreuses personnes risquent chaque jour leur vie pour atteindre l'eldorado européen. C'est le cas au Sénégal, où nous avons rencontré une femme d'un courage extraordinaire. Yaye Bayam Diouf a perdu son fils en mars 2006. Celui-ci essayait alors de quitter Dakar en bateau avec 49 autres jeunes hommes du village pour atteindre les Îles Canaries à 1500 kilomètres de là. Il faut dire qu'à Dakar, un pêcheur gagne en moyenne 4 euros par jour et que près de 40 % de la population est au chômage. C'est pourquoi les plus pauvres sont prêts à risquer leur vie pour quitter le pays. Malgré la tristesse causée par la mort de son fils, Yaye a décidé d'agir. Quelques jours après le drame, elle a regroupé autour d'elle les mères dont les enfants ont émigré vers l'Europe et elle a créé un collectif de femmes contre l'émigration clandestine. Jour après jour, elles partent à la rencontre des jeunes pour les sensibiliser aux risques de ces traversées. Mais cela ne suffit pas. Très vite, elles ont compris que les jeunes resteraient uniquement s'ils avaient un travail et des perspectives d'avenir. Alors, elles ont décidé de financer le travail des jeunes et de les pousser à travailler avec elles. Pour cela, elles préparent du couscous et des jus de fruits exotiques vendus sur les marchés et s'investissent également dans la pêche. Et le soir, elles surveillent les plages à la recherche de bateaux suspects. Aujourd'hui, leur collectif compte 375 personnes et le nombre de clandestins quittant le Sénégal pour l'Espagne et le rêve européen est passé de 30 000 en 2006 à 20 000 en 2007. Alors bravo à Yaye et à ces femmes qui ont décidé de changer l'avenir !

3 b.

1.
Moi, j'habite près du centre-ville à Bourges. Les petits magasins sont à deux pas, et comme je suis à la retraite, je peux y aller à pied. Alors, tous les matins, je prends mon panier et je vais d'abord chez le boulanger, puis chez le boucher ou chez le poissonnier. D'un côté, ça m'oblige à marcher un peu – ma femme dit que j'ai quelques kilos en trop –, et d'un autre ça me permet aussi

de voir les copains au café et de boire un kir avec eux de temps en temps.

2.
Dans mon restaurant, « Le Verjus », il n'y a que six tables, on doit réserver des semaines à l'avance pour pouvoir y manger. Tous les matins, je me lève très tôt pour aller au marché. Je n'achète que des produits très frais et d'excellente qualité. C'est seulement ensuite, dans la cuisine du restaurant, que je vais essayer de les combiner en créant de nouvelles recettes.

3.
Oh, vous savez, je n'ai pas le temps de courir les magasins quand je fais les courses. Il faut que ce soit rapide ! Alors tous les samedis matins, je prends la voiture et je vais au supermarché le plus proche. En une heure, j'ai fini et j'ai fait les courses pour toute la semaine. Et en plus, c'est moins cher que dans les petits commerces !

4.
Moi, j'ai découvert un supermarché super à Choisy-le-Roi dans le Val-de-Marne. Il est très grand, et les produits y sont 30 à 40 % moins chers que dans les autres magasins, parce que tout ce qu'on y vend a un défaut de fabrication ou d'étiquetage. Et franchement, ça m'est égal que l'étiquette soit mal collée si la qualité est bonne et le prix raisonnable.

5.
Les courses ? C'est ma femme qui les fait. Moi, je l'accompagne de temps en temps, mais seulement si nous avons quelque chose d'important à acheter comme un appareil électrique ou un meuble. Je n'aime pas ces magasins remplis de gens stressés et hystériques qui courent pour arriver en premier à la caisse. Non merci, pas pour moi !

Wortschatz nach Lektionen

Hier finden Sie die Wörter und Ausdrücke der Lektionen in der Reihenfolge ihres Vorkommens. Die deutsche Übersetzung gibt die Bedeutung im jeweiligen Zusammenhang wieder; auf die Angabe des deutschen Artikels wurde verzichtet. Wörter, die ausschließlich auf der CD vorkommen, sind nur angegeben, wenn sie für die Lösung der Aufgabe wichtig sind.

Wenn Sie einmal ein Wort nicht finden, ist es wahrscheinlich schon an anderer Stelle oder in Voyages 1 oder 2 vorgekommen. Dann schauen Sie am besten in der alphabetischen Wortliste nach. Im Internet finden Sie unter www.klett.de/voyages eine alphabetische Wortliste mit dem kompletten Vokabular aus Voyages 1–3.

Abkürzungen:
Abk. = Abkürzung
etw = etwas
f = feminin, weiblich
frz = französisch
inf = Infinitiv
jd = jemand
jdm = jemandem
jdn = jemanden
m = maskulin, männlich
pl = Plural, Mehrzahl
qc = quelque chose
qn = quelqu'un
subj = subjonctif
ugs = umgangssprachlich

Unité 1

dessiner	zeichnen
détester	nicht mögen, hassen

Unité 1 A

1

faux / fausse	falsch
la chaussure de marche	Wanderschuh
se trouver	*hier:* sich fühlen
rapide d'esprit	wach, regsam
définitivement	*hier:* wirklich
la sympathie	Sympathie
le trait de caractère	Charakterzug
danser	tanzen
l'occupation *f*	Beschäftigung
favori/te	Lieblings-
la chaussure de randonnée	Wanderschuh
aussi bien … que	sowie / sowohl … als auch
le désert	Wüste
l'endive *f*	Chicorée
l'orage *m*	Gewitter
la glace	Spiegel
la trentaire	*hier:* dreißig Jahre
le petit-déj *(ugs)*	Frühstück
renoncer à qc	auf etw verzichten
le beurre salé	gesalzene Butter
l'apparence physique *f*	äußeres Erscheinungsbild
les fesses *fpl*	Hintern
l'ange gardien *m*	Schutzengel
le boulot *(ugs)*	Job, Arbeit
la rapidité d'esprit	Wachheit, Regsamkeit
faible	schwach
payer de sa vie	mit seinem Leben bezahlen
l'erreur *f*	Fehler
la compréhension	Verständnis
la maladresse	Ungeschicklichkeit
la distraction	Unaufmerksamkeit, Vergesslichkeit
la gourmandise	Naschhaftigkeit
triompher	siegen
la bêtise	Dummheit
humain/e	menschlich
le plaisir	*hier:* Genuss
faire un choix	eine Wahl treffen

3

célèbre	berühmt
avoir l'air de	scheinen
donner l'impression de	den Eindruck erwecken
intellectuel/le	intellektuell
chaleureux/-euse	warmherzig

Unité 1 B

1

le nom de famille	Familienname
courant/e	gebräuchlich
le tien / la tienne	deiner / deine / deines
le / la nôtre	unserer / unsere / unseres
le nouveau-né	Neugeborenes
accolé/e	aneinander gefügt, verbunden
le sens	Richtung
la loi	Gesetz
transmettre	weitergeben
gênant/e	lästig, peinlich
l'importance *f*	Bedeutung

3

le surnom	Spitzname

▶▶

l'île Maurice *f*	Mauritius
avoir de la chance	Glück haben
composé/e	zusammengesetzt
le héros / l'héroïne	Held/in

4

le fruit	Obst
le dahlia	Dahlie
la cannelle	Zimt
toucher à qc	etw anfassen
le / la garagiste	Automechaniker/in

la cerise	Kirsche	se détendre	sich entspannen
la prune	Pflaume	sainement	gesund
le manque	Mangel	se dépêcher	sich beeilen
le/la saint/e	Heilige/r	le cabaret	Kabarett
futur/e	zukünftig	financier/-ière	finanziell
en arriver à qc	zu etw kommen, mit etw anfangen	refaire	noch einmal machen
la phase	Phase	la Sorbonne	berühmte Universität in Paris
exotique	exotisch		
la marguerite	Margerite		
le camélia	Kamelie		

2

polluer	verschmutzen
stressant/e	stressig
se porter mieux	in besserer Form sein

rejoindre	zusammentreffen		
figurer	vorkommen, sich befinden		
la disposition	Verfügung		
prénommer	den Vornamen … geben		

3

l'entretien m	Gespräch, Interview
se rapprocher	sich annähern
le/la villageois/e	Dorfbewohner/in
satisfait/e	zufrieden
le bar-épicerie	Lebensmittelgeschäft mit Bar
multiservices	multifunktional
le/la citadin/e	Städter/in, Stadtbewohner/in
l'anonymat m	Anonymität
le/la gérant/e	Betreiber
superbe	super, fantastisch
l'opportunité f	Gelegenheit
s'intégrer	sich einleben, sich integrieren
donner un coup de main	helfen
l'acte m	Tat
l'ouverture f	Eröffnung
TF1	französischer Fernsehsender
le tournage	Dreharbeit
le/la maire	Bürgermeister/in
l'omelette fromagée f	Käse-Omelett
le régal	Gaumenfreude
la décision	Entscheidung
faire fortune	reich werden
dans cet esprit	in diesem Sinne
l'objectif m	Ziel

le tribunal	Gericht
donner raison	Recht geben
se douter	ahnen
faire son entrée dans qc	eingetragen werden
le Larousse	frz. Wörterbuch
rétro	nostalgisch
ressortir	ausgraben
le livret de famille	Familienbuch, Stammbuch
les arrière-grands-parents mpl	Urgroßeltern
l'évolution f	Entwicklung

Pour finir

la Garden Party	Gartenfest
l'Élysée m	Elysee-Palast (Amtssitz des französischen Staatspräsidenten)
le Président de la République	Staatspräsident
la lettre de motivation	Bewerbungsschreiben
la version	Version, Fassung

Résumé

arrogant/e	arrogant, selbstgefällig
auparavant	vorher

Unité 2

urbain/e	Stadt-
rural/e	Land-
l'avantage m	Vorteil
l'inconvénient m	Nachteil
l'affiche f	Plakat
réaliste	realistisch
monter un projet	ein Projekt durchführen

Unité 2 B

1

le tarif	Tarif, Preis
à la carte	nach Wunsch
annoncer	ankündigen
l'animateur/-trice radio m/f	Radiomoderator/in
l'auditeur/-trice m/f	(Zu-)Hörer/in
motorisé/e	motorisiert
le bouchon	Stau
le périph (Abk. für périphérique)	Ringstraße
à quatre roues	hier: mit dem Auto
la station-service	Tankstelle
la pompe à essence	Zapfsäule
proclamer	proklamieren, verkünden
le guidon	Lenker

Unité 2 A

le pré	Wiese

1

bavarder	quatschen
faire les magasins	einen Einkaufsbummel machen

le coup de pédales	Pedalanschlag	**Unité 3**	
en libre-service	mit Selbstbedienung		
accessible	zugänglich	le stéréotype	Stereotyp
la station	Station, Haltestelle	caractériser	charakterisieren, beschreiben
le service public	öffentlicher Dienst		
l'usager/-ère m/f	Benutzer/in	le point de vue	Ansicht, Meinung
le réseau de transport	Verkehrsnetz	l'opposition f	Gegensatz
le réseau	Netz	le cliché	Klischee
la densité	Dichte	attribuer qc à qn	jdm etw zuschreiben
le / la conseiller/-ère	Berater/in	ponctuel/le	pünktlich
se faire voler	bestohlen werden	gourmand/e	Schlemmer/in, Naschkatze
au retour	auf dem Rückweg	impoli/e	unhöflich
l'entraînement m	Training	séducteur/-trice	verführend, verführerisch
la condition physique	Fitness	(dés)organisé/e	(un)organisiert
prudent/e	vorsichtig	paresseux/-euse	faul
dépasser	überholen	(in)discipliné/e	(un)diszipliniert
l'argument m	Argument	bavard/e	gesprächig
l'utilisation f	Gebrauch, Nutzen	râleur/-euse	nörgelig
		(in)tolérant/e	(in)tolerant
2		créatif/-ive	kreativ
le participe présent	Partizip Präsens	fier / fière	stolz
se construire	*hier:* bilden	modeste	bescheiden
le / la cycliste	Radfahrer/in	dynamique	dynamisch
le casque	(Schutz-) Helm		
le véhicule	Fahrzeug	**Unité 3 A**	
emprunter	*hier:* nehmen		
sens interdit	Einfahrt verboten	**1**	
le fonctionnement	Funktionieren	la (jeune) fille au pair	Aupairmädchen
le règlement	*hier:* Zahlung	le contraste	Kontrast
la carte bancaire	Bankkarte	le congé payé	bezahlter Urlaubstag
la carte de crédit	Kreditkarte	l'espérance de vie f	Lebenserwartung
l'abonnement m	Abonnement	interminable	endlos
autoriser	erlauben	arrosé/e de vin rouge	*hier:* mit Rotwein
		la fraternité	Brüderlichkeit
3		civique	(staats)bürgerlich
d'après moi	meiner Meinung nach	la crotte *(ugs)*	Kot
selon moi	meines Erachtens	la queue	*hier:* Warteschlange
		naïf/-aïve	naiv
▶▶		la chance	Chance
circuler	verkehren, unterwegs sein	la grande école	Elitehochschule
se garer	parken	le / la défenseur/-euse	Verteidiger/in, Verfechter/in
compliquer	erschweren		
détruire	zerstören	cependant	allerdings, jedoch
le voyou	Gauner	la grève	Streik
le vandalisme	Vandalismus	empêcher qn de faire qc	jdn daran hindern etw zu tun
imbécile	dumm, schwachköpfig		
porter tort à qc	Nachteile mit sich bringen	la contradiction	Widerspruch
la règle de circulation	Verkehrsregel	discret/-ète	diskret
le trottoir	Bürgersteig, Gehweg	d'une part… d'autre part	einerseits … andererseits
la venue	Kommen, Ankunft	envier qc à qn	jdn um etw beneiden
		bureaucratique	bürokratisch
Pour finir		faire bouger qc	etw ins Rollen bringen
réunir	sammeln	pour résumer	zusammenfassend
le / la paysan/ne	Bauer / Bäuerin	le paradoxe	Paradox
l'épicier/-ière	Feinkosthändler/in	la phrase affirmative	Aussagesatz
le débat	Debatte, Diskussion	la phrase négative	verneinter Satz
prendre la parole	das Wort ergreifen		
implanter	errichten	**2**	
rejoindre	*hier:* erreichen	relier	verbinden
		contraster	kontrastieren
Résumé		ordonner	anordnen
formuler	formulieren, ausdrücken		

WORTSCHATZ NACH LEKTIONEN

la galanterie	Höflichkeit (gegenüber Frauen)
l'inégalité *f*	Ungleichheit
féministe	feministisch / Feministin
le chef	*hier:* Chefkoch

4

l'Australien/ne *m/f*	Australier/in
la généralisation	Verallgemeinerung
le code	Code
descendre	*hier:* hinunterbringen
au sort	per Zufall
l'adolescent/e *m/f*	Jugendliche/r
l'écologiste *m/f*	Umweltschützer/in

▶▶

la tartine	Butterbrot, belegtes Brot
l'Africain/e *m/f*	Afrikaner/in
le / la séducteur/-trice	Frauenheld
la chandelle	Kerze
la réflexion	Überlegung

Unité 3 B

1

symboliser	symbolisieren

▶▶

la Corée du Sud	Südkorea
l'Argentine *f*	Argentinien
le / la concurrent/e	Konkurrent/in
le / la fermier/ère	Landwirt/in
se battre	kämpfen
la potion magique	Zaubertrank
remonter à qc	auf etw zurückgehen
la buste	Büste
le timbre-poste	Briefmarke

2

toucher à qc	*hier:* antasten
s'interroger	sich fragen
transformer	umwandeln, umbauen
le gratte-ciel	Wolkenkratzer
la Tour Eiffel	Eiffelturm
rouillé/e	verrostet
la vision future	Zukunftsvision
inconcevable	undenkbar, unbegreiflich
l'emblème *m*	Emblem, Zeichen
la conscience collective	Kollektivbewusstsein
intouchable	unantastbar
depuis peu	neuerdings
débattre	diskutieren
l'hymne national *m*	Nationalhymne
déclarer	erklären
accuser	anklagen, bezichtigen
guerrier/-ière	Kriegs-
violent/e	gewalttätig, gewaltig
reconnu/e	anerkannt

4

la position	Position
le classement	Rangliste, Tabelle
la préférence	Präferenz, Vorliebe
estimer	schätzen
apparemment	anscheinend, offenbar
le progrès	Fortschritt
la laïcité	Laizität *(Trennung von Kirche und Staat)*
la notion	Begriff, Vorstellung
autant que	ebenso sehr / viel wie

5

le comparatif	Komparativ
le comparatif d'égalité	Komparativ der Gleichheit
galant/e	zuvorkommend

Pour finir

lancer	*hier:* starten, ins Leben rufen
vanter	preisen

Résumé

la construction	Konstruktion
passif/-ive	passiv, Passiv-
s'accorder avec qc	sich nach etwas richten
le complément d'agent	Agens, Urheber
le sujet	*hier:* Subjekt

Unité 4

1

le terme	Begriff
dépendre de qn / qc	von jdm / etw abhängen
la manière	Art
le rapport	Verhältnis, Beziehung
les arts *mpl*	bildende Künste
flirter	flirten
l'éducation *f*	Erziehung
la religion	Religion

2

l'aquarium *m*	Aquarium
l'obstacle *m*	Hindernis
la limite	Grenze
la norme	Norm
entrer en contact avec qn / qc	mit jdm / etw in Kontakt kommen
la manière de vivre	Lebensweise
s'habiller	sich anziehen
visible	sichtbar
dicter	vorschreiben
la politesse	Höflichkeit
le rapport de hiérarchie	Hierarchiebeziehung
la source	*hier:* Ursache
la tolérance	Toleranz
la sensibilité	Sensibilität, Empfindsamkeit
juger	beurteilen, bewerten
dès	seit

la courtoisie	Höflichkeit
le concept	Konzept

Unité 4 Coin lecture

le coin lecture	Leseecke
la littérature	Literatur
le / la romancier/-ière	Romanautor/in

3

l'aristocrate *m/f*	Aristokrat/in
polonais/e	polnisch
le critique d'art *m/f*	Kunstkritiker/in
la Première Guerre Mondiale	der Erste Weltkrieg
l'inventeur/-trice *m/f*	Erfinder/in
le calligramme	Kalligramm (*poetisches Textbild*)
le dessin	Zeichnung
adorable	hübsch
le chapeau canotier	Strohhut
l'ovale *m*	Oval
la figure	*hier*: Gesicht
exquis/e	reizend
imparfait/e	unvollkommen
battre	schlagen

4

surdoué/e	hochbegabt
la Chine	China
le Laos	Laos
le Bangladesh	Bangladesch
la Birmanie	Birma / Myanmar
l'ambassadeur/-drice *m/f*	Botschafter/in
la nouvelle	*hier*: Novelle
le conte	Erzählung
la pièce de théâtre	Theaterstück
publier	veröffentlichen
enceinte	schwanger
graphomane	schreibsüchtig
le / la scientifique	Wissenschaftler/in
se situer	sich befinden
lorsque	als
le / la protagoniste	Protagonist/in, Hauptfigur
réopérer	neu operieren
guérir	heilen
la basilique	Basilika
le prêtre	Priester
précéder	vorausgehen
être censé	gelten als
la police	Polizei
avoir l'air de qn / qc	wie jmd / etw aussehen
le flic (*ugs*)	Polizist, Bulle
se déguiser	sich verkleiden
opérer	operieren
cinquantième	fünfzigste/r
l'anniversaire *m*	*hier:* Jahrestag
l'armistice *m*	Waffenstillstand
la Seconde Guerre Mondiale	Zweiter Weltkrieg
hélas !	ach, leider!
être au regret	bedauern
révéler	enthüllen, verraten
la vérité	Wahrheit
l'anesthésie *f*	Anästhesie
au niveau de	im Bereich von
la technique	Technik

5

le discours	Rede
le mode d'emploi	Gebrauchsanweisung

Unité 5

doux / douce	süß, lieblich, angenehm
la sensation	*hier:* Empfindung, Gefühl
physique	körperlich, physisch
la province	Provinz
le lac	See
la vallée	Tal
la forêt	Wald
la vigne	Weinberg
la colline	Hügel
la plaine	Ebene, Flachland
la dune	Düne
le sud	Süden
l'est *m*	Osten
l'ouest *m*	Westen
la côte	Küste

▶▶

mesurer	messen
la brebis	Schaf
redescendre	hinuntergehen
le Bleu d'Auvergne	*Blauschimmelkäse aus der Auvergne*
le Massif Central	Zentralmassif
le Cantal	*Rohmilchkäsesorte*
le Bleu des Causses	*Blauschimmelkäse*
la Fourme d'Ambert	*Edelschimmelkäse*
le Saint Nectaire	*Rohmilchkäsesorte*
le Rocamadour	*Käse aus Ziegenmilch*
humide	feucht
bleu/e turquoise	türkisblau
fin/e	fein
la terre	Erde
le panneau de signalisation	Verkehrszeichen
chuter	abfallen, sinken
recouvert/e	bedeckt

Unité 5 A

1

lier	verbinden
visuel/le	Seh-
auditif/-ve	Hör-
l'odorat *m*	Geruchssinn
faire renaître	wieder aufleben lassen
affectif/-ve	affektiv / Gefühls-
la madeleine	*Kleingebäck aus Rührteig*
tremper	tunken

WORTSCHATZ NACH LEKTIONEN

réveiller	(er)wecken
évoquer	wachrufen
précis/e	präzise

2

l'étranger *m*	*hier:* Ausland
la vue	Sehvermögen
l'ouïe *f*	Gehör(sinn)
le toucher	Tastsinn
puer *(ugs)*	stinken
avoir l'odeur de	riechen nach / wie
avoir le goût de	schmecken nach / wie
amer/-ère	bitter
mou / molle	weich

▶▶

la Bénédictine	*Kräuterlikör*
repenser	denken
l'île de Ré *f*	*Insel an der frz. Westküste*
brûler	brennen

3

être tiré de qc	ein Ausschnitt aus etw sein
l'essence *f*	Essenz
l'ingrédient *m*	Zutat, Bestandteil
la dynastie	Dynastie, Herrscherfamilie
destiner qn à qc	jdn zu etw ausersehen
la parfumerie	Parfümerie
le milieu	Umfeld
olfactif/-ive	Riech-, Geruchs-
la tendresse	Zärtlichkeit, Innigkeit
mettre au défi	herausfordern
reconstituer	wiederherstellen
la jonquille	Osterglocke
le flacon	Fläschchen, Flakon
la narcisse	Narzisse, Osterglocke
la violette	Veilchen
le jasmin	Jasmin
c'est ainsi que	so, auf diese Art
mémoriser	sich merken
tirer un titre de gloire de qc	sich mit einer Sache rühmen
le / la Chinois/e	Chinese/-in
le caractère	*hier:* Schriftzeichen
la philosophie	Philosophie
le romantisme	Romantik
composer	zusammenstellen
la sensualité	Sinnlichkeit
l'oreiller *m*	Kopfkissen
intense	stark

4

le parfumeur	Parfümhersteller, -händler
justifier	begründen

Unité 5 B

1

replacer	*hier:* einordnen
le chiffre	Zahl

1 sur 6	1 von 6
parisien/ne	Pariser, pariserisch
le gouvernement	Regierung
l'institution *f*	Einrichtung, Institution
centraliste	zentralistisch
fédéral/e	föderal
la capitale	Hauptstadt
l'administration *f*	Verwaltung
la (dé)centralisation	(De-)Zentralisierung

▶▶

la géo(graphie)	Geografie, Erdkunde
l'étranger/-ère *m/f*	Ausländer/in
décentraliser	dezentralisieren
le programme scolaire	Lehrplan
le sujet	*hier:* Untertan/in
à peine	kaum
la rivalité	Rivalität
la première	Premiere, Erstaufführung

2

le / la provincial/e	Kleinstädter/in, Provinzbewohner/in
relever	*hier:* hervorheben
la vitesse	Geschwindigkeit, Schnelligkeit
fabuleux/-euse	wunderbar, fabelhaft
la descente	Ausstieg
la désillusion	Desillusionierung, Enttäuschung
distinguer	unterscheiden
éviter	vermeiden
régner	herrschen
le sourire	Lächeln
pressé/e	in Eile
la rame	Zug
freiner	bremsen
le fou rire	Lachanfall
assuré/e	gesichert
à leur place	an ihrer Stelle
patiemment	geduldig
le boss *m/f*	Chef/in
la race	Rasse
se lancer à qc	sich in etw stürzen
conquérir	erobern
l'annexe *f*	Anhang, Anhängsel
au bout de	nach
se surprendre à faire qc	sich dabei ertappen wie man etw tut
avec classe	*hier:* stilvoll
se précipiter	sich beeilen, losstürmen
attraper	*hier:* erreichen, erwischen
contaminer	anstecken
le déroulement	Ablauf
récemment	kürzlich, vor kurzem

3

la circonstance	Umstand
embarrassant/e	peinlich
(in)habituel/le	(un)gewöhnlich

WORTSCHATZ NACH LEKTIONEN

4

la chocolatine	Schoko-Croissant
exprès	extra, absichtlich

▶▶

le sac en plastique	Plastiktüte

5

la gestique	Gestik
le Comité Régional du Tourisme	regionale Tourismusbehörde

▶▶

lever	hochheben
la main à plat	flache Hand
en avoir marre	es satt haben
en avoir assez	genug haben
le pouce	Daumen
la mimique	Mimik
ressortir	hervorkommen, herausstrecken
la lèvre	Lippe
inférieur/e	untere/r
hausser	hochziehen
le sourcil	Augenbraue
l'épaule *f*	Schulter

Pour finir

le dé	Würfel
le pion	Spielfigur
la pièce de monnaie	Geldstück, Münze
tomber sur qc	auf etw treffen
la case	Kästchen
la circonstance	Umstand
l'étoile *f*	Stern
au choix	nach Wahl

Résumé

le complément de temps	Zeitangabe
le complément de lieu	Ortsangabe
le genre	Genus, Geschlecht
achever	beenden, abschließen

Unité 6

l'identité	Identität
l'intégration *f*	Integration
le parcours	*hier:* Lebenslauf
le mécontentement	Unzufriedenheit
le / la black	Dunkelhäutige/r
le / la beur/ette *(ugs)*	*Franzose / Französin arabischer Herkunft*
attentivement	aufmerksam
le tajine	*traditionelles marokkanisches Gericht*
le boulgour	Bulgur
les nems *mpl*	Frühlingsröllchen
savourer	genießen
les pâtes *fpl*	Nudeln

Unité 6 A

1

le / la rappeur/-euse	Rapper/in
la téci *(ugs)*	(Vorstadt-) Siedlung
p'tit *(ugs)*	klein/e
le béton	Beton
le terrain	*hier:* Platz
le basket	Basketball
paumé/e *(ugs)*	gottverlassen
putain ! *(ugs)*	Mist!
le cauchemar	Albtraum
la préoccupation	Sorge

3

la statistique	Statistik
l'immigré/e *m/f*	Eingewanderte/r, Immigrant/in
être attaché/e à qc	mit etw verbunden sein
l'immigration *f*	Immigration, Einwanderung
multiple	vielfältig
accueillir	aufnehmen
la formation	Ausbildung
le / la sénior	Senior/in
la population	Bevölkerungsgruppe
majoritaire	Mehrheits-
la dictature	Diktatur
le regroupement familial	Familienzusammenführung
l'exil *m*	Exil
la pauvreté	Armut
la mondialisation	Globalisierung
le climat	Klima
l'appel *m*	*hier:* Aufruf
la main-d'œuvre	Arbeitskraft
Portugais/e	Portugiese/-in
le / la Maghrébin/e	Nordafrikaner/in
subsaharien/ne	*südlich der Sahara gelegen (Schwarzafrika)*
l'Algérien/ne *m/f*	Algerier/in
le / la Tunisien/ne	Tunesier/in
l'Européen/ne *m/f*	Europäer/in
l'Asiatique *m/f*	Asiate/-in
certains *pl*	einige
la période	(Zeit-) Raum

5

énerver	nerven
se plaindre	sich beschweren
supporter	ertragen, aushalten
agacer	ärgern, nerven
le système	System

6

émigrer	auswandern

▶▶

le Nord-Pas-de-Calais	*Région im Norden Frankreichs*
la Pologne	Polen
ça n'a pas marché	Es hat nicht geklappt

186

la mine	Bergwerk
Gadoueville	„Schlammstadt"
la boue	Schlamm, Dreck
le coron	Bergarbeitersiedlung
mener	führen
la chute	Fall
fuir	fliehen
les boat people	Bootsflüchtlinge
le / la chinetoque (ugs)	verachtender Name für Asiaten
autrement	ansonsten
la bonne-sœur	Nonne
améliorer	verbessern
l'orthographe f	Rechtschreibung
de raison	Vernunft-
vietnamien/ne	vietnamesich

Unité 6 B

1

la cité	(Vorstadt-) Siedlung
le graffiti	Graffiti
la haine	Hass
la zone	Gegend
rencontrer un problème	auf ein Problem stoßen
probable	möglich, glaubwürdig
le déménagement	Umzug
l'héritage m	Erbe
l'apprentissage m	hier: Lehre
le hold-up	Banküberfall

2

musulman/e	muslimisch, Moslem
définir	bestimmen, bezeichnen
l'aliment m	Lebensmittel
le Coran	Koran
pousser aux limites	an die Grenzen stoßen
le risque	Risiko
prendre un risque	ein Risiko eingehen
familier/-ère	hier: umgangssprachlich
la formule	hier: Formulierung, Ausdruck
faire sentir	spüren lassen
en avoir marre	es satt haben
faute de	mangels
halal	(arabisch) rein, erlaubt (nach islamischem Recht)
Mac Do'	Mac Donalds
pousser qn à bout	jdn zwingen
le monteur-dépanneur frigoriste	Kältetechniker
collectionner	sammeln
le refus	Absage, Ablehnung
la logistique	Logistik
embaucher	einstellen
l'étonnement m	Überraschung
gérer	führen, verwalten
le local (pl locaux)	Raum, Räumlichkeit
secret/-ète	geheim
le proverbe	Sprichwort
arabe	arabisch

la parole	hier: Sprechen
jurer	schwören

3

déclarer	äußern, erklären
la concordance des temps	Zeitenfolge
la phrase d'introduction	Einleitungssatz

4

la diversité	Vielfalt
la critique	Kritik
issu/e de l'immigration	mit Migrationshintergrund
convaincre	überreden, überzeugen
la saveur	Geschmack
subtil/e	fein
la déco (Abk. von décoration)	Dekoration
Mille et une Nuits	Tausendundeine Nacht
la pâtisserie	Gebäck
le plateau	hier: Teller
royal/e	königlich
magique	magisch
l'amateur/-trice m/f	Liebhaber
la grillade	Grillgericht
exceptionel/le	außergewöhnlich
fait/e maison	hausgemacht
le régal	Gaumenfreude, Schmaus
prétendre	behaupten

Pour finir

intitulé/e	betitelt, genannt
entrer	hereinkommen
le résumé	Zusammenfassung
le magazine de programme de télévision	Programmzeitschrift
le rêve	Traum
le centre d'apprentissage	Lernzentrum
se faire accepter	aufgenommen werden

Résumé

de préférence	vorzugsweise
l'impératif m	Imperativ, Befehlsform

Unité 7

le registre	Register, Sprechweise
emprunter qc à qn	sich etw bei jdm ausleihen
le jeu télévisé	Fernsehquiz
accorder	angleichen
le participe passé	Partizip Perfekt
l'O.N.U. (Abk. von Organisation des Nations Unies) f	UNO
les jeux olympiques mpl	Olympische Spiele
la coupe du monde	Weltmeisterschaft
le mél	E-Mail
le publipostage	Postwurfsendung
frencher	(Québec) sich auf den Mund küssen
la nonantaine	(Belgien, Schweiz) ungefähr neunzig
la langue co-officielle	zweite Amtssprache

l'Angola f	Angola		
le Burkina Faso	Burkina Faso		
la Côte d'Ivoire	Elfenbeinküste		
revenir	*hier:* wiederholen		
l'émission f	(Fernseh-) Sendung		

▶▶

vrai de vrai *(ugs)*	waschecht
marquer le point	einen Punkt erhalten
retirer	*hier:* abziehen
débuter	anfangen
le / la grammairien/ne	Grammatiker/in
le / la mathématicien/ne	Mathematiker/in
remonter	*hier:* aufholen
la fraction	Bruchteil
la revanche	Revanche, Vergeltung
forcément	zwangsläufig
concerner	betreffen

Unité 7A

1

oser	wagen
solliciter	beantragen, erbitten
l'augmentation f	Erhöhung
dévoué/e	treu, aufopfernd
la liste de courses	Einkaufszettel
la lettre de réclamation	Beschwerdebrief
la rédaction	*hier:* Aufsatz
réformer	reformieren

2

le pronom objet	Objektpronomen
ranger	aufräumen
la mamie	Oma, Omi
de ma part	von mir

3

améliorer	verbessern
le manuel	Lehrbuch

4

le (petit) pois	Erbse
souffrir	leiden
il vaut mieux	es ist besser
le pin	Kiefer, Pinie
le championnat	Meisterschaft, Wettbewerb
le / la téléspectateur/-trice	Fernsehzuschauer/in
en vain	vergebens, umsonst

5

la pratique	Gebrauch

▶▶

le cricket	Kricket
l'intonation f	Intonation, Sprachmelodie

Unité 7B

1

l'appart m *(ugs)*	Appartement, Wohnung
le tromé *(ugs)*	Metro, U-Bahn
Tu m'étonnes !	Kein Wunder!
ça me gonfle *(ugs)*	das langweilt / nervt mich
zarbi *(ugs)*	eigenartig
se planter *(ugs)*	sich irren
fastoche *(ugs)*	einfach
le verlan	*frz. Jugendsprache, in der die Silben umgekehrt werden*

▶▶

le truc *(ugs)*	Zeug, Ding
la syllabe	Silbe
à l'envers	umgekehrt
le langage soutenu	Hochsprache
le contraire	Gegenteil
le dico *(ugs)*	Wörterbuch
l'ordi m *(ugs)*	Computer

2

la substance	Substanz
la performance	Leistung
se coller	kleben
l'instruction f	Anleitung
l'impatience f	Ungeduld
l'anglicisme m	Anglizismus
adapter	anpassen
l'académicien/ne m/f	Akademiemitglied
faire un effort	sich anstrengen
la commission	Ausschuss
la terminologie	Terminologie
désigner	benennen
le phénomène	Phänomen, Erscheinung
la modernité	Moderne
gonflable	aufblasbar
le papillon	Schmetterling
le flop	Flop
absolu/e	total
le / la délégué/e	Delegierte/r
le lave-vaisselle	Geschirrspülmaschine
le navigateur	Browser
le logiciel	Software
sans compter que	zumal
fameux/-euse	berühmt
protectionniste	protektionistisch
l'invasion f	Invasion
le colloque	Kolloquium
malgré tout	trotz allem
l'état m pur	reiner Zustand
désormais	von jetzt an
le dopage	Doping
fournir	liefern
l'avance f	Vorsprung
s'exporter	exportiert werden
l'état m d'âme	seelische Verfassung
l'inclination f	Neigung
l'agacement m	Ärger
l'abstraction f	Abstraktion

WORTSCHATZ NACH LEKTIONEN

l'essayiste *m/f*	Essayist/in
brésilien/ne	brasilianisch
le bon vivant	Lebemann
l'enfant terrible *m*	Enfant terrible
le fait accompli	vollendete Tatsache
la nonchalance	Lässigkeit, Faulheit
le parvenu	Neureicher, Emporkömmling
la femme fatale	*verführerische Frau*
le pouvoir	Macht
l'aristocratie *f*	Aristokratie
le lexique	Wortschatz
l'Académie *f* française	*Gesellschaft zur Pflege der frz. Sprache*
imposer	durchsetzen
fixer	festigen
garantir	gewährleisten
l'immortel/le *m/f*	Unsterbliche/r
la politique linguistique	Sprachpolitik
l'influence *f*	Einfluss

3

le nom propre	Eigenname
le nom commun	Gattungsname
rendre	zurückgeben
l'article *m* indéfini	unbestimmter Artikel
l'article *m* partitif	Teilungsartikel

Pour finir

l'importance *f*	Bedeutung
diviser	(auf)teilen
en faveur	für, zu Gunsten von
convaincant/e	überzeugend

Unité 8

1

l'individu *m*	Einzelperson
avoir en commun	gemein haben
l'être humain *m*	Mensch
la personnalité	Persönlichkeit
éventuellement	möglicherweise
indépendamment	unabhängig
réservé/e	zurückhaltend
le/la parent/e	Angehörige/r, Verwandte/r
enlever	ausziehen

2

considérer	ansehen, betrachten
intime	intim, privat
différer	unterschiedlich sein
le sac à main	Handtasche
le portefeuille	Brieftasche
à l'extérieur	*hier:* auswärts

Unité 8 Coin lecture

marocain/e	marokkanisch
occitan/e	okzitanisch
le cours de cuisine	Kochkurs

3

poétique	poetisch
l'exploration	Erforschung, Erkundung
l'écriture *f* artistique	künstlerisches Schreiben
appartenir à qc	zu etw gehören
cuire	kochen
le bout	*hier:* Stückchen
l'innocence	Unschuld
à petit feu	bei geringer Hitze
énigmatique	geheimnisvoll, unergründlich
saupoudrer	bestäuben, bestreuen
poivrer	pfeffern
mettre les voiles *(ugs)*	sich verziehen
la pointe	*hier:* Messerspitze

4

la philosophie	Philosophie
la psychiatrie	Psychiatrie
intervenir	eingreifen, sich einmischen
le recueil	Sammelband
l'amandier *m*	Mandelbaum
la pensée	Gedanke
crépu/e	gekräuselt, kraus
noirci/e	geschwärzt
le dix-huitième	*18. Arrondissement in Paris*
le regard	Blick
le signe	Zeichen
la solitude	Einsamkeit
se raser	sich rasieren
le couloir	Gang
plaisanter	scherzen
se bousculer	drängen
effrayer qn	jdn erschrecken
serrer	*hier:* umklammern
le wagon	Waggon
embêter	nerven
la fatigue	Müdigkeit
gesticuler	gestikulieren
saoul/e *ugs*	betrunken
inquiétant/e	beunruhigend, unheimlich
enfermer qn	jdn einsperren
l'herbe *f*	Gras
la carte de séjour	Aufenthaltsgenehmigung
le passeport	(Reise-) Pass
machinal/e	mechanisch
le trou	Loch
l'épaule *f*	Schulter
la tempe	Schläfe
relever	anheben
le col	Hals
le pardessus	Mantel, Überzieher
la vitre	Fensterscheibe
invisible	unsichtbar

dessus	darauf, darüber	se composer de qc	aus etw bestehen
le travailleur immigré	Gastarbeiter	réalisable	umsetzbar

5

le basque	Baskisch
connaître	*hier:* erleben
la renaissance	Wiederaufblühen, Wiederaufschwung
la survie	Überleben
le folklore	Folklore
trimbaler	mitschleppen
la course	Fahrt
le / la rival/e	Rivale/-in
prouver	beweisen
le record mondial	Weltrekord
s'achever	zu Ende gehen
là-haut	dort oben
le summum	Gipfel
la réussite	Erfolg
jovial/e	heiter, fröhlich
le dialecte	Dialekt
donner la parole à qn	jdm das Wort erteilen

3

la crème anglaise	*Vanillecreme*
l'optimisme *m*	Optimismus
l'ordre *m*	*hier:* Ordentlichkeit
le karaté	Karate
Venise	Venedig
le pronom interrogatif	Fragepronomen

4

se moquer de qn / qc	sich über jdm / etw lustig machen
s'intéresser à qc	sich interessieren für etw
prendre qn / qc pour qc	jdn / etw für etw halten

▶▶

l'alliance *f*	Ehering
le Paris Saint-Germain	*Pariser Fußballverein*
l'idiot/e *m/f*	Dummkopf
le monstre	Monster
la silicone	Silikon

Unité 9

faire des choix	(aus)wählen
l'égalité *f*	*hier:* Gleichberechtigung
s'avérer	sich herausstellen
la grossesse	Schwangerschaft
se glisser	einschleichen
évoluer	sich entwickeln
le jardinage	Gartenarbeit
faire un barbecue	grillen
sortir	*hier:* hinausbringen
bricoler	heimwerken

Unité 9 A

l'âme *f* sœur	verwandte Seele

1

le flirt	Flirt
mettre en scène	darstellen
le / la trentenaire	etwa Dreißigjährige/r

▶▶

fatigant/e	anstrengend, lästig
l'avocat/e *m/f*	Anwalt / Anwältin
complexer *(ugs)*	Komplexe haben
l'ambition *f*	Ehrgeiz
la victime	Opfer
l'indépendance *f*	Unabhängigkeit

2

l'aube *f*	Morgengrauen
tourner	hinwenden
l'extérieur *m*	Außen
le solo	*hier:* Single
chez soi	zu Hause

Unité 9 B

1

le défi	Herausforderung
se transformer	sich wandeln
divorcer	sich scheiden lassen
les jumeaux/-elles *mpl/fpl*	Zwillinge
l'ado (*Abk. für* adolescent) *m/f*	Jugendliche/r
reconnaître	*hier:* zugeben
rester en bons termes	ein gutes Verhältnis haben
le / la conjoint/e	Ehepartner/in
l'affection *f*	Zuneigung
la jalousie	Eifersucht
méchant/e	böse
la belle-mère	*hier:* Stiefmutter
imposer qc à qn	etw von jdm verlangen
constituer	bilden
la tribu *(ugs)*	*hier:* Großfamilie
le beau-fils	Stiefsohn, Schwiegersohn
le gendre	Schwiegersohn
la belle-fille	Stieftochter, Schwiegertochter
le demi-frère	Halb-/Stiefbruder
la demi-sœur	Halb-/Stiefschwester
unique	*hier:* einzig, Einzel-
l'aîné/e *m/f*	Erstgeborene/r, Älteste/r

2

l'inscription *f*	Anmeldung
préalable	vorherig
la somme	Betrag
verser	*hier:* ausbezahlen
tenir	halten
l'Irlande *f*	Irland
s'expliquer	sich erklären
l'allocation *f*	Beihilfe

la crèche	Kinderkrippe	**Unité 10 A**	
la halte-garderie	*Einrichtung zur stundenweisen Kinderbetreuung*	**1**	
l'assistante *f* maternelle	Tagesmutter	se glisser	schlüpfen
l'école *f* maternelle	Kindergarten	le parasol	Sonnenschirm
reprendre	wiederaufnehmen	le bain moussant	Schaumbad
le / la démographe	Demograf/in	la bouffe *(ugs)*	Essen
la garde	Aufsicht	allonger	hinlegen
		la moquette	Teppichboden
3		le champignon	Pilz
être soulagé/e	erleichtert sein	la facture	Rechnung
la liste d'attente	Warteliste		
le microbe	Krankheitskeim	**2**	
		le blog	Webblog
4		bâtir	(er)bauen
illustrer	*hier*: veranschaulichen	au contraire	im Gegenteil
souhaitable	wünschenswert	à deux pas	ganz in der Nähe
impensable	undenkbar	imprimer	*hier:* einprägen
la sage-femme	Hebamme	conjuguer	konjugieren
le / la mécanicien/ne	Mechanikerin	le futur antérieur	Futur II
anormal/e	ungewöhnlich	le blogueur	Blogger
Pour finir		**4**	
se limiter	sich beschränken	la tâche	Aufgabe
le cercle	Kreis	se motiver	sich motivieren
le hobby	Hobby, Freizeitbeschäftigung	passer l'aspirateur	staubsaugen
		la déclaration d'impôts	Steuererklärung
ramasser	einsammeln	nettoyer	putzen
redistribuer	neu verteilen	les beaux-parents *mpl*	Schwiegereltern
s'accorder	zusammenpassen	le cocktail	Cocktail
Résumé		**5**	
servir à	dienen zu	la convivialité	Gesellligkeit
la proposition subordonnée	Nebensatz	le dynamisme	Dynamik
		la gentillesse	Freundlichkeit
		la séduction	(verführerischer) Charme
Unité 10		la tolérance	Toleranz
		la générosité	Großzügigkeit
la corvée	lästige Pflicht	l'intelligence *f*	Intelligenz
la cause	Grund	la fidélité	Treue
la qualité	*hier*: Vorzug, gute Eigenschaft		
		6	
le défaut	Makel, Fehler	l'émission de radio *f*	Radiosendung
la citation	Zitat	dehors	draußen
l'autre *m/f*	andere/r	la station de radio	Radiosender
humoristique	humoristisch, humorvoll	Vanuatu	*Inselstaat im Südpazifik*
le truc *(ugs)*	Zeug, Ding	la côte adriatique	Adriatische Küste
le / la riche	Reiche/r	le cadre	*hier:* Rahmenbedingung
se tromper	sich täuschen	la condition de vie	Lebensbedingung
rendre heureux/-euse	glücklich machen		
à plusieurs	zu mehreren	être bien réveillé/e	ganz wach sein
le / la philosophe	Philosoph/in	préciser	klarstellen
l'encyclopédiste	Enzyklopädist	l'hallucination *f*	Halluzination
le propre	Wesensmerkmal	la Méditerranée	Mittelmeer
la tristesse	Traurigkeit	se figurer qc	sich etw vorstellen
rouge foncé	dunkelrot	le chercheur	Forscher
vert clair	hellgrün	l'évaluation *f*	Bewertung
multicolore	vielfarbig, bunt	la satisfaction	Zufriedenheit
		prendre qn / qc en considération	jdn / etw berücksichtigen

merveilleux/-euse	wunderbar	hilarant/e	komisch
à mi-chemin	auf halbem Weg	la rigolade	Spaß
		l'éclat *m* de rire	lautes Auflachen
		enregistrer	aufnehmen

Unité 10 B

1

le gaz hilarant	Lachgas
la nervosité	Nervosität
la chatouille	Kitzeln

2

vu que	da, weil
spontané/e	spontan
libérer	befreien
l'endorphine *f*	Endorphin
étant donné que	da, weil
forcément	zwangsläufig
gai/e	fröhlich
placer	platzieren
en partant de	ausgehend von
introduire	einführen
rater	verpassen

3

rire de bon cœur	herzlich lachen
euphorisant/e	aufpuschend
calmer	*hier:* lindern
la mélancolie	Melancholie
sur commande	*hier:* auf Befehl
la technique de respiration	Atemtechnik
la douzaine	Dutzend
décontracté/e	entspannt
le / la débutant/e	Anfänger/in
contracté/e	verkrampft
profondément	tief
d'avance	vorher
s´élargir	sich weiten
l'air blagueur	lustiger Gesichtsausdruck
s'improviser	vorgeben zu sein
le/ la poète	Dichter/in
l'espion/ne *m/f*	Spion/in
fuser	erschallen
de part et d'autre	von beiden Seiten
avancer	fortschreiten
tirer la langue	die Zunge rausstrecken
chatouiller	kitzeln
la grimace	Grimasse
interdit/e	verboten
retrouver	*hier:* wiederentdecken
le mouvement respiratoire	Atembewegung
le muscle	Muskel
s'oxygéner	sich mit Sauerstoff vollpumpen
fin prêt/e *(ugs)*	gut vorbereitet
physiquement	körperlich
mentalement	geistig
l'apothéose *f*	Höhepunkt
la méditation	Meditation
l'hilarité *f*	Gelächter
le sol	Boden
le / la fondateur/-trice	Gründer/in

se marrer *(ugs)*	sich kaputtlachen
entraîner	mitreißen
se relever	aufstehen
épuisé/e	erschöpft
grandement	in hohem Maße
raccourcir	verkürzen

4

la publicité	Werbung

Pour finir

rédiger	verfassen
s'accorder qc	*hier:* sich etw gönnen
éliminer	beseitigen

Résumé

invariable	unveränderlich
s'accorder	*hier:* sich angleichen

Unité 11

la construction	*hier*: Aufbau
la finalité	Zweck
la concession	Zugeständnis
le repère temporel	temporale Konjunktion
le marché du travail	Arbeitsmarkt
l'unité *f*	Einheit
le drapeau	Flagge
la bande	*hier:* Streifen
horizontal/e	horizontal, waagrecht
vertical/e	vertikal, senkrecht
uni/e	einfarbig
bicolore	zweifarbig
tricolore	dreifarbig
la diagonale	Diagonale
la croix	Kreuz
la couronne	Krone
la démocratie	Demokratie
le niveau de vie	Lebensstandard
la monnaie	*hier*: Währung

Unité 11 A

1

au départ	zu Beginn
le pays membre	Mitgliedsstaat
la Finlande	Finnland
le Portugal	Portugal
la Grande-Bretagne	Großbritannien
la Suède	Schweden
le siège	(Amts-) Sitz
l'Union *f* européenne (UE)	Europäische Union (EU)
« l'Internationale » *f*	„Die Internationale"
« l'ode à la joie » *f*	Ode „An die Freude"

WORTSCHATZ NACH LEKTIONEN

2
tant de	so viel
avant que + *subj*	bevor
Charlemagne	Karl der Große
bien que + *subj*	obwohl
pour + *inf*	um etw zu tun
afin que + *subj*	damit
la paix	Frieden
pour que + *subj*	damit

le / la député/e	Abgeordneter/-in
la perfection	Perfektion

4
imaginer	vorstellen, ausdenken
le franc	Franc *(ehemalige französische Währung)*
le commerçant	Händler
réintroduire	wieder einführen
le / la boulanger/-ère	Bäcker/in
l'initiateur/-trice *m/f*	Initiator/in
le détour	Umweg
prendre contact	Kontakt aufnehmen
la Banque de France	*Französische Zentralbank*
afficher	aushängen
la table de conversion	Umrechnungstabelle

5
effectuer	durchführen, vornehmen
le/la citoyen/ne	Bürger/in
portant sur	bezüglich, über
venir à l'esprit	einfallen, in den Sinn kommen
le gaspillage	Verschwendung
la bureaucratie	Bürokratie
la technocratie	Technokratie
la complexité	Komplexität
la perte	Verlust
la vision	Sichtweise

Unité 11 B

1
alors que	als, während
dès que	seit, seitdem
maîtriser	beherrschen
la subtilité	Feinheit, Nuance
aussitôt que	sobald
à présent que	jetzt, da
tandis que	während, wohingegen
à partir du moment où	von … an
à l'époque où	damals, zu der Zeit als
la Tunisie	Tunesien

assimiler	*hier:* eingliedern
la Suisse Romande	französische Schweiz
l'altiste *m/f*	Bratschist/in
changer de décor	einen Tapetenwechsel vornehmen
l'adaptation *f*	Anpassung
le tas *(ugs)*	Menge, Haufen

2
la douane	Zollgrenze

3
la Pologne	Polen
l'élargissement *m*	Erweiterung
le plombier	Klempner/in
soi-disant	angeblich
envahir qc	in etw einfallen
baisser	sinken, senken
le point de départ	Ausgangspunkt
la directive	Richtlinie
le pays d'origine	Herkunftsland
passer	*hier:* durchkommen
le mal	Übel, Ungemach
bon marché	billig, preiswert
l'hexagone *m*	Sechseck, *hier:* Frankreich
la restriction	Einschränkung
le chauffeur de bus	Busfahrer
l'effectif *m*	Personalbestand
principalement	hauptsächlich
la Lituanie	Litauen
le fait	Sachverhalt
tripler	verdreifachen
la promotion	Werbung
le clin d'œil	Augenzwinkern
tout aussi	ebenfalls
charmant/e	reizend
uniquement	nur
irrégulier/-ère	unregelmäßig

4
faire connaissance avec qn / qc	mit jdm / etw Bekanntschaft machen
la forme verbale	Verbform
ainsi que	sowie
résoudre	lösen
inadmissible	untragbar, skandalös

Pour finir
l'observateur/-trice *m/f*	Beobachter/in

Résumé
la concession	Einräumung, Konzession
la postériorité	Nachzeitigkeit

Unité 12

1
l'orateur/-trice *m/f*	Redner/in, Referent/in
être à l'aise	sich wohl fühlen
le trac	Lampenfieber
s'exprimer	sich ausdrücken, sich äußern
le mot-clé	Stichwort
détaillé/e	detailliert
passionnant/e	fesselnd, spannend

bloquer	blockieren
le drame	Drama
le documentaire	Dokumentarfilm
la comédie de mœurs	Sittenkomödie
la science-fiction	Sciencefiction
clore qc	etw beenden, abschließen

Unité 12 Coin lecture

la femme de ménage	Putzfrau, Haushaltshilfe

2

fabuleux/-euse	fabelhaft
le destin	Schicksal
imaginatif/-ive	fantasievoll
le scénario	Drehbuch
contempler	betrachten
repérer	finden, ausfindig machen
la mouche	Fliege
l'espérance f	Hoffnung, Erwartung
en revanche	dagegen
cultiver	pflegen
le sac	Sack
faire des ricochets	Steine auf der Wasseroberfläche hüpfen lassen
au bord de	hier: am Ufer von
briser	zerbrechen
la croûte	Kruste
la crème brûlée	Süßspeise aus Ei und Sahne mit Karamelkruste
le toit	Dach
se réfugier	sich zurückziehen
survenir	sich plötzlich ereignen
bouleverser	völlig verändern, durcheinander bringen

3

l'activité f ménagère	Tätigkeit im Haushalt
sale	schmutzig
éprouver	empfinden
la sorte	Art
la honte	Scham
laisser aller	vernachlässigen
respectif/-ive	jeweilige/r
la contingence	Dinge pl
soudain/e	plötzlich, unvermittelt
apparaître	erscheinen
stupide	dumm
grotesque	grotesk
s'apercevoir (de)	(be)merken
l'éponge f	Schwamm
se mettre à faire qc	beginnen etw zu tun
frotter	scheuern
le fond	Boden
le mélange	Mischung
le calcaire	Kalk
la crasse	Dreck, Schmutz
se lasser de qc	einer Sache überdrüssig werden
vider	(aus)leeren
remplir	hier: befüllen
l'abattant m	(Toiletten-) Deckel
le doudou	Kuscheltier
la cuvette des toilettes	WC-Becken
nerveux/-euse	nervös, unruhig
l'hostilité f	Feindseligkeit
s'agripper à qn/qc	sich an jdm/etw festklammern
la lunette des WC	WC-Brille
se hausser sur la pointe des pieds	sich auf die Zehenspitzen stellen
mouillé/e	nass
la portée	Reichweite
énergiquement	energisch, kräftig
méthodiquement	methodisch, systematisch
apercevoir	bemerken
être taché/e	fleckig sein
l'éclat m de dentifrice	Zahnpastaspritzer
s'approcher de qn/qc	sich jdm/einer Sache nähern

4

le mime	Pantomime
le sketch	Sketch
jongler	jonglieren
la virtuosité	Virtuosität
la timidité	Schüchternheit
au fond	hier: im Grunde genommen, eigentlich
se relever	(wieder) aufstehen
se blottir contre qn	sich an jdn schmiegen
ronronner	schnurren
roucouler	gurren
la manie	Tick

5

le motif	hier: Muster

Alphabetisches Wörterverzeichnis

Hier finden Sie alle Wörter aus den Lektionen in alphabetischer Reihenfolge mit Übersetzung und einem Hinweis auf das erste Vorkommen. Bei Wörtern, die in unterschiedlichen Bedeutungen vorkommen, sind mehrere Fundstellen angegeben.

Hinweise für die Benutzung:
1 A2 = Lektion 1
　　　 Block A
　　　 Aktivität 2
AS = Auftaktseite
Pf = Pour finir
R = Résumé
Ü = Übungsteil
CD = Wörter aus den Hörtexten

Die **fett** gedruckten Wörter gehören zur Wortliste des Europäischen Sprachenzertifikats.

Im Interesse der Übersichtlichkeit wurde auf die Angabe des Artikels verzichtet und das Geschlecht durch den Hinweis f und m angegeben.

Beachten Sie die Schreibweise der Endungen:
ami/e, technicien/ne: die Endung für die weibliche Form wird an die männliche angehängt;
coiffeur/-euse: die weibliche Endung ersetzt die männliche.

Weitere Abkürzungen:
etw = etwas
f = feminin, weiblich
frz = französisch
inf = Infinitiv
jd = jemand
jdm = jemandem
jdn = jemanden
m = maskulin, männlich
pl = Plural, Mehrzahl
qc = quelque chose
qn = quelqu'un
subj = subjonctif
ugs = umgangssprachlich

1 sur 6   1 von 6   5 B1

A

s'achever   zu Ende gehen 8.5
s'accorder   zusammenpassen, sich angleichen 9 Pf; 10 R
s'accorder avec qc   sich nach etwas richten 3 R
s'accorder qc   sich etw gönnen 10 Pf
à deux pas   ganz in der Nähe 10 A2
à l'attention de   zu Händen von Ü
à l'envers   umgekehrt 7 B1 CD
à l'époque où   damals, zu der Zeit als 11 B1
à l'extérieur   auswärts 8.2
à la carte   nach Wunsch 2 B1
à leur place   an ihrer Stelle 5 B2
à mi-chemin   auf halbem Weg 10 A6 CD
à part   Sonder- 3 A1
à partir du moment où   von … an 11 B1
à peine   kaum 5 B1 CD
à petit feu   bei geringer Hitze 8.3
à plusieurs   zu mehreren 10 AS
à présent que   jetzt 11 B1
à propos de qc   über etw Ü
à quatre roues   mit dem Auto 2 B1
abattant *m*   (Toiletten-) Deckel 12.3
abonnement *m*   Abonnement 2 B2
absolu/e   total 7 B2
abstraction *f*   Abstraktion 7 B2
Académie française   *Gesellschaft zur Pflege der frz. Sprache* 7 B2
académicien/ne *m/f*   Akademiemitglied 7 B2
accessible   zugänglich 2 B1
accueillir   aufnehmen 6 A3
accolé/e   aneinander gefügt, verbunden 1 B1
accorder   gewähren, zugestehen; angleichen 8.1; 7 AS
accuser   anklagen, bezichtigen 3 B2
achever   beenden, abschließen 5 R
acte *m*   Tat 2 A3
action *f*   Aktie Ü
activité *f* ménagère   Tätigkeit im Haushalt 12.3
adapter   anpassen 7 B2
adaption *f*   Anpassung 11 B1 CD
administration *f*   Verwaltung 5 B1
ado (*Abk. für* adolescent/e) *m/f*   Jugendliche/r 3 A4; 9 B1
adorable   hübsch 4.3
affectif/-ve   affektiv, Gefühls- 5 A1
affection *f*   Zuneigung 9 B1
affiche *f*   Plakat 2 AS
afficher   aushängen 11 A4
affluer   herbeiströmen Ü
afin que + *subj*   damit 11 A2
Africain/e *m/f*   Afrikaner/in 3 A4 CD
agacement *m*   Ärger 7 B2
agacer   ärgern, nerven 6 A5
agglomération *f*   Ballungsgebiet Ü
s'agripper à qn / qc   sich an jdm / etw festklammern 12.3
agent *m/f* marketing   Marketingkaufmann/-frau 11 B1
ailleurs   woanders 10 B4
ainé/-e *m/f*   Erstgeborene/r, Älteste/r 9 B1
ainsi que   sowie 11 B3
air *m* blagueur   lustiger Gesichtsausdruck 10 B3
aire *f*   Gebiet, Bereich Ü
Algérien/ne *m/f*   Algerier/in 6 A3
aliment *m*   Lebensmittel 6 B1
alliance *f*   Ehering 9 A4 CD
allocation *f*   Beihilfe 9 B2
allonger   hinlegen 10 A1
alors que   als, während 11 B1
altiste *m/f*   Bratschist/in 11 B1 CD
amandier *m*   Mandelbaum 8.4
amateur *m*   Liebhaber 6 B4
ambassadeur *m*   Botschafter 4.4
ambitieux/-euse   ehrgeizig Ü
ambition *f*   Ehrgeiz 9 A1 CD
âme *f* sœur   verwandte Seele 9 A1
améliorer   verbessern 6 A6 CD
amer/-ère   bitter 5 A2
Amérique *f* latine   Lateinamerika Ü
ancêtre *m*   Vorfahre Ü
anesthésie *f*   Anästhesie 4.4
ange *m* gardien   Schutzengel 1 A1
anglicisme *m*   Anglizismus 7 B2
Angola *f*   Angola 7 AS
animateur/-trice *m/f* radio   Radiomoderator/in 2 B1
annexe *f*   Anhang, Anhängsel 5 B2
anniversaire *m*   Jahrestag 4.4
annoncer   ankündigen 2 B1
annuel/le   jährlich Ü
anonymat *m*   Anonymität 2 A3
anormal/e   ungewöhnlich 9 B3
apercevoir   bemerken 12.3
s'apercevoir (de)   (be)merken 12.3
apothéose *f*   Höhepunkt 10 B3
apparaître   erscheinen 12.3
apparemment   anscheinend, offenbar 3 B4; Ü
apparence *f* physique   äußeres Erscheinungsbild, Aussehen 1 A1; Ü
appart *m* (*ugs*)   Appartement, Wohnung 7 B1
appartenir à qc   zu etw gehören 8.3
appel *m*   Aufruf 6 A3
apprentissage *m*   Lehre 6 B1
s'approcher de qn / qc   sich jdm / einer Sache nähern 12.3
approximatif/ve   annähernd Ü
aquarium *m*   Aquarium 4.2
arabe   arabisch 6 B2

195

ALPHABETISCHES WÖRTERVERZEICHNIS

Argentine f   Argentinien   3B1 CD
argument m   Argument   2B1
aristocrate m/f   Aristokrat/in   4.3
aristocratie f   Aristokratie   7B2
armistice m   Waffenstillstand   4.4
arrêt de bus m   Bushaltestelle   Ü
arrières-grands-parents mpl   Urgroßeltern   1B4
arrogant/e   arrogant, selbstgefällig   1R
arrosé/e de vin rouge   mit Rotwein   3A1
arts mpl   bildende Künste   4.1
article m indéfini   unbestimmter Artikel   7B3
article m partitif   Teilungsartikel   7B3
Asiatique   Asiate/-in   6A3
assimiler   eingliedern   11B1 CD
assistant/e m/f   Assistent/in   Ü
assistante f maternelle   Tagesmutter   9B2
associé/e m/f   Teilhaber/in   Ü
assuré/e   gesichert   5B2
attentivement   aufmerksam   6AS
attraper   erreichen, erwischen   5B2
attribuer qc à qn   jdm etw zuschreiben   3AS; Ü
au bord de   am Ufer   12.2
au bout de   nach   5B2
au choix   nach Wahl   5Pf
au contraire   im Gegenteil   10A2
au départ   zu Beginn   11A1
au fond   im Grunde genommen, eigentlich   12.4
au niveau de   im Bereich von   4.4
au retour   auf dem Rückweg   2B1
au sort   per Zufall   3A4
aube f   Morgengrauen   9A2
auditeur/-trice m/f   (Zu-)Hörer/in   2B1
auditif/-ve   Hör-   5A1
augmentation f   Erhöhung   7A1
auparavant   vorher   1R
aussi bien... que   sowie   1A1
aussitôt que   sobald   11B1
Australien/ne m/f   Australier/in   3A4
autant que   ebenso sehr / viel wie   3B4
authenticité f   Authentizität   Ü
autographe m   Autogramm   Ü
autoriser   erlauben   2B2
autorité f   Autorität   Ü
autre m/f   andere/r   10AS
autrement   ansonsten   6A6 CD
Autrichien/ne m/f   Österreicher/in   Ü
avance f   Vorsprung   7B2
avancer   fortschreiten   10B3
avant que + subj   bevor   11A2
avantage m   Vorteil   2AS

avec classe   stilvoll   5B2
s'avérer   sich herausstellen   9AS
avocat/e m/f   Anwalt / Anwältin   9A1 CD; Ü
avoir de la chance s'approcher de qn / qc   sich jdm / einer Sache nähern   12.3
s'apercevoir (de)   (be)merken   12.3
s'avérer   sich herausstellen   9AS
avoir de la chance   Glück haben   1B3 CD
avoir en commun   gemein haben   8.1
avoir l'air   scheinen   1A3
avoir l'air de qn / qc   wie jdm / etw aussehen   4.4
avoir l'odeur de   riechen nach / wie   5A2
avoir le goût de   schmecken nach / wie   5A2
avoir le moral   zuversichtlich sein, gut drauf sein   Ü
avouer   zugeben   Ü

B

bain m moussant   Schaumbad   10A1
baisser   sinken, senken   11B3
banc m   (Schul-) Bank   Ü
bande f   Streifen   11AS
banderole f   Transparent   Ü
Bangladesh m   Bangladesch   4.4
Banque f de France   Französische Zentralbank   11A4
banquier/-ière m/f   Bänkerin   Ü
bar-épicerie m   Lebensmittelgeschäft mit Bar   2A3
basilique f   Basilika   4.4
basket m   Basketball   6A1
basque   baskisch   8.5
bâtir   (er)bauen   10A2
battre   schlagen   4.3
se battre   kämpfen   3B1 CD
bavard/e   gesprächig   3AS
bavarder   quatschen   2A1
Bavière f   Bayern   Ü
beau-fils m   Stiefsohn, Schwiegersohn   9B1
beaux-parents mpl   Schwiegereltern   10A4; Ü
belle-fille f   Stieftochter, Schwiegertochter   9B1
belle-mère f   Stiefmutter   9B1
Bénédictine f   Kräuterlikör   5A2 CD
bêtise f   Dummheit   1A1
béton m   Beton   6A1
beur/ette m/f (ugs)   Franzose / Französin arabischer Herkunft   6AS
beurre m salé   gesalzene Butter   1A1
bicolore   zweifarbig   11AS

bien que + subj   obwohl   11A2
Birmanie f   Birma / Myanmar   4.4
black m/f   Dunkelhäutige/r   6AS
Bleu m d'Auvergne   Blauschimmelkäse aus der Auvergne   5AS CD
Bleu m des Causses   Blauschimmelkäse aus Kuhmilch   5AS CD
bleu/e turquoise   türkisblau   5AS CD
blog m   Weblog   10A2
blogueur/-euse m/f   Blogger   10A2
bloquer   blockieren   12.1; Ü
se blottir contre qn   sich an jdn schmiegen   12.4
boat people mpl   Bootsflüchtlinge   6A6 CD
bon marché   billig, preiswert   11B3
bon m vivant   Lebemann   7B2
bonne-soeur f   Nonne   6A6 CD
bordure f   Kante   Ü
boss m/f   Chef/in   5B2
bouchon m   Stau   2B1
boue f   Schlamm, Dreck   6A6 CD
bouffe f (ugs)   Essen   10A1
bouffer (ugs)   essen   Ü
boulanger/-ère m/f   Bäcker/in   11A4
bouleverser   völlig verändern, durcheinander bringen   12.2
boulgour m   Bulgur   6AS
boulot m (ugs)   Job, Arbeit   1A1
bouquin m (ugs)   Schmöker   Ü
se bousculer   drängen   8.4
bout m   Stückchen   8.3
brebis f   Schaf   5AS CD
bref / brève   kurz   11B2
brésilien/ne   brasilianisch   7B2
bricoler   heimwerken   9AS
briser   zerbrechen   12.2
brûler   brennen   5A2 CD
bruyant/e   laut   Ü
bureaucratie f   Bürokratie   11A5
bureaucratique   bürokratisch   3A1
Burkina Faso m   Burkina Faso   7AS
buste m   Büste   3B1 CD

C

ça n'a pas marché   es hat nicht geklappt   6A6 CD
c'est ainsi que   so, auf diese Art   5A3
ça me gonfle (ugs)   das langweilt / nervt mich   7B1
cabane f   Hütte   Ü
cabaret m   Kabarett   2A1
cabinet m   Kanzlei   Ü
cabinet m de médecin   Arztpraxis   Ü
cadre m   Rahmenbedingung   10A6
calcaire m   Kalk   12.3
calligramme m   Kalligramm (poetisches Textbild)   4.3
calmer   lindern   10B3

camélia *m*   Kamelie 1B4
cannelle *f*   Zimt 1B4
Cantal *m*   *Rohmilchkäsesorte* 5AS CD
capitale *f*   Hauptstadt 5B1
catalan/e   katalanisch Ü
caractère *m*   Schriftzeichen 5A3
caractériser   charakterisieren, beschreiben 3AS
carte *f* bancaire   Bankkarte 2B2
carte *f* de crédit   Kreditkarte 2B2
carte *f* de séjour   Aufenthaltsgenehmigung 8.4
cas *m* d'urgence   Notfall Ü
case *f*   Kästchen 5Pf
casque *m*   (Schutz-) Helm 2B2
casser   (zer)brechen Ü
cauchemar *m*   Albtraum 6A1
cause *f*   Grund 10B2
cave *f*   Keller Ü
célèbre   berühmt 1A3
célibat *m*   Single-Leben 9A2
centralisation *f*   Zentralisierung 5B1
centraliste   zentralistisch 5B1
centre d'apprentissage *m*   Lernzentrum 6Pf
cependant   allerdings, jedoch 3A1
cercle *m*   Kreis 9Pf; Ü
cerise *f*   Kirsche 1B4
certains *pl*   einige 6A3
cesser   aufhören Ü
CFDT (*Abk. für* Confédération française et démocratique du travail)   *sozialistische frz. Gewerkschaft* Ü
CGT (*Abk. für* Confédération générale du travail)   *kommunistische frz. Gewerkschaft* Ü
chaleureux/-se   warmherzig 1A3
champignon *m*   Pilz 10A1
championnat *m*   Meisterschaft, Wettbewerb 7A4
chance *f*   Chance 3A1
chandelle *f*   Kerze 3A4 CD
changer de décor   einen Tapetenwechsel vornehmen 11B1 CD
chapeau *m* canotier   Strohhut 4.3
charger   beladen Ü
Charlemagne   Karl der Große 11A2
charmant/e   reizend 11B3
chatouille *f*   Kitzeln 10B1
chatouiller   kitzeln 10B3
chauffeur *m* de bus   Busfahrer 11B3
chaussure *f* de marche   Wanderschuh 1A1
chaussure *f* de randonnée   Wanderschuh 1A1
chef *m*   Chefkoch 3A2
chercheur/-euse *m/f*   Forscher/in 10A6 CD

chèvre *f*   Ziegenkäse Ü
chez soi   zu Hause 9A2
chiffre *m*   Zahl 5B1
chimie *f*   Chemie Ü
Chine *f*   China 4.4
Chinois/e *m/f*   Chinese/-in 5A3
chinetoque *m/f*   *Verachtender Name für Asiaten* 6A6 CD
chocolatine *f*   Schoko-Croissant 5B4
chrétien/ne   christlich Ü
chute *f*   Fall 6A6 CD
chuter   abfallen, sinken 5AS CD
cinquantième   fünfzigste/r 4.4
circonstance *f*   Umstand 5B3
circuit *m* de randonnée   Wanderweg Ü
circuler   verkehren, unterwegs sein 2B3 CD
citadin/e *m/f*   Städter/in, Stadtbewohner/in 2A3
citation *f*   Zitat 10AS
cité *f*   (Vorstadt-) Siedlung 6B1
cité *f* universitaire   Studentenwohnheim Ü
citoyen/ne *m/f*   Bürger/in 11A5
civique   (staats)bürgerlich 3A1
clandestin/e   illegal Ü
classement *m*   Rangliste, Tabelle 3B4
cliché *m*   Klischee 3AS
climat *m*   Klima 6A3
clin d'œil *m*   Augenzwinkern 11B3
clore qc   etw. beenden, abschließen 12.1
cochonnet *m*   Setzkugel, Schweinchen Ü
cocktail *m*   Cocktail 10A4
Cocorico !   Kikeriki! Ü
code *m*   Code 3A4
coffret *m* cadeau   Geschenkbox Ü
coiffure *f*   Frisur Ü
coin *m* lecture   Leseecke 4.3
col *m*   Hals 8.4
collaborateur/-trice *m/f*   Mitarbeiter/in Ü
collectif *m*   Kollektiv, Gemeinschaft Ü
collectionner   sammeln 6B2
se coller   kleben 7B2
colline *f*   Hügel 5AS; Ü
colloque *m*   Kolloquium 7B2
combinaison *f*   Kombination 7R; Ü
se combiner avec qc   sich mit etw kombinieren lassen 7R
comédie *f* de mœurs   Sittenkomödie 12.1
comité *m* d'entreprise   Betriebsrat Ü
Comité *m* Régional du Tourisme   regionale Tourismusbehörde 5B5

commerçant/e *m/f*   Händler/in 11A4
commission *f*   Ausschuss 7B2
comparatif *m*   Komparativ 3B5
comparatif *m* d'égalité   Komparativ der Gleichheit 3B5
complément *m* d'agent   Urheber 3R
complément *m* de lieu   Ortsangabe 5R
complément *m* de temps   Zeitangabe 5R
complexer (*ugs*)   Komplexe haben 9A1 CD
complexité *f*   Komplexität 11A5
compliquer   erschweren 2B3 CD
composé/e   zusammengesetzt 6A4; 1B3 CD
composer   zusammenstellen 5A3
se composer de qc   aus etw bestehen 9A2
compréhension *f*   Verständnis 1A1
comptable *m/f*   Buchhalter/in Ü
concept *m*   Konzept 4.2
concerner   betreffen 7AS CD
concession *f*   Zugeständnis 11AS
concours *m*   Auswahlverfahren Ü
concordance *f* des temps   Zeitenfolge 6B3
concurrent *m*   Konkurrent 3B1 CD
condition *f* de vie   Lebensbedingung 10A6
condition *f* physique   Fitness 2B1
conférence *f*   Konferenz Ü
confondre qn / qc avec qn / qc   jdn / etw mit jdm / etw verwechseln Ü
confortable   angenehm Ü
conjoint/e *m/f*   Ehepartner/in 9B1
conjuguer   konjugieren 10A2
connaître   erleben 8.5
conquérir   erobern 5B2
conscience *f* collective   Kollektivbewusstsein 3B2
conseiller/-ère *m/f*   Berater/in 2B1
considérer   ansehen, betrachten 8.2
consigne *f*   Anweisung Ü
consommateur/-trice *m/f*   Verbraucher/in, Konsument/in Ü
constituer   bilden 9B1
constitution *f*   Verfassung Ü
construction *f*   Konstruktion, Aufbau 3R; 11AS
se construire   bilden 2B2
contaminer   anstecken 5B2
conte *m*   Erzählung 4.4
contempler   betrachten 12.2
contingence *f*   Belanglosigkeiten *pl* 12.3
contracté/e   verkrampft 10B3
contradiction *f*   Widerspruch 3A1
contraire *m*   Gegenteil 7B1 CD

ALPHABETISCHES WÖRTERVERZEICHNIS

contraste *m* Kontrast 3A1
contraster kontrastieren 3A2
convaincant/e überzeugend 7Pf
convaincre überreden, überzeugen 6B4
convivialité *f* Geselligkeit 10A5
Coran *m* Koran 6B2
Corée *f* du Sud Südkorea 3B1 CD
coron *m* Bergarbeitersiedlung 6A6 CD
corvée *f* lästige Pflicht 10AS
côte *f* Küste 5AS
côte adriatique *f* Adriatische Küste 10A6
Côte d'Ivoire *f* Elfenbeinküste 7AS
couloir *m* Gang 8.4
coup *m* de pédales Pedalanschlag 2B1
coupe *f* du monde Weltmeisterschaft 7AS
courant/e gebräuchlich 1B1
couronne *f* Krone 11AS
cours *m* de cuisine Kochkurs 8.3
course *f* Fahrt 8.5
courtoisie *f* Höflichkeit 4.2
couvert/e bedeckt Ü
crasse *f* Dreck, Schmutz 12.3
créatif/-ive kreativ 3AS
crèche *f* Kinderkrippe 9B2
crème *f* anglaise Vanillecreme 9A3
crème *f* brûlée Süßspeise aus Ei und Sahne mit Karamelkruste 12.2
crépu/e gekräuselt, kraus 8.4
cricket *m* Kricket 7A5 CD
critique *f* Kritik 6B4
critique *m/f* d'art Kunstkritiker/in 4.3
Croatie *f* Kroatien Ü
croisière *f* Kreuzfahrt Ü
croix *f* Kreuz 11AS
crotte *f* (ugs) Kot 3A1
croûte *f* Kruste 12.2
cucul *m* (ugs) Hintern Ü
cuire kochen 8.3
cultiver pflegen 12.2
cuvette *f* des toilettes WC-Becken 12.3
cycliste *m/f* Radfahrer/in 2B2

D

d'après moi meines Erachtens 2B3
d'avance vorher 10B3
d'une part... d'autre part einerseits ... andererseits 3A1
dahlia *m* Dahlie 1B4
dans cet esprit in diesem Sinne 2A3
danser tanzen 1A1
davantage mehr Ü
dé *m* Würfel 5Pf
de ma part von mir 7A2

de part et d'autre von beiden Seiten 10B3
de préférence vorzugsweise 6R
de raison Vernunft- 6A6 CD
débarrasser la table den Tisch abräumen Ü
débat *m* Debatte, Diskussion 2Pf
débattre diskutieren 3B2
débutant *m* Anfänger 10B3; Ü
débuter anfangen 7AS CD
décentralisation *f* Dezentralisierung 5B1
décentraliser dezentralisieren 5B1 CD
décevoir qn jdn enttäuschen Ü
décision *f* Entscheidung 2A3
déclaration *f* d'impôts Steuererklärung 10A4
déclarer äußern, erklären 3B2, 6B3
déco (Abk. für décoration) *f* Dekoration 6B4
décontracté/e entspannt 10B3
défaut *m* Makel, Fehler 10AS
défenseur *m* Verteidiger, Verfechter 3A1
défi *m* Herausforderung 9B1; Ü
définir bestimmen / bezeichnen 6B2
définitivement wirklich 1A1
se déguiser sich verkleiden 4.4
dehors draußen 10A6
délégué *m* Delegierter 7B2
délinquant *m* Krimineller Ü
déménagement *m* Umzug 6B1
demi-frère *m* Halb- / Stiefbruder 9B1
demi-sœur *f* Halb- / Stiefschwester 9B1
démocratie *f* Demokratie 11AS
démographe *m/f* Demograf/-in 9B2
démontable abnehmbar Ü
densité *f* Dichte 2B1
département *m* des ressources humaines Personalabteilung Ü
dépasser überholen 2B1
dépendre de qn / qc von jdm / etw abhängen 4.1
se dépêcher sich beeilen 2A1
dépliant *m* Faltblatt, Prospekt Ü
depuis peu neuerdings 3B2
député/e *m/f* Abgeordnete/r 11A2 CD
déroulement *m* Ablauf 5B2
derrière *m* Hintern Ü
dès (que) seit, seitdem 4.2; 11B1
descendre hinunterbringen 3A4
descente *f* Ausstieg 5B2
désert *m* Wüste 1A1
désigner benennen 7B2
désillusion *f* Desillusionierung, Enttäuschung 5B2

désorganisé/e unorganisiert 3AS
désordonné/e unordentlich Ü
désormais von jetzt an 7B2; Ü
dessin *m* Zeichnung 4.3
dessiner zeichnen 1AS
dessus darüber, darauf 8.4
destin *m* Schicksal 12.2
destiner qn à qc jdn zu etw aussehen 5A3
détaillé/e detailliert 12.1
se détendre sich entspannen 2A1
détester nicht mögen, hassen 1AS
détour *m* Umweg 11A4
détruire zerstören 2B3 CD
dévoué/e treu, aufopfernd 7A1
diagonale *f* Diagonale 11AS
dialecte *m* Dialekt 8.5
dico *m* (ugs) Wörterbuch 7B1 CD
dictature *f* Diktatur 6A3
dicter vorschreiben 4.2
différer unterschiedlich sein 8.2
directive *f* Richtlinie 11B3
dirigeant/e *m/f* Manager/-in, Führungskraft Ü
discipliné/e diszipliniert 3AS
discours *m* Rede 4.5
discret/-ète diskret 3A1
discriminer diskriminieren Ü
disponible verfügbar, einsatzbereit Ü
disposition *f* Verfügung 1B4
distinguer unterscheiden 5B2
distraction *f* Unaufmerksamkeit, Vergesslichkeit 1A1
distributeur *m* (Geld-) Automat Ü
diversité *f* Vielfalt 6B4; Ü
diviser (auf)teilen 7Pf
divorcer sich scheiden lassen 9B1
dix-huitième *m* 18. Arrondissement in Paris 8.4
documentaire *m* Dokumentarfilm 12.1
domino *m* Dominostein Ü
donner l'impression den Eindruck machen 1A3
donner la parole à qn jdm das Wort erteilen 8.5
donner raison Recht geben 1B4
donner un coup de main helfen 2A3
dopage *m* Doping 7B2
douane *f* Zollgrenze 11B2
doudou *m* Kuscheltier 12.3
douter zweifeln Ü
se douter ahnen 1B4
doux / douce süß, lieblich, angenehm, sanft 5AS; 5A2
douzaine *f* Dutzend 10B3
drame *m* Drama 12.1
drapeau *m* Flagge 11AS; Ü
dune *f* Düne 5AS
dynamique dynamisch 3AS

ALPHABETISCHES WÖRTERVERZEICHNIS

dynamisme *m* Dynamik 10A5
dynastie *f* Dynastie, Herrscherfamilie 5A3

E

éclat *m* de dentifrice Zahnpastaspritzer 12.3
éclat *m* de rire lautes Auflachen 10B3
école *f* maternelle Kindergarten 9B2
écologiste *m/f* Umweltschützer/in 3A4
écriture *f* artistique künstlerisches Schreiben 8.3
Edimbourg Edinburgh Ü
éducatif/-ive Bildungs- Ü
éducation *f* Erziehung 4.1
effectif *m* Personalbestand 11B3
effectuer durchführen, vornehmen 11A5
effrayer qn jdn erschrecken 8.4
égalité *f* Gleichberechtigung 9AS
égarer fehlleiten Ü
s'élargir sich weiten 10B3
élargissement *m* Erweiterung 11B3
éliminer beseitigen 10Pf
Élysée *m* Elysee-Palast *(Amtssitz des frz. Staatspräsidenten)* 1Pf
embarquement *m* Einstieg Ü
embarrassant/e peinlich 5B3
embaucher einstellen 6B2
embêter nerven 8.4
emblème *m* Emblem, Zeichen 3B2
émigrer auswandern 6A4
émission *f* (Fernseh-) Sendung 7AS
émission *f* de radio Radiosendung 10A6
empêchement *m* Verhinderung Ü
empêcher qn de faire qc jdn daran hindern etw zu tun 3A1
emprunter nehmen 2B2
emprunter qc à qn sich etw bei jdm ausleihen 7AS
en arriver à qc zu etw kommen, mit etw anfangen 1B4
en avoir assez genug haben 5B5 CD
en avoir marre es satt haben 6B2; 5B5 CD
en faveur de für, zu Gunsten von 7Pf
en libre-service mit Selbstbedienung 2B1
en provenance de aus Ü
en revanche dagegen 12.2
en termes de in Bezug auf Ü
en vain vergebens, umsonst 7A4
enceinte schwanger 4.4

endive *f* Chicorée 1A1
endorphine *f* Endorphin 10B2
énergie *f* Energie Ü
énergiquement energisch, kräftig 12.3
énerver nerven 6A5
enfant *m* terrible Enfant terrible 7B2
enfermer qn jdn einsperren 8.4
énigmatique geheimnisvoll, unergründlich 8.3
enlever ausziehen 8.1
ennemi *m* Feind Ü
enregistrer aufnehmen 10B3
enregistrement *m* Check-in Ü
enthousiasmé/e begeistert Ü
entraînement *m* Training 2B1
entraîner mitreißen 10B3
entrepreneur *m* Unternehmer Ü
entrer hereinkommen 6Pf
entrer en contact avec qn/qc mit jdm/etw in Kontakt kommen 4.2
entretien *m* Gespräch, Interview 2A3
entretien *m* d'embauche Vorstellungsgespräch Ü
envahir qc in etw einfallen 11B3
envier qc à qn jdn um etw beneiden 3A1
encyclopédiste *m* Enzyklopädist 10AS
éolienne *f* Windrad Ü
épaule *f* Schulter 8.4; 5B5 CD
épicier/-ière *m/f* Feinkosthändler/in 2Pf
éponge *f* Schwamm 12.3
épouser heiraten Ü
éprouver empfinden 12.3
épuisé/e erschöpft 10B3
équivalent/e gleichwertig Ü
erreur *f* Fehler 1A1
espérance *f* Hoffnung, Erwartung 12.2
espérance *f* de vie Lebenserwartung 3A1
espion/ne *m/f* Spion/in 10B3
essayiste *m/f* Essayist/in 7B2
essence *f* Essenz 5A3
est *m* Osten 5AS
estimer schätzen 3B4
étant donné que da, weil 10B2
état *m* d'âme seelische Verfassung 7B2
état *m* pur reiner Zustand 7B2
étiquetage *m* Beschriftung Ü
étoile *f* Stern 5Pf
étonnement *m* Überraschung 6B2
étranger *m* Ausland 5A2
étranger/-ère *m/f* Ausländer/in 5B1 CD
être à l'aise sich wohl fühlen 12.1

être attaché/e à qc mit etw verbunden sein 6A3
être au regret bedauern 4.4
être bien réveillé/e ganz wach sein 10A6 CD
être branché/e sur qc mit etw verbunden sein Ü
être censé/e gelten als 4.4
être chargé/e de qc mit etw beauftragt sein Ü
être gourmand/e ein Gourmet sein 3AS
être *m* humain Mensch 8.1
être originaire de herstammen Ü
être soulagé/e erleichtert sein 9B3 CD
être taché/e fleckig sein 12.3
être tiré/e de qc ein Ausschnitt aus etw sein 5A3
être *m* vivant Lebewesen Ü
euphorisant/e aufpuschend 10B3
Européen/ne *m/f* Europäer/in 6A3
évaluation *f* Bewertung 10A6 CD
éventuellement möglicherweise 8.1
éviter vermeiden 5B2
évoluer sich entwickeln 9AS; Ü
évolution Entwicklung 1B4
évoquer wachrufen 5A1
ex æquo gleichrangig Ü
excentré/e aus dem Randgebiet Ü
exceptionel/le außergewöhnlich 6B4
exil *m* Exil 6A3
exotique exotisch 1B4
s'expliquer sich erklären 9B2
exploration *f* Erforschung, Erkundung 8.3
exportation *f* Export Ü
s'exporter exportiert werden 7B2
exposition *f* universelle Weltausstellung Ü
exprès extra, absichtlich 5B4
s'exprimer sich ausdrücken, sich äußern 12.1
exquis/e reizend 4.3
extérieur *m* Außen 9A2

F

F6 Sechszimmerwohnung Ü
fabuleux/-euse wunderbar, fabelhaft 5B2
facture *f* Rechnung 10A1
faible schwach 1A1
se faire accepter aufgenommen werden 6Pf
faire bouger qc etw ins Rollen bringen 3A1
faire connaissance avec qn/qc mit jdm/etw Bekanntschaft machen 11B3

199

ALPHABETISCHES WÖRTERVERZEICHNIS

se faire couler un bain sich ein Bad einlassen Ü
faire des choix (aus)wählen 9AS
faire des ricochets Steine auf der Wasseroberfläche hüpfen lassen 12.2
faire fortune reich werden 2A3
faire la grasse matinée ausschlafen Ü
faire les magasins einen Einkaufsbummel machen 2A1
faire parvenir qc à qn jdm etw zukommen lassen Ü
faire renaître wieder aufleben lassen 5A1
faire sentir spüren lassen 6B2
faire son entrée dans qc eingetragen werden 1B4
faire un barbecue grillen 9AS
faire un choix eine Wahl treffen 1A1
faire un effort sich anstrengen 7B2; Ü
faire une sieste einen Mittagsschlaf halten Ü
se faire voler bestohlen werden 2B1
fait *m* Sachverhalt 11B3
fait *m* **accompli** vollendete Tatsache 7B2
fait/e maison hausgemacht 6B4
fameux/-euse berühmt 7B2
familier/-ière umgangssprachlich 6B2
fastoche *(ugs)* einfach 7B1
fatigant/e anstrengend, lästig 9A1 CD
fatigue *f* Müdigkeit 8.4
faute de mangels 6B2
faux / fausse falsch 1A1
favori/te Lieblings- 1A1
fédéral/e föderal 5B1
fédération *f* Verband, Bund Ü
féministe *f* feministisch, Feministin 3A2
femme *f* **de ménage** Putzfrau, Haushaltshilfe 12.2
femme *f* **fatale** *verführerische Frau* 7B2
fermière *f* Landwirtin 3B1 CD
fesses *fpl* Hintern 1A1
fibre *f* **de verre** Glasfaser Ü
ficher registrieren Ü
fidélité *f* Treue 10A5
fier / fière stolz 3AS
figure *f* Gesicht 4.3
figurer vorkommen, sich befinden 1B4
se figurer qc sich etw vorstellen 10A6 CD
(jeune) fille *f* **au pair** Aupairmädchen 3A1

fin/e fein 5AS CD
fin prêt/e gut vorbereitet 10B3
finalité *f* Zweck 11AS
financier/-ière finanziell 2A1
Finlande *f* Finnland 11A1
fiscal/e Steuer-, steuerlich Ü
fixer festigen 7B2
flacon *m* Fläschchen, Flakon 5A3
flic *m* *(ugs)* Polizist, Bulle 4.4
flirt *m* Flirt 9A1
flirter flirten 4.1
flop *m* Flop 7B2
florissant/e blühend Ü
folklore *m* Folklore 8.5
fonctionnaire *m/f* Beamter/-in Ü
fonctionnement Funktionieren 2B2
fond *m* Boden 12.3
fondateur/-trice *m/f* Gründer/in 10B3; Ü
force *f* Kraft, Macht Ü
forcément zwangsläufig 10B2; 7AS CD
forêt *f* Wald 5AS
formation *f* Ausbildung 6A3
forme *f* **verbale** Verbform 11B3
formule *f* Formulierung, Ausdruck 6B2
formule *f* **impersonnelle** unpersönlicher Ausdruck Ü
formuler formulieren, ausdrücken 2R
fou rire *m* Lachanfall 5B2
Fourme *f* **d'Ambert** *Edelschimmelkäse* 5AS CD
fournir liefern 7B2
fraction *f* Bruchteil 7AS CD
franc *m* Franc *(ehemalige französische Währung)* 11A4
fraternel/le brüderlich Ü
fraternité *f* Brüderlichkeit 3A1
freiner bremsen 5B2
frencher *(Québec)* sich auf den Mund küssen 7AS
frontalier/-ière Grenz- Ü
frotter scheuern 12.3
fruit *m* Obst 1B4
fuir fliehen 6A6 CD
fuser erschallen 10B3
futur antérieur *m* Futur II 10A2
futur/e zukünftig 1B4

G

gai/e fröhlich 10B2
Gadoueville „Schlammstadt" 6A6 CD
galant/e zuvorkommend 3B5
galanterie *f* Höflichkeit (gegenüber Frauen) 3A2
garantir gewährleisten 7B2
garagiste *m* Automechaniker 1B4

garde *f* Aufsicht 9B2
Garden Party *f* Gartenfest 1Pf
garder le moral zuversichtlich bleiben Ü
se garer parken 2B3 CD
gaspillage *m* Verschwendung 11A5
gaspiller verschwenden Ü
gaufre *f* Waffel Ü
gaulois/e gallisch Ü
gaz *m* **hilarant** Lachgas 10B1
gênant lästig, peinlich 1B1
gendarme *m* Gendarm Ü
généralisation *f* Verallgemeinerung 3A4
générosité *f* Großzügigkeit 10A5
genre *m* Genus, Geschlecht 5R
gentillesse *f* Freundlichkeit 10A5
géo(graphie) *f* Geografie, Erdkunde 5B1 CD
gérant Betreiber 2A3
gérer führen, verwalten 6B2
gesticuler gestikulieren 8.4
gestique *f* Gestik 5B5
glace *f* Spiegel 1A1
se glisser einschleichen, schlüpfen 9AS; 10A1
gonflable aufblasbar 7B2
gourmand/e Schlemmer/in, Naschkatze 3AS
gourmandise *f* Naschhaftigkeit 1A1
gouvernement *m* Regierung 5B1
graffiti *m* Graffiti 6B1
grammairien/ne *m/f* Grammatiker/in 7AS CD
grandement in hohem Maße 10B3
Grande-Bretagne *f* Großbritannien 11A1
grande école *f* Elitehochschule 3A1
graphomane schreibsüchtig 4.4
gratte-ciel *m* Wolkenkratzer 3B2
grève *f* Streik 3A1; Ü
grillade *f* Grillgericht 6B4
grimace *f* Grimasse 10B3
grossesse *f* Schwangerschaft 9AS
grotesque grotesk 12.3
guérir heilen 4.4
guerrier/-ière Kriegs- 3B2
guidon *m* Lenker 2B1

H

s'habiller sich anziehen 4.2
habitat *m* Wohnung, Wohnraum Ü
haine *f* Hass 6B1
halal *(arabisch)* rein, erlaubt *(nach islamischen Recht)* 6B2
hallucination *f* Halluzination 10A6 CD
halte-garderie *f* *Einrichtung zur stundenweisen Kinderbetreuung* 9B2

ALPHABETISCHES WÖRTERVERZEICHNIS

hausser   hochziehen   5 B5 CD
se hausser sur la pointe des pieds   sich auf die Zehenspitzen stellen   12.3
haute couture *f*   Haute Couture   Ü
hébergement *m*   Unterkunft   Ü
hélas !   Ach! Leider!   4.4
herbe *f*   Gras   8.4
héritage *m*   Erbe   6 B1
héros / héroïne *m/f*   Held/in   1 B3 CD
hexagone *m*   Sechseck, Frankreich   11 B3
hilarant/e   komisch   10 B3
hilarité *f*   Gelächter   10 B3
hobby *m*   Hobby, Freizeitbeschäftigung   9 Pf
hold-up *m*   Banküberfall   6 B1
honte *f*   Scham   12.3
horizontal/e   horizontal, waagrecht   11 AS
hostilité *f*   Feindseligkeit   12.3
humain/e   menschlich   1 A1
humide   feucht   5 AS CD
humoristique   humoristisch, humorvoll   10 AS
hymne national *m*   Nationalhymne   3 B2

I

identité *f*   Identität   6 AS
idiot/e *m/f*   Dummkopf   9 A4 CD
il a fallu (*inf* falloir)   man musste   6 A6 CD
île *f* de Ré   Insel an der frz. Westküste   5 A2 CD
il vaut mieux   es ist besser   7 A4
île *f* Maurice   Mauritius   1 B3 CD
îles *fpl* Canaries   Kanarische Inseln   Ü
illustrer   veranschaulichen   9 B3
imaginatif/-ive   fantasievoll   12.2
imaginer   vorstellen, ausdenken   11 A4
imbécile   dumm, schwachköpfig   2 B3 CD
immigration *f*   Immigration, Einwanderung   6 A3
immigré/e *m/f*   Eingewanderte/r, Immigrant/in   6 A3
immortel *m*   Unsterblicher   7 B2
impact *m*   Einfluss   Ü
imparfait/e   unvollkommen   4.3
impatience *f*   Ungeduld   7 B2
impensable   undenkbar   9 B3
impératif *m*   Imperativ, Befehlsform   6 R
implanter   errichten   2 Pf
impoli/e   unhöflich   3 AS
importance *f*   Bedeutung   1 B1
imposer   durchsetzen   7 B2

imposer qc à qn   etw von jdm verlangen   9 B1
imprenable   unverbaubar   Ü
imprimer   einprägen   10 A2
s'improviser   vorgeben zu sein   10 B3
inadmissible   untragbar, skandalös   11 B3; Ü
inclination *f*   Neigung   7 B2
inconvénient *m*   Nachteil   2 AS
inconcevable   undenkbar, unbegreiflich   3 B2
indépendance *f*   Unabhängigkeit   9 A1 CD
indépendamment   unabhängig   8.1
indiscipliné/e   undiszipliniert   3 AS
individu *m*   Einzelperson   8.1
inégalité *f*   Ungleichheit   3 A2
inférieur/e   untere/r   5 B5 CD
influence *f*   Einfluss   7 B2
infrastructure *f*   Infrastruktur   Ü
ingrédient *m*   Zutat, Bestandteil   5 A3
inhabituel/le   ungewöhnlich   5 B3
initiateur/-trice *m/f*   Initiator/in   11 A4
innocence *f*   Unschuld   8.3
inquiétant/e   beunruhigend, unheimlich   8.4
inscription *f*   Anmeldung   9 B2
inscrire   notieren, schreiben   Ü
institution *f*   Einrichtung, Institution   5 B1
instruction *f*   Anleitung   7 B2
insupportable   unerträglich   Ü
intégration *f*   Integration   6 AS
s'intégrer   sich einleben, sich integrieren   2 A3
intellectuel/le   intellektuell   1 A3
intelligence *f*   Intelligenz   10 A5
intense   stark   5 A3
interdit/e   verboten   10 B3
s'intéresser à   sich interessieren für   9 A4
interminable   endlos   3 A1
« Internationale » *f*   „Die Internationale"   11 A1
s'interroger   sich fragen   3 B2
intervenir   zu Wort kommen, sich einmischen   2 Pf; 8.4
intime   intim, privat   8.2
intitulé/e   betitelt, genannt   6 Pf
intolérant/e   intolerant   3 AS
intonation *f*   Intonation, Sprachmelodie   7 A5 CD
intouchable   unantastbar   3 B2
introduction *f*   Einführung, Einleitung   Ü
introduire   einführen   10 B2
invariable   unveränderlich   10 R
invasion *f*   Invasion   7 B2
inventeur/-trice *m/f*   Erfinder/in   4.3

invisible   unsichtbar   8.4
Irlande *f*   Irland   9 B2
Irlandais/e *m/f*   Ire / Irin   Ü
irrégulier/-ière   unregelmäßig   11 B3
issu/e de l'immigration   mit Migrationshintergrund   6 B4

J

jalousie *f*   Eifersucht   9 B1
jardinage *m*   Gartenarbeit   9 AS
jasmin *m*   Jasmin   5 A3
jeu *m* télévisé   Fernsehquiz   7 AS
jeux *mpl* olympiques   Olympische Spiele   7 AS
jongler   jonglieren   12.4
jonquille *f*   Osterglocke   5 A3
jovial/e   fröhlich   8.5
juger   beurteilen, bewerten   4.2
jumeaux/-elles *mfpl*   Zwillinge   9 B1
jurer   schwören   6 B2
justifier   begründen   5 A4

K

karaté *m*   Karate   9 A3
kiné (*Abk. für* kinésithérapeute) *m/f*   Physiotherapeut/in   Ü

L

là-haut   dort oben   8.5
lac *m*   See   5 AS
laïcité *f*   Laizität (*Trennung von Kirche und Staat*)   3 B4
laisser aller   vernachlässigen   12.3
lancer   werfen; starten, ins Leben rufen   3 Pf; Ü
se lancer dans qc   sich in etw stürzen   5 B2
langage *m* soutenu   Hochsprache   7 B1 CD
langue *f* co-officielle   zweite Amtssprache   7 AS
Laos *m*   Laos   4.4
Larousse *m*   frz. Wörterbuch   1 B4
se lasser de qc   einer Sache überdrüssig werden   12.3
lave-vaisselle *m*   Geschirrspülmaschine   7 B2
lettre *f* de motivation   Bewerbungsschreiben   1 Pf
lettre *f* de réclamation   Beschwerdebrief   7 A1
lever   hochheben   5 B5 CD
lèvre *f*   Lippe   5 B5 CD
lexique *m*   Wortschatz   7 B2
libérer   befreien   10 B2
limite *f*   Grenze   4.2
se limiter   sich beschränken   9 Pf
lier   verbinden   5 A1
ligne *f*   Zeile   Ü

ALPHABETISCHES WÖRTERVERZEICHNIS

liste *f* d'attente   Warteliste 9 B3 CD
liste *f* de courses   Einkaufszettel 7 A1
littérature *f*   Literatur 4.3
Lituanie *f*   Litauen 11 B3
livraison *f*   Lieferung Ü
livret *m* de famille   Familienbuch, Stammbuch 1 B4
local *m* (*pl* locaux)   Raum, Räumlichkeit 6 B2
logiciel *m*   Software 7 B2
logistique *f*   Logistik 6 B2
loi *f*   Gesetz 1 B1
lorsque   als 4.4
lunette *f* des WC   WC-Brille 12.3

M

Mac Do'   *Mac Donalds* 6 B2
machinal/e   mechanisch 8.4
madeleine *f*   *Kleingebäck aus Rührteig* 5 A1
magazine *m* de programme de télévision   Programmzeitschrift 6 Pf
Maghreb *m*   Maghreb, Nordafrika Ü
Maghrébin/e *m/f*   Nordafrikaner/in 6 A3
magique   magisch 6 B4
main à plat   flache Hand 5 B5 CD
main-d'œuvre *f*   Arbeitskraft 6 A3
maire *m/f*   Bürgermeister/in 2 A3
maîtriser   beherrschen 11 B1; Ü
majoritaire   Mehrheits- 6 A3
mal *m*   Übel, Ungemach 11 B3
mal à l'aise   unwohl Ü
maladresse *f*   Ungeschicklichkeit 1 A1
malgré tout   trotz allem 7 B2
mamie *f*   Oma, Omi 7 A2
manie *f*   Tick 12.4
manière *f*   Art 4.1
manière *f* de vivre   Lebensweise 4.2
manque *m*   Mangel 1 B4
manuel *m*   Lehrbuch 7 A3
marché *m* aux puces   Flohmarkt Ü
marché *m* du travail   Arbeitsmarkt 11 AS
marguerite *f*   Margerite 1 B4
marocain/e   marokkanisch 8.3
se marrer (*ugs*)   sich kaputtlachen 10 B3
marquer le point   einen Punkt erhalten 7 AS CD
Massif *m* Central   Zentralmassif 5 AS CD
mathématicien/ne *m/f*   Mathematiker/in 8.3; 7 AS CD
matinée *f*   Vormittag Ü
mécanicienne *f*   Mechanikerin 9 B3

méchant/-e   böse 9 B1
mécontentement *m*   Unzufriedenheit 6 AS
Méditerranée *f*   Mittelmeer 10 A6 CD
méditerranéen/ne   mediterran, Mittelmeer- Ü
méditation *f*   Meditation 10 B3
méditer   meditieren Ü
mél *m*   E-Mail 7 AS
mélancolie *f*   Melancholie 10 B3
mélange *m*   Mischung 12.3
mémoires *mpl*   Memoiren Ü
mémoriser   sich merken 5 A3
menacer   bedrohen Ü
mener   führen 6 A6 CD
mentalement   geistig 10 B3
merveilleux/-euse   wunderbar 10 A6 CD
mesurer   messen 5 AS CD
méthodiquement   methodisch, systematisch 12.3
se mettre à   beginnen mit 12.3
mettre au défi   herausfordern 5 A3
mettre en scène   darstellen 9 A1
mettre les voiles (*ugs*)   sich verziehen 8.3
microbe *m*   Krankheitskeim 9 B3 CD
milieu *m*   Umfeld 5 A3
Mille et une Nuits   Tausendundeine Nacht 6 B4
mime *m*   Pantomime 12.4
mimique *f*   Mimik 5 B5 CD
mine   Bergwerk 6 A6 CD
mode d'emploi *m*   Gebrauchsanweisung 4.5
modernité *f*   Moderne 7 B2
modeste   bescheiden 3 AS
mondialisation *f*   Globalisierung 6 A3
monnaie *f*   Währung 11 AS
monstre *m*   Monster 9 A4 CD
monter un projet   ein Projekt durchführen 2 AS
monteur-dépanneur frigoriste *m*   Kältetechniker 6 B2
se moquer de qn / qc   sich über jdm / etw lustig machen 9 A4
moquette *f*   Teppichboden 10 A1
Moscou   Moskau Ü
mot clé *m*   Stichwort 12.1
motif *m*   Muster 12.5
se motiver   sich motivieren 10 A4
motorisé/e   motorisiert 2 B1
mou / molle   weich 5 A2
mouche *f*   Fliege 12.2
mouillé/e   nass 12.3; Ü
mouvement respiratoire *m*   Atembewegung 10 B3
moyen/ne   Durchschnitts- Ü
multicolore   vielfarbig, bunt 10 AS
multiple   vielfältig 6 A3

multi-services   multifunktional 2 A3
muscle *m*   Muskel 10 B3
musulman/e   muslimisch, Moslem/in 6 B2

N

naïf/-naïve   naiv 3 A1
narcisse *m*   Narzisse, Osterglocke 5 A3
narrateur/-trice *m/f*   Erzähler/in 8.2
naval/e   Schiffs- Ü
navigateur *m*   Browser 7 B2
négociation *f*   Verhandlung Ü
nems *mpl*   vietnamesische Frühlingsröllchen 6 AS
nerveux/-euse   nervös, unruhig 12.3
nervosité *f*   Nervosität 10 B1
nettement   deutlich Ü
nettoyer   putzen 10 A4
niveau *m* de vie   Lebensstandard 11 AS
noirci/e   geschwärzt 8.4
nom *m* commun   Gattungsname 7 B3
nom *m* de famille   Familienname 1 B1
nom *m* propre   Eigenname 7 B3
nomination *f*   Berufung Ü
nonantaine *f*   (*Belgien, Schweiz*) ungefähr neunzig 7 AS
Nord-Pas-de-Calais *m*   *Département im Norden Frankreichs* 6 A6 CD
nonchalance *f*   Lässigkeit 7 B2
normand/e   normannisch Ü
norme *f*   Norm 4.2
notion *f*   Begriff, Vorstellung 3 B4
(le) nôtre   unserer / unsere / unseres 1 B1
nouveau-né *m*   Neugeborene 1 B1
nouvelle *f*   Novelle 4.4
nuire à qc   etw schaden 2 B3 CD

O

objectif *m*   Ziel 2 A3
observateur/-trice *m/f*   Beobachter/in 11 Pf
obstacle *m*   Hindernis 4.2
occitan/e   okzitanisch 8.3; Ü
occupation *f*   Beschäftigung 1 A1
« ode *f* **à la joie »**   Ode „An die Freude" 11 A1
odorat *m*   Geruchssinn 5 A1
olfactif/-ive   Riech-, Geruchs- 5 A3
omelette *f* **fromagée**   Käse-Omelett 2 A3
O.N.U (*Abk. für* Organisation des Nations Unies) *f*   UNO 7 AS
opérer   operieren 4.4
opportunité *f*   Gelegenheit 2 A3
opposition *f*   Gegensatz 3 AS

ALPHABETISCHES WÖRTERVERZEICHNIS

optimisme *m* Optimismus 9A3
orage *m* Gewitter 1A1
orateur/-trice *m/f* Redner/in, Referent/in 12.1
ordi *m (ugs)* Computer 7B1 CD
ordonner anordnen 3A2
ordre *m* Ordentlichkeit 9A3
oreiller *m* Kopfkissen 5A3
organisé/e organisiert 3AS
orthographe *f* Rechtschreibung 6A6 CD
oser wagen 7A1
ouest *m* Westen 5AS
ouïe *f* Gehör(sinn) 5A2
outil *m* **informatique** EDV-Tool Ü
Outre-Manche jenseits des Ärmelkanals Ü
ouverture *f* Eröffnung 2A3
ovale *m* Oval 4.3
s'oxygéner sich mit Sauerstoff vollpumpen 10B3

P

p'tit *ugs* klein/e 6A1
paix *f* Frieden 11A2
palmarès *m* Siegerliste Ü
panière *f* großer Korb Ü
panneau *m* **de signalisation** Verkehrszeichen 5AS CD
papillon *m* Schmetterling 7B2
paradoxe *m* Paradox 3A1
parasol *m* Sonnenschirm 10A1
parc *m* **de loisirs** Vergnügungspark Ü
parcours *m* Lebenslauf 6AS
pardessus *m* Mantel, Überzieher 8.4
parent/e *m/f* Angehörige/r, Verwandte/r 8.1
paresse *f* Faulheit Ü
paresseux/-euse faul 3AS
parfumerie *f* Parfümerie 5A3
parfumeur/-euse *m/f* Parfümhersteller/in, -händler/in 5A4
Paris Saint Germain *m* Pariser Fußballverein 9A4 CD
parisien/ne Pariser/in, pariserisch 5B1
parole *f* Sprechen 6B2
parti *m* (politique) (politische) Partei Ü
participe *m* **passé** Partizip Perfekt 7AS
participe *m* **présent** Partizip Präsens 2B2
en partant de ausgehend von 10B2
parvenu *m* Neureicher, Emporkömmling 7B2
passage *m* **piéton** Fußgängerübergang Ü

passeport *m* (Reise-) Pass 8.4
passer durchkommen 11B3
passer l'aspirateur staubsaugen 10A4
passif/-ive passiv, Passiv- 3R
passionnant/e fesselnd, spannend 12.1
pâtes *fpl* Nudeln 6AS
patiemment geduldig 5B2
pâtisserie *f* Gebäck 6B4
paumé/e *(ugs)* gottverlassen 6A1
pauvreté *f* Armut 6A3
payer de sa vie mit seinem Leben bezahlen 1A1
pays *m* **d'origine** Herkunftsland 11B3
pays *m* **membre** Mitgliedsstaat 11A1
paysan/ne *m/f* Bauer / Bäuerin 2Pf
pénétrer vordringen, erobern Ü
pensée *f* Gedanke 8.4
peoples *mpl* Prominente Ü
perdant *m* Verlierer Ü
perfection *f* Perfektion 11A2 CD
performance *f* Leistung 7B2
période *f* Zeit(raum) 6A3
périph (Abk. für **périphérique**) *m* Ringstraße 2B1
personnalité *f* Persönlichkeit 8.1
persuader überzeugen Ü
perte *f* Verlust 11A5
pétale *m* Blütenblatt Ü
petit à petit nach und nach Ü
petit-déj *m (ugs)* Frühstück 1A1
phase *f* Phase 1B4
phénomène *m* Phänomen, Erscheinung 7B2
philosophe *m/f* Philosoph/in 10AS
philosophie *f* Philosophie 5A3
photographier fotografieren Ü
phrase *f* **affirmative** Aussagesatz 3A1
phrase *f* **d'introduction** Einleitungssatz 6B3
phrase *f* **négative** verneinter Satz 3A1
physicien/ne *m/f* Pysiker/in Ü
physique körperlich, physisch 5AS
physiquement körperlich 10B3
pièce *f* **de monnaie** Geldstück, Münze 5Pf
pièce *f* **de théâtre** Theaterstück 4.4
pin *m* Kiefer, Pinie 7A4
pion Spielfigur 5Pf
placer platzieren 10B2
plaine *f* Ebene, Flachland 5AS
se plaindre sich beschweren 6A5; Ü
plaisanter scherzen 8.4
plaisir Genuss 1A1

se planter *(ugs)* sich irren 7B1
plateau *m* Teller 6B4
plombier *m* Klempner/in 11B3
PME (Abk. für **petites et moyennes entreprises**) *fpl* kleine und mittlere Unternehmen Ü
poète *m/f* Dichter/in 10B3
poétique poetisch 8.3
point *m* **de départ** Ausgangspunkt 11B3
point *m* **de vue** Ansicht, Meinung 3AS
pointe *f* Messerspitze 8.3
(petit) pois *m* Erbse 7A4
poissonnier/-ière *m* Fischhändler/in Ü
poivrer pfeffern 8.3
police *f* Polizei 4.4
politesse *f* Höflichkeit 4.2
politique *f* **linguistique** Sprachpolitik 7B2
polluer verschmutzen 2A2
Pologne *f* Polen 6A6 CD
polonais/e polnisch 4.3
pompe *f* **à essence** Zapfsäule 2B1
ponctuel/le pünktlich 3AS
popularité *f* Beliebtheit Ü
population *f* Bevölkerungsgruppe 6A3
portant sur bezüglich 11A5
portée *f* Reichweite 12.3
portefeuille *m* Brieftasche 8.2
se porter mieux in besserer Form sein 2A2
porter tort à qc Nachteile mit sich bringen 2B3 CD
Portugais/e *m/f* Portugiese/-in 6A3
Portugal *m* Portugal 11A1; Ü
position *f* Position 3B4
poste *m* **de police** Polizeiwache Ü
postériorité *f* Nachzeitigkeit 11R
postuler pour qc sich um etw bewerben Ü
potion *f* **magique** Zaubertrank 3B1 CD
pouce *m* Daumen 5B5 CD
pour + inf um etw zu tun 11A2
pour que + subj damit 11A2
pour résumer zusammenfassend 3A1
pousser qn à bout jdn zwingen 6B2
pousser aux limites an die Grenzen stoßen 6B2
pouvoir *m* Macht 7B2
pouvoir *m* **d'achat** Kaufkraft Ü
psychiatrie *f* Psychiatrie 8.4
pratique *f* Gebrauch 7A5
pré *m* Wiese 2A
préalable vorherig 9B2
précéder vorausgehen 4.4

se précipiter   sich beeilen, losstürmen   5B2
préciser   klarstellen   10A6 CD
préférence f   Präferenz, Vorliebe   3B4
première f   Premiere, Erstaufführung   5B1 CD
Première Guerre f Mondiale   Erster Weltkrieg   4.3
prendre contact   Kontakt aufnehmen   11A4
prendre la parole   das Wort ergreifen   2Pf
prendre qn/qc en considération   jdn/etw berücksichtigen   10A6 CD
prendre qn/qc pour qc   jdn/etw für etw halten   9A4
prendre un risque   ein Risiko eingehen   6B2
prénommer   den Vornamen … geben   1B4
préoccupation f   Sorge   6A1
préparation f   Vorbereitung   11Pf
Président m de la République   Staatspräsident   1Pf
pressé/e   in Eile   5B2
pression f fiscale   Steuerbelastung   Ü
prétendre   behaupten   6B4
prêtre m   Priester   4.4
prévision f météorologique   Wettervorhersage   Ü
prier   beten   Ü
principalement   hauptsächlich   11B3
printanier/-ière   Frühlings-, frühlingshaft   Ü
probable   möglich, glaubwürdig   6B1
proclamer   proklamieren, verkünden   2B1
produit m laitier   Milchprodukt   Ü
profondément   tief   10B3
programme m scolaire   Lehrplan   5B1 CD
progrès m   Fortschritt   3B4
progresser   gedeihen   Ü
promotion f   Werbung   11B3
pronom m interrogatif   Fragepronomen   9A3
proposition f subordonnée   Nebensatz   9R
propre m   Wesensmerkmal   10AS
prose f   Prosa   Ü
protagoniste m/f   Protagonist/in, Hauptfigur   4.4
protection f sociale   soziales Netz   Ü
protectionniste   protektionistisch   7B2
prouver   beweisen   8.5

proverbe m   Sprichwort   6B2
province f   Provinz   5AS
provincial/e   Kleinstädter/in, Provinzbewohner/in   5B2
proximité f   Nähe   Ü
prudent/e   vorsichtig   2B1
prune f   Pflaume   1B4
publicité f   Werbung   10B4
publier   veröffentlichen   4.4
publipostage m   Postwurfsendung   7AS
puer (ugs)   stinken   5A2
pureté f   Reinheit   Ü
putain ! (ugs)   Mist!   6A1
Pyrénées fpl   Pyrenäen   Ü

Q

qualité f   Vorzug, gute Eigenschaft   10AS
quart m   Viertel   Ü
queue f   Warteschlange   3A1

R

raccourcir   verkürzen   10B3
race f   Rasse   5B2
racine f   Wurzel   Ü
râleur/-euse   nörgelig   3AS
ramasser   einsammeln   9Pf
rame f   Zug   5B2; Ü
ranger   aufräumen   7A2
rapide d'esprit   wach, regsam   1A1
rapidité f d'esprit   Wachheit, Regsamkeit   1A1
rappeur m   Rapper   6A1
rapport m   Verhältnis, Beziehung   4.1
rapport m de hiérarchie   Hierachiebeziehung   4.2
rapporter   mit-, zurückbringen   Ü
se rapprocher   sich annähern   2A3
se raser   sich rasieren   8.4
rassemblement m   Treffen   Ü
rassurer   beruhigen   Ü
rat m   Ratte   Ü
rater   verpassen   10B2
réalisable   umsetzbar   9A2
réaliste   realistisch   2AS
récemment   kürzlich, vor kurzem   5B2
récent/e   neu   Ü
recensement m   Volkszählung   Ü
record m   Rekord   9B2
record m mondial   Weltrekord   8.5
recueil m   Sammelband   8.4
reconnaître   zugeben   9B1
reconnu/e   anerkannt   3B2
reconstituer   wiederherstellen   5A3
recouvert/e   bedeckt   5AS CD
recycler   recyclen   Ü
rédaction f   Aufsatz   7A1

redécouvrir   wiederentdecken   Ü
redescendre   hinuntergehen   5AS CD
rédiger   verfassen   10Pf
redistribuer   neu verteilen   9Pf
refaire   noch einmal machen   2A1
réflexion f   Überlegung   3A4 CD
réformer   reformieren   7A1
se réfugier   sich zurückziehen   12.2
refus m   Absage, Ablehnung   6B2
régal m   Gaumenfreude   6B4
regard m   Blick   8.4
registre m   Register, Sprechweise   7AS
règlement   Zahlung   2B2
règle f de circulation   Verkehrsregel   2B3 CD
régner   herrschen   5B2; Ü
regroupement m familial   Familienzusammenführung   6A3
réintroduire   wieder einführen   11A4
rejoindre   zusammentreffen; erreichen   1B4; 2Pf
relativiser   relativieren   Ü
relever   hervorheben; anheben   5B2; 8.4
se relever   (wieder) aufstehen   10B3; 12.4
relier   verbinden   3A2
religion f   Religion   4.1
remonter   aufholen   7AS CD
remonter à qc   auf etw zurückgehen   3B1 CD
remplir   befüllen   12.3
renaissance f   Wiederaufblühen, Wiederaufschwung   8.5
rencontrer un problème   auf ein Problem stoßen   6B1
rendre   zurückgeben   7B3
rendre heureux/-euse   glücklich machen   10AS
renoncer à qc   auf etw verzichten   1A1
rénovation f   Renovierung   Ü
réopérer   neu operieren   4.4
repassage m   Bügeln   3A2
repenser   denken   5A2 CD
repère m temporel   temporale Konjunktion   11AS
repérer   finden, ausfindig machen   12.2
replacer   einordnen   5B1
reprendre   wiederaufnehmen   9B2
représentant/e m/f   Vertreter/in   Ü
réseau m (de transport)   (Verkehrs-) Netz   2B1
réserve f nationale   Nationalpark   Ü
réservé/e   zurückhaltend   8.1
résoudre   lösen   11B3
respect m   Respekt   Ü

respectif/-ive jeweilige/r 12.3
ressortir hervorkommen, heraus-
strecken 5 B5 CD
ressortir ausgraben 1 B4
rester en bons termes ein gutes
Verhältnis haben 9 B1
restriction f Einschränkung 11 B3
résumé m Zusammenfassung 6 Pf
retirer abziehen 7 AS CD
retracer schildern Ü
retraite f Rente Ü
rétro nostalgisch 1 B4
rétrospective f Retrospektive Ü
retrouver wiederentdecken 10 B3
réunir sammeln 2 Pf
réussite f Erfolg 8.5
revanche f Revanche, Vergeltung 7 AS CD
rêve m Traum 6 Pf
réveiller (er)wecken 5 A1
révéler enthüllen, verraten 4.4
revenir wiederholen 7 AS
revêtement m Beschichtung Ü
revivre noch einmal erleben Ü
revue f Zeitschrift Ü
riche m/f Reiche/r 10 AS
rigolade f Spaß 10 B3
rire de bon cœur herzlich lachen 10 B3
risque m Risiko 6 B2
rival m Rivale 8.5
rivalité f Rivalität 5 B1 CD
Rocamadour m *Käse aus Ziegen-milch* 5 AS CD
Roi m Soleil Sonnenkönig (Ludwig der XIV.) Ü
Romain/e m/f Römer/in Ü
romancier/-ière f Romanautor/in 4.3
romantisme m Romantik 5 A3
ronronner schnurren 12.4
roucouler gurren 12.4
rouge foncé dunkelrot 10 AS
rouillé/e verrostet 3 B2
Roumain/e m/f Rumäne/-in Ü
royal/e königlich 6 B4; Ü
rural/e Land- 2 AS

S

sac m Sack 12.2
sac m à main Handtasche 8.2
sac m en plastique Plastiktüte 5 B4 CD
safari m photo Fotosafari Ü
sage-femme f Hebamme 9 B3
sain/e gesund Ü
sainement gesund 2 A1
Saint Nectaire m Käsesorte 5 AS CD
saint/e m/f Heilige/r 1 B4
sale schmutzig 12.3
salé/e gesalzen, salzig 1 A1

sans compter que zumal 7 B2
saoul/e *(ugs)* betrunken 8.4
satisfaction f Zufriedenheit 10 A6 CD; Ü
satisfait/e zufrieden 2 A3
saupoudrer bestäuben, bestreuen 8.3
saut m Sprung Ü
saveur f Geschmack 6 B4
savourer genießen 6 AS
scénario m Drehbuch 12.2
science-fiction f Sciencefiction 12.1
scientifique m/f Wissenschaftler/in 4.4
Seconde Guerre Mondiale Zweiter Weltkrieg 4.4
secret/-ète geheim 6 B2
séduction f (verführerischer) Charme 10 A5
séducteur/-trice m/f verführer/in, verführerisch 3 AS
séducteur m Frauenheld 3 A4 CD
séduire verführen Ü
selon moi meines Erachtens 2 B3
sénior m/f Senior/in 6 A3
sens m Richtung 1 B1
sens m interdit Einfahrt verboten 2 B2
sensation f Empfindung, Gefühl 5 AS
sensibilité f Sensibilität, Empfindsamkeit 4.2
sensualité f Sinnlichkeit 5 A3
se sentir à l'aise sich wohl fühlen Ü
serrer umklammern 8.4
service m public öffentlicher Dienst 2 B1
servir à dienen zu 9 R
siège m (Amts-) Sitz 11 A1
signe m Zeichen 8.4
signe m astrologique Sternzeichen Ü
silicone f Silikon 9 A4 CD
se situer sich befinden 4.4
sketch m Sketch 12.4
slovaque slowakisch Ü
Slovaquie f Slowakei Ü
soi-disant angeblich 11 B3
sol m Boden 10 B3; Ü
solitude f Einsamkeit 8.4; Ü
solliciter beantragen, erbitten 7 A1
solo m Single 9 A2
somme f Betrag 9 B2
Sorbonne *berühmte Universität in Paris* 2 A1
sorte f Art 12.3
sortir hinausbringen 9 AS
soudain/e plötzlich, unvermittelt 12.3
souffrir leiden 7 A4
souhaitable wünschenswert 9 B3

source f Ursache 4.2
sourcil m Augenbraue 5 B5 CD
sourire m Lächeln 5 B2
sphérique kugelförmig Ü
sponsor m Sponsor Ü
spontané/e spontan 10 B2
stage m Praktikum Ü
stagiaire m/f Praktikant/in Ü
station f Station, Haltestelle 2 B1
station f de radio Radiosender 10 A6
station-service f Tankstelle 2 B1
statistique f Statistik 6 A3; Ü
stéréotype m Stereotyp 3 AS
stratégie f de vente Verkaufsstrategie Ü
stress m Stress 10 B1
stressant/e stressig 2 A2
stupide dumm 12.3
subsaharien/ne *südlich der Sahara gelegen (Schwarzafrika)* 6 A3
substance f Substanz 7 B2
subtil/e fein 6 B4
subtilité f Feinheit, Nuance 11 B1
succéder à qc auf etw folgen Ü
sud m Süden 5 AS
Suède f Schweden 11 A1
Suisse f Romande französische Schweiz 11 B1 CD
sujet m Untertan 5 B1 CD
summum m Gipfel 8.5
superbe super, fantastisch 2 A3
supérieur m Vorgesetzter Ü
supporter ertragen, aushalten 6 A5
sur commande auf Befehl 10 B3
surdoué/e hochbegabt 4.4
sur le tard spät Ü
surnom m Spitzname 1 B3
se surprendre à faire qc sich dabei ertappen, wie man etw tut 5 B2
surveiller überwachen Ü
survenir sich plötzlich ereignen 12.2
survie f Überleben 8.5
svp *(Abk. für s'il vous plaît)* bitte Ü
syllabe f Silbe 7 B1 CD
symboliser symbolisieren 3 B1
symbolique symbolisch Ü
sympathie f Sympathie 1 A1
syndicat m Gewerkschaft Ü
système m System 6 A5

T

table f de conversion Umrechnungstabelle 11 A4
tabou m Tabu Ü
tâche f Aufgabe 10 A4
tajine m *traditionelles marokkanisches Gericht* 6 AS
tandis que während, wohingegen 11 B1

tant de so viel 11A2
tarif *m* Tarif, Preis 2B1
tartine *f* Butterbrot, belegtes Brot 3A4 CD
tas *m (ugs)* Menge, Haufen 11B1 CD
technique *f* de respiration Atemtechnik 10B3
technique *f* Technik 4.4
technocratie *f* Technokratie 11A5
téci *f (ugs)* Vorstadtsiedlung 6A1
téléspectateur/-trice *m/f* Fernsehzuschauer/in 7A4
tempe *f* Schläfe 8.4
tendresse *f* Zärtlichkeit, Innigkeit 5A3
tenir halten 9B2
tension *f* Anspannung Ü
terme *m* Begriff 4.1
terminer abschließen 10R
terminologie *f* Terminologie 7B2
terminus *m* Endhaltestelle Ü
terrain *m* Platz 6A1
terre *f* Erde 5AS CD
TF1 französischer Fernsehsender 2A3
Thaïlandais/e *mf* Thailänder/in Ü
Thaïlande *f* Thailand Ü
(le) tien deiner / deine / deines 1B1
timidité *f* Schüchternheit 12.4
tirer la langue die Zunge rausstrecken 10B3
tirer un titre de gloire de qc sich mit einer Sache rühmen 5A3
toit *m* Dach 12.2
tolérance *f* Toleranz 4.2; 10A5
tolérant/e tolerant 4.2
tomber sur qc auf etw treffen 5Pf
toucher *m* Tastsinn 5A2
toucher à qc etw antasten 1B4
Tour *f* Eiffel Eiffelturm 3B2
tournage *m* Dreharbeit 2A3
tourner hinwenden 9A2
tout au long de l'année das ganze Jahr über Ü
tout aussi ebenfalls 11B3
trac *m* Lampenfieber 12.1
tracteur *m* Traktor Ü
traducteur/-trice *m/f* Übersetzer/in Ü
trait *m* de caractère Charakterzug 1A1
tram *m* Straßenbahn Ü
transformer umwandeln, umbauen 3B2
se transformer sich wandeln 9B1
transmettre weitergeben 1B1
travailleur *m* immigré Gastarbeiter 8.4
traversée *f* Überfahrt Ü
tremper tunken 5A1
trentaine um die dreißig 1A1
trentenaire *m/f* etwa Dreißigjährige/-r 9A1
tribu *m (ugs)* Großfamilie 9B1
tribunal *m* Gericht 1B4
tricolore dreifarbig 11AS
trimbaler mitschleppen 8.5
triompher siegen 1A1
tripler verdreifachen 11B3
tristesse *f* Traurigkeit 10AS
tromé *(ugs)* *m* Metro, U-Bahn 7B1
tromper qn jdn betrügen 11A4
se tromper sich täuschen 10AS
trottoir *m* Bürgersteig, Gehweg 2B3 CD
trou *m* Loch 8.4
se trouver sich fühlen 1A1
truc *m (ugs)* Zeug, Ding 10AS; 7B1 CD
Tu m'étonnes ! Kein Wunder! 7B1
Tunisie *f* Tunesien 11B1; Ü
Tunisien/ne *m/f* Tunesier/in 6A3

U

Un régal ! lecker! 2A3
uni/e einfarbig 11AS
Union *f* européenne (UE) Europäische Union (EU) 11A1
unique einzig, Einzel- 9B1
uniquement nur 11B3
unité *f* Einheit 11AS
urbain/e Stadt- 2AS
usager *m* Benutzer 2B1
utilisation *f* Gebrauch, Nutzen 2B1
utopie *f* Utopie Ü
utopique utopisch Ü

V

vallée *f* Tal 5AS
vandalisme *m* Vandalismus 2B3 CD
Vanuatu Inselstaat im Südpazifik 10A6
vanter preisen 3Pf
Varsovie Warschau Ü
véhicule *m* Fahrzeug 2B2
venir à l'esprit einfallen, in den Sinn kommen 11A5
Venise Venedig 9A3
venue *f* Kommen, Ankunft 2B3 CD
vérité *f* Wahrheit 4.4
verlan *m* frz. Jugendsprache, in der die Silben umgekehrt werden 7B1
verser ausbezahlen 9B2
version *f* Version, Fassung 1Pf
vert clair hellgrün 10AS
vertical/e vertikal, senkrecht 11AS
victime *f* Opfer 9A1 CD
vidéosurveiller mit Videokamera überwachen Ü
vietnamien/ne vietnamesisch 6A6 CD

vider (aus)leeren 12.3
vierge unberührt Ü
vigne *f* Weinberg 5AS
villa *f* Villa Ü
ville *f* de résidence Wohnort Ü
villageois/e *m/f* Dorfbewohner/in 2A3
violent/e gewalttätig, gewaltig 3B2
violette *f* Veilchen 5A3
virtuosité *f* Virtuosität 12.4
visible sichtbar 4.2
vision *f* Sichtweise 11A5
vision *f* future Zukunftsvision 3B2
visuel/le Seh- 5A1
vitalité *f* Vitalität Ü
vitesse *f* Geschwindigkeit, Schnelligkeit 5B2
vitre *f* Fensterscheibe 8.4
voiture *f* à cheval Pferdewagen Ü
voyou *m* Gauner 2B3 CD
vrai de vrai *(ugs)* waschecht 7AS CD
vu que da, weil 10B2
vue *f* Sehvermögen 5A2
vulgaire vulgär Ü

W

wagon *m* Waggon 8.4

Z

zarbi *(ugs)* eigenartig 7B1
zone *f* Gegend 6B1

Quellenverzeichnis

Bildnachweis
Umschlag: Corbis (Spila/Grand Tour), Düsseldorf; **S. 8**: Corbis (Fougère/VIP Images), Düsseldorf; **S. 9**: 1. iStockphoto (Van Meter), Calgary, Alberta; 2. iStockphoto (Schweitzer), Calgary, Alberta; 3. iStockphoto (Spooner), Calgary, Alberta; 4. iStockphoto (ooyoo), Calgary, Alberta; **S. 11**: Klett-Archiv (Villegas), Stuttgart; **S. 13**: 1. Collectif Ville Campagne, Aixe sur Vienne; 2. Fête des Voisins, Paris; 3. Fubicy, Strasbourg; **S. 14**: 1. Avenue Images GmbH (Brand X Pictures), Hamburg; 2. iStockphoto (Vorontsova), Calgary, Alberta; 3. Fotosearch Stock Photography (PhotoDisc), Waukesha, WI; **S. 15**: iStockphoto (di Filippo), Calgary, Alberta; **S. 16**: 1. und 2. Mairie de Paris, Paris; **S. 17**: 1. und 2. Mairie de Paris, Paris; **S. 19**: 1. iStockphoto (Cline), Calgary, Alberta; 2. Avenue Images GmbH (Corbis RF/Image Source), Hamburg; 3. Corbis (Kochetkov), Düsseldorf; 4. FOCUS (Zachmann/Magnum Photos), Hamburg; 5. Corbis (Bisson), Düsseldorf; **S. 20**: iStockphoto (Saluha), Calgary, Alberta; **S. 22**: 1. Les Éditions Albert René, Paris; 2. iStockphoto (Monino), Calgary, Alberta; 3. iStockphoto (Lonngren), Calgary, Alberta; 4. Alamy Images RF (isifa Image Service s.r.o.), Abingdon, Oxon; **S. 26**: Wikimedia Foundation Inc., St. Petersburg FL; **S. 27**: Corbis (Tronnel), Düsseldorf; **S. 29**: 1. Corbis (Giraud/Goodlook), Düsseldorf; 2. iStockphoto (Hoffmann), Calgary, Alberta; 3. iStockphoto (Neale), Calgary, Alberta; 4. iStockphoto (Elisseeva), Calgary, Alberta; 5. Jean-Paul Villegas (Villegas), Eyguières; **S. 30**: 1. Les Éditions Albert René, Paris; 2. iStockphoto (Kalmbach), Calgary, Alberta; **S. 31**: Corbis (Melloul/Sygma), Düsseldorf; **S. 32**: Ullstein Bild GmbH (CARO/Sorge), Berlin; **S. 33**: 1. bis 4. Comité Régional du Tourisme, Rennes; **S. 34**: 1. bis 3. iStockphoto (Siumon), Calgary, Alberta; **S. 35**: Éducation sans Frontières (Gendrot), Paris; **S. 36**: Psychostar Music, Lille; **S. 38**: Association Concours Talents, Paris; **S. 39**: 1. iStockphoto (Piche), Calgary, Alberta; 2. iStockphoto (Taylor), Calgary, Alberta; **S. 41**: 1. iStockphoto (Bukovac), Calgary, Alberta; 2. iStockphoto (Nichols), Calgary, Alberta; 3. iStockphoto (Dominick), Calgary, Alberta; **S. 42**: Philippe Geluck, Bousval; **S. 44**: iStockphoto (foto-Voyager), Calgary, Alberta; **S. 47**: Corbis (Giardino), Düsseldorf; **S. 48**: 1. Picture-Alliance (ZB), Frankfurt; 2. Éditions Gallimard (Succession J.M. Queneau/Diff), Paris; **S. 49**: Adam Sarl, Marseille; **S. 51**: Universal Press Syndicate, Kansas City, Missouri; **S. 52**: 1. La Mouche du Coche Films, Paris; 2. Family Films, Paris; 3. Karé Productions, Paris; 4. Corbis (Solus-Veer), Düsseldorf; **S. 54**: 1. iStockphoto (Steiner), Calgary, Alberta; 2. iStockphoto (Morganl), Calgary, Alberta; **S. 57**: iStockphoto (Axyutina), Calgary, Alberta; **S. 58**: iStockphoto (Thew), Calgary, Alberta; **S. 59**: iStockphoto (Horler), Calgary, Alberta; **S. 61**: 1. iStockphoto (Blackburn), Calgary, Alberta; 2. SNCF - Direction de la Communication, Paris; **S. 63**: 1. iStockphoto (Kaczmarski), Calgary, Alberta; 2. Charly Kuball, Horb am Neckar; 3. Klett-Archiv (Villegas), Stuttgart; 4. shutterstock (Koob), New York, NY; 5. shutterstock (Bogaerts), New York, NY; 6. iStockphoto (Kostic), Calgary, Alberta; 7. iStockphoto (Glade), Calgary, Alberta; 8. iStockphoto (Alexandris), Calgary, Alberta; **S. 64**: iStockphoto (Voisey), Calgary, Alberta; **S. 65**: 1. iStockphoto (Monino), Calgary, Alberta; 2. iStockphoto (Mackenzie), Calgary, Alberta; 3. iStockphoto (YinYang), Calgary, Alberta; 4. iStockphoto (Blondeau), Calgary, Alberta; **S. 66**: 1. Jenny-Karen Salomon-Christ, Hannover; 2. Wided Bourguiba, Amsterdam; **S. 67**: Office National Polonais de Tourisme, Paris; **S. 70**: 1. AKG (album), Berlin; 2. Éditions Gallimard, Paris; **S. 71**: Ullstein Bild GmbH (Roger Viollet), Berlin; **S. 73**: 1. Grand Lyon, Lyon; 2. Universal Press Syndicate, Kansas City, Missouri, **S. 75**: 1. Laif (Le Figaro Magazine), Köln; 2. Corbis (De Waele), Düsseldorf; **S. 76**: 1. iStockphoto (Locke), Calgary, Alberta; **S. 77**: iStockphoto (Schindler), Calgary, Alberta; **S. 78**: Fotolia LLC (Arcurs), New York; **S. 79**: 1. Michelin; 2. Lacoste, Paris; 3. L'Oréal, Paris; 4. Danone, Paris; **S. 81**: iStockphoto (Caziopeia), Calgary, Alberta; **S. 82**: 1. www.lecampanier.com; 2. iStockphoto (Sandralise), Calgary, Alberta; 3. iStockphoto (Monino), Calgary, Alberta; **S. 83**: Laif, Köln; **S. 85**: Fotolia LLC (Fotolia X), New York; **S. 87**: 1. iStockphoto (futureimage), Calgary, Alberta; 2. iStockphoto (Kwan), Calgary, Alberta; **S. 88**: 1. iStockphoto (Birkholz), Calgary, Alberta; 2. iStockphoto (Hafemann), Calgary, Alberta; **S. 92**: iStockphoto, Calgary, Alberta; iStockphoto (Kalmbach), Calgary, Alberta; **S. 93**: 1. Fotolia LLC (Fotolia VI), New York; 2. iStockphoto (BEGHOURA), Calgary, Alberta; 3. iStockphoto (Rodriguez), Calgary, Alberta; 4. iStockphoto (Lukic), Calgary, Alberta; 5. iStockphoto (Giovanni Colombo), Calgary, Alberta; 6. Ernst Klett Sprachen GmbH (Köster), Stuttgart; **S. 94**: iStockphoto (Panosian), Calgary, Alberta; **S. 95**: Fotolia LLC (Wilkens), New York; **S. 96**: MEV Verlag GmbH, Augsburg; **S. 98**: Fotolia LLC (van den Berg), New York; **S. 99**: iStockphoto (Rodriguez), Calgary, Alberta; **S. 100**: iStockphoto (Murko), Calgary, Alberta; **S. 101**: MEV Verlag GmbH, Augsburg; **S. 102**: iStockphoto (Daydreams-Girl), Calgary, Alberta; **S. 103**: iStockphoto (Waring), Calgary, Alberta; **S. 104**: Organisation Internationale de la Francophonie, Paris; **S. 105**: Fotolia LLC (Pfluegl), New York; **S. 106**: iStockphoto (Schmidt), Calgary, Alberta; **S. 109**: 1. iStockphoto (Locke), Calgary, Alberta; 2. Fotolia LLC (Villalon), New York; 3. Fotolia LLC (Kitzman), New York; 4. iStockphoto (iofoto), Calgary, Alberta; 5. Fotolia LLC (Stapelfeldt), New York; 6. iStockphoto (Dominick), Calgary, Alberta; 7. iStockphoto (McEntire), Calgary, Alberta; 8. iStockphoto (Muller), Calgary, Alberta; **S. 110**: iStockphoto (Serrabassa), Calgary, Alberta; **S. 111**: iStockphoto (Bryukhanova), Calgary, Alberta; **S. 112**: iStockphoto (Arnau), Calgary, Alberta; **S. 114**: iStockphoto (Chauvin), Calgary, Alberta; **S. 115**: iStockphoto (Glade), Calgary, Alberta; **S. 116**: 1. iStockphoto (Fatur), Calgary, Alberta; 2. iStockphoto (Mandujano), Calgary, Alberta; **S. 117**: iStockphoto (Thaysen), Calgary, Alberta; **S. 118**: iStockphoto (Wackerhausen), Calgary, Alberta; **S. 119**: iStockphoto (Sedmak), Calgary, Alberta; **S. 120**: iStockphoto (Dewis), Calgary, Alberta; **S. 121**: 1. iStockphoto (Nikada), Calgary, Alberta; 2. Feuillet-Natt, Hannover; **S. 122**: iStockphoto (Bryukhanova), Calgary, Alberta; **S. 123**: 1. iStockphoto (Pidjoe), Calgary, Alberta; 2. Fotolia LLC (Fotolia VIII), New York.

Textquellen
S. 8: « Cécile de France » L'Express et Marie-France; **S. 10**: « Quel nom choisir » G. Mermet, Francoscopie 2007 © Larousse 2006; **S. 15**: « Bar-épicerie » Corinne Dillenseger, TV 5; **S. 16**: « Le vélo à la carte » À Paris 2007 und Le Nouvel Observateur (Christophe Boltanski), 20.9.2007; **S. 23**: « Et après la fraternité ? » SOFRES; **S. 27**: Aus« Péplum » Amélie Nothomb, © Albin Michel, Paris; **S. 31**: « Profession : nez » Dominique Simonnet, L'Express, 31.10.2002; **S. 32**: « Récit d'une provinciale » © Sandra Prieto; « Marly-Gomont» in « Psychostar World » © Kamini, RCA; **S. 38**: « Le premier fast-food musulman» www.talentsdescites.com; **S. 44**: « Anglicismes ! » Catherine Mallaval, Libération. 13.3.2007; **S. 48**: 1. « Pour un art poétique (suite) » in *le chien à la Mandoline* de Raymond Queneau, Éditions Gallimard, Paris; 2. In « Les amandiers sont morts de leurs blessures » Tahar Ben Jelloun © Editions du Seuil, Paris; **S. 49**: « Triste es lo trin » in « 3968CR13 » © Massilia Sound System, ADAM sarl, Marseille; **S. 52**: « Célibataires » Natacha Czerwinski, L'Express, 16.2.2006 ; **S. 54**: « Famille » Anne Vidalie, L'Express, 27.9.2007; **S. 61**: « Rire » Evelyne Malod-Dognin, Profil no. 68, avril 2006; **S. 65**: 1. « 5 francs 36 centimes… » Le Figaro; 2. SOFRES; **S. 67**: « Europe » Jean Louis Van Laere, Courrier Picard; **S. 70**: 1. « Le fabuleux destin d'Amélie Poulain » © Ernst Klett Verlag, Stuttgart 2003 ; 2. « J'ai renvoyé Marta » Nathalie Kuperman © Éditions Gallimard, Paris; **S. 71**: « Sens dessus dessous » de Raymond Devos © Éditions Stock, Paris; **S. 82**: Le Campanier, www.campanier.com; **S. 88**: « Jamais contents ! » Le Figaro, mai 2007; **S. 99**: « Ma cité » Le Nouvel Observateur; **S. 110**: Dialogue aus dem Film « Tout pour plaire » © 2005 – Diaphana Édition Vidéo.

Audio-CD zum Lektions- und Übungsteil

enthält alle Dialoge und Hörübungen des Lektions- und Übungsteils

Lektionsteil

Unité 1	Aktivität	Track
B.	3a.	1–6

Unité 2		
B.	3a.	7–11

Unité 3		
A.	4a. + b.	12
B.	1a. + b.	13–16

Unité 5		
	page 29	17–21
A.	2a.	22–25
B.	1b. + c.	26
	4a.	27
	5b.	28–31

Unité 6	Aktivität	Track
A.	1a.	32
	6	33–34

Unité 7		
	page 41	35
A.	5a. + b.	36–39
B.	1a. + b.	40

Unité 8		
	5a. + b.	41

Unité 9		
A.	1b.	42–44
	4a. + b.	45
B.	3a. + b.	46

Unité 10	Aktivität	Track
A.	6a.	47

Unité 11		
A.	2b.	48
B.	1a. + c.	49–50

Übungsteil

Unité 1	Übung	Track
	7a. + b.	51
	13a. + b.	52–55

Test 4		
	2	56–60

Unité 6		
	8a.	61–62
	10a. + b.	63

Test 8		
	2	64–68

Unité 9	Übung	Track
	2a.	69

Unité 10		
	2a.	70–72

Unité 11		
	6a.	73–75

Test 12		
	3a.	76
	3b.	77–81

Gesamtlaufzeit: ca. 78 Minuten

Aufnahmeleitung: Ernst Klett Sprachen GmbH, Stuttgart
Sprecherinnen und Sprecher: Jean-Yves De Groote, Malefi Cicu, Josefa Díaz, Charles Durot, Josiane Joannon, Bernadette Martial, Marguerite Pélissier, David Shallis, Susanne Schauf, Régis Titeca, Isabelle Villegas, Elizabeth Webster, Volker Wendland
Lied: Marly-Gomont (Kamini)
Triste es lo Trin (Massilia Sound System)
Tontechnik, Schnitt und Mischung: Tonstudio Bauer GmbH, Ludwigsburg
Presswerk: Osswald GmbH & Co., Leinfelden-Echterdingen
© und ℗ Ernst Klett Sprachen GmbH, Stuttgart, 2009. Alle Rechte vorbehalten.